Feminismo

ou

morte

Feminismo

ou

morte

Françoise d'Eaubonne

Tradução Anna Magdalena Machado Bracher

© Françoise d'Eaubonne, 1974
© éditions le passager clandestin para a presente edição, 2020
© Bazar do Tempo, 2025

TÍTULO ORIGINAL: *Le féminisme ou la mort*

Todos os direitos reservados e protegidos pela Lei n.º 9610 de 12.2.1998.
É proibida a reprodução total ou parcial sem a expressa anuência da editora.

Este livro foi revisado segundo o Acordo Ortográfico da
Língua Portuguesa de 1990, em vigor no Brasil desde 2009.

EDIÇÃO Ana Cecilia Impellizieri Martins
COORDENAÇÃO EDITORIAL Joice Nunes
COPIDESQUE Larissa Esperança
REVISÃO Marina Montrezol
PROJETO GRÁFICO Alles Blau
DIAGRAMAÇÃO Marina Rigolleto/Alles Blau
IMAGEM DE CAPA Archives Françoise d'Eaubonne/IMEC
ACOMPANHAMENTO GRÁFICO Marina Ambrasas

CIP-BRASIL. CATALOGAÇÃO NA PUBLICAÇÃO
SINDICATO NACIONAL DOS EDITORES DE LIVROS, RJ

E11f
Eaubonne, Françoise d', 1920-2005
Feminismo ou morte / Françoise d'Eaubonne ; tradução Anna Bracher.
1. ed. - Rio de Janeiro : Bazar do Tempo, 2025.
256 p.

Tradução de: Le féminisme ou la mort
ISBN 978-65-85984-44-7

1. Ecologia humana. 2. Ecofeminismo. I. Bracher, Anna. II. Título.

25-96407   CDD: 304.2082
                                 CDU: 141.72:502.1

Meri Gleice Rodrigues de Souza - Bibliotecária - CRB-7/6439

BAZAR DO TEMPO
PRODUÇÕES E EMPREENDIMENTOS CULTURAIS LTDA.

Rua General Dionísio, 53 - Humaitá
22271-050   Rio de Janeiro - RJ
contato@bazardotempo.com.br
www.bazardotempo.com.br

Sumário

7 **FEMINISMO OU MORTE**

13 **A FEMINITUDE OU A SUBJETIVIDADE RADICAL**
15 A infelicidade de ser mulher
23 Maioria ou minoria?
36 Trabalho e prostituição
60 O estupro

71 **DA REVOLUÇÃO À MUTAÇÃO**
73 O stress do rato
85 A respeito do aborto
92 Para um manifesto feminista planetário
115 Para um manifesto feminista planetário (continuação)
145 Para um manifesto feminista planetário (fim)
157 Partida para uma longa caminhada

167 **O TEMPO DO ECOFEMINISMO**
168 Novas perspectivas
174 Ecologia e feminismo

225 Posfácio: Nós escolhemos o feminismo
Myriam Bahaffou e Julie Gorecki
246 Bibliografia da edição original
249 Bibliografia complementar

FEMINISMO OU MORTE

*Às "Corças Selvagens" de Bruxelas;
ao meu jovem companheiro Marc Payen.*

Nestes últimos anos, nos quais a questão do feminismo ressurgiu com tanta força e se apresentou com uma amplitude e uma totalidade nunca antes alcançadas, não convinha apenas pesquisar suas origens históricas e as consequências imediatas e contemporâneas, como eu havia feito em outro trabalho.[1] Parece-nos necessário, no ano de 1974, após a evolução do feminismo americano[2] e a aparição muito recente na França da Liga do Direito das Mulheres depois do MLF, vê-la com um pouco mais de distância e ao mesmo tempo, talvez, com um sentimento de urgência muito mais candente que em 1970. Trata-se, diante das recentes revelações dos futurólogos, de considerar o feminismo em um plano muito mais vasto que aquele vislumbrado até então, e de buscar de que maneira a crise moderna da guerra dos sexos se liga a uma mutação da totalidade ou até mesmo a um novo humanismo, a única salvação ainda possível.

A aspiração à igualdade dos sexos, disse Serge Moscovici em *La société contre nature*,[3] responde a uma necessidade de justiça e a um desejo do coração; ela não se funda sobre uma teoria analítica, uma abordagem específica do espírito. Essa falta deve ser preenchida, mas como?

Se Laclos tem razão ao observar que adquirimos com muita dificuldade as virtudes das quais não precisamos, podemos dizer o mesmo da inteligência. Até o momento, as reivindicações, as controvérsias, as explicações e os empreendimentos do feminismo se limitaram a demonstrar o mal causado a uma metade da humanidade (na realidade: 52%) e a advogar a necessidade de repará-lo. O que podia ocasionar a seguinte reação de certos extremistas de esquerda: "Estão fazendo muito barulho", diziam, "por uma categoria de oprimidos entre tantas outras. A luta não pode ser fragmentada. Existem as mulheres; bom, existe também o proletariado.

E o terceiro mundo. E os loucos. E os homossexuais etc." Repreensão que parecia comportar alguma verdade: em nome de quê privilegiar sua própria espécie e colocar seus próprios interesses antes de todo o resto? Concentrar todos os esforços em um único ponto não seria enfraquecer o *front* da subversão?

Parece-nos que chegou o momento de expor que o feminismo não é apenas – o que já lhe conferiu sua dignidade fundamental – o protesto da categoria humana esmagada e explorada há mais tempo, já que "a mulher era escrava antes que o escravo o fosse." O feminismo é a humanidade inteira em crise, é a mudança de pele da espécie; é verdadeiramente o mundo que vai mudar de base. E mais ainda: já não há escolha; se o mundo recusa essa mutação que ultrapassará todas as revoluções, como a revolução ultrapassou o espírito de reforma, ele está condenado à morte. E a uma morte no prazo mais curto – não apenas pela destruição do meio ambiente, mas pela superpopulação, cujo processo passa diretamente pela gestão de nossos corpos confiada ao Sistema Masculino.

É tempo de demonstrar que o fracasso do socialismo em fundar um novo humanismo (e, portanto, em evitar a destruição do meio ambiente e a inflação demográfica) transpassa a recusa a questionar o sexismo igualmente mantido, sob formas diferentes, pelo campo socialista e pelo bloco capitalista.

Não é a liberação das mulheres que passa pela edificação do socialismo, mas o surgimento de um socialismo de tipo inteiramente novo, mutacional, que passa pelas mulheres, as quais tomam nas mãos tanto seu próprio destino quanto a destruição irreversível do patriarcado.

Em conclusão, é urgente ressaltar a condenação à morte, por esse sistema em agonia convulsiva, de todo o planeta e de sua espécie humana, se o feminismo, ao libertar a mulher, não libertar a humanidade *inteira*, ou seja, não arrancar o mundo das mãos do homem de hoje para transmiti-lo à humanidade de amanhã.

A FEMINITUDE OU A SUBJETIVIDADE RADICAL[1]

*Então não há judeus felizes? [...] judeus felizes apesar de sua judeidade, talvez. Por causa dela, em ligação com ela, não. É inevitável que não se encontre nela, ao mesmo tempo, o íntimo sabor da infelicidade [...], como é uma infelicidade ser colonizado [...], COMO É UMA INFELICIDADE SER MULHER, negro ou proletário.*²

ALBERT MEMMI, *Portrait d'un Juif*.³

A infelicidade de ser mulher

A HIDRA DE MIL CABEÇAS[4]

Eu sou uma mulher. Você é mulher. Ela é mulher.[5] O que isso significa? Isto:

Sempre chega para nós o dia em que se sabe, se descobre mulher. Não mais por uma condenação abstrata e coletiva como a da morte; mas pelo jogo de um efeito *natural*,[6] essa infelicidade individual e inevitável explode ante seus olhos incrédulos. Você se interroga, você constata: isso sou eu? Sou eu, *isso aí*? (*No fundo do homem, isso*[7] é o título de uma obra masculina. No fundo do homem: a feminitude.) Essa carne para estupro, esse objeto que parece um ser, esse zumbi, essa negatividade, esse buraco: sou eu. Não se nasce sendo-o; torna-se.

Cada uma de nós responde em seu modo pessoal a esse mal coletivo. E, exatamente ao fazê-lo, define e particulariza a condenação que não pode ser evitada, que somente pode ser vivida, no drama ou na resignação. Mulher-macho ou lésbica (gói[8] de honra), heteromasoquista ou revoltada; negligente, evasiva ou bela de um jeito provocante; quer ela responda por meio do desafio, da recusa, da capitulação com armas e bagagens, é por um sobressalto que sua condição começou; a figura da opressão variou, mas a opressão continua a mesma.

Quantas horas passadas, em minha juventude, com as moças da minha geração, para tentar classificar as mil cabeças da hidra, discutindo até perder o fôlego, passando com isso as horas que, segundo os psicólogos e os finos conhecedores daquele tempo, deveríamos ter empregado em sonhar e flertar, nos preparar para o baile, contemplar a foto de um belo rapaz ou mudar de penteado! Nós buscávamos perfurar o mistério. Esse mal de ser mulher, qual era sua origem? Era religiosa? Econômico-social? Biológica? Metafísica? Cada uma tinha sua solução e debochava da proposta das outras; as mais audaciosas falavam de "uma mistura inextricável de um pouco de tudo isso". Quanto tempo "perdido" em classificar essas porcarias para conhecê-las, defender-nos delas, talvez nos consolar por causa delas![9] Nossa única concordância continuava a ser sobre este ponto: não era uma "conformação", era uma infelicidade; era talvez uma promessa, mas certamente uma punição. Nossa condição de mulher (ainda não dizíamos *feminitude*) podia ser gloriosa, reivindicada, perseguida ou absolutamente repudiada (solteironas e freiras), mas nunca era *fácil*, não se parecia com nada *natural*; era, antes de tudo, carência e estranheza. Nós a vivíamos na angústia de uma vaga indignação, como a certeza de uma maldição cujo mal menor era a paralisia, a amputação, a limitação; angústia e maldições retransmitidas de mãe para filha, seja no silêncio, seja na confidência sussurrada, mas igualmente sensível em tudo o que nos circundava e nos sustentava: as narrativas, as leituras, o espetáculo do mundo, a religião ou o laicismo, as experiências, o folclore e o olhar dos machos. Esse olhar que, no escárnio tão frequente ou na admiração perigosa, nos imobilizava na mesma desumanização dos não judeus (insultantes ou solidários) que deviam, pouco depois, cuspir sobre a estrela amarela ou se descobrir diante dela.

Depois de tantos anos e com o andar das coisas, as dificuldades de analisar a feminitude se reduziram; contudo, elas não estão menos presentes. Ainda hoje discutimos até perder o fôlego sobre as mil cabeças da hidra, em lugar de criar nossos filhos, decorar nosso lar, discutir com os professores e militar em um partido masculino. E recomeçamos a lançar, a propósito das origens da opressão, as palavras: religiosa, econômica, metafísica, política. A única diferença, talvez, é que rejeitamos mais radicalmente hoje a explicação biológica ou essencialista. Nós não podemos mais acreditar na essencialidade sexual ou substancial: a metafísica se tornou um fantasma. Sabe-se que não existe mais mulher "essencial", proletário predisposto a sê-lo ou "criminoso nato" em outro lugar que não as fantasias fascinantes de Lombroso.[10] As sub-raças são fábulas, como a mentalidade pré-lógica. Ganhamos ao menos um ponto aqui. Uma cabeça da hidra a menos.

Portanto, não é minha "natureza de mulher" que secreta esse "espírito de contradição"; não é minha "vaidade feminina" ou minha "futilidade feminina" que me impelem a adotar, por "moda", para "ser agradável", uma atitude inautêntica de revolta que o primeiro convite para dançar fará derreter. Ao contrário, é o temor sempre fomentado pela História que contribui para esse comportamento ansioso e ilógico, por um lado a angústia do oprimido, por outro as condutas frívolas que tendem a mascarar perdidamente a angústia; é a sociedade masculina, o lugar que ocupo nela, a ideia que ela tem de mim e me faz por vezes aceitar, que provoca uma atitude masoquista onde inicialmente não existia masoquismo. Faça qualquer sujeito viver como mulher, e ele se tornará masoquista; vejam quantos homossexuais e judeus devem se defender disso! De uma só vez, no dia da descoberta da qual falei um pouco antes, foi-me dada a infelicidade de ser mulher, e seu peso de ameaça, e a desventura de viver em um mundo de homens, onde essa ameaça é mantida a cada geração e a cada idade do indivíduo. Porque o carrasco não se cansa; em geral sem sadismo unicamente com a consciência de seu próprio bem, a inconsciência do Outro que uma perfeita falta de imaginação pode dar, ele prosseguirá sua obra de destruição até nossos últimos dias, como "prudente, sábio, calmo inimigo, não exagerando jamais [sua] vitória pela metade",[II] indo muito além dos álibis do desejo, da procriação e de seus horrores; muito além, até mesmo, do olhar. Você vê então, ao lado do triste destino dos velhos, a abjeção das velhas?

Pois eu sou mulher: e, enfim, não posso me dar ao luxo de escamotear através de palavras as realidades que me esmagam. Defloração, estupro (criminoso ou legal, físico ou espiritual), gravidez, aborto, parto, menopausa (ou melhor: fim do desejo masculino, tão profundamente duvidoso que é uma ameaça para mim, mas também possibilidade de defesa e de segurança), – todas essas coisas podem ser compensadas, atenuadas, suportadas e até mesmo esquecidas; nem por isso elas deixam de ser condenação, limitação, e o terror delas me oprimirá até a morte.

Gritam que estou exagerando; acusam-me, com cólera, de generalizar, de caluniar e até mesmo de despertar cães que ladram, mas não mordem. Respondem-me, com indignação: "Mas eu... eu amo as mulheres! Mas eu sou feminista!" Calmamente, lucidamente, repito (e grito, e resmungo, e pronuncio, e eu expressarei, pela fala e pela pluma, até o fim); creio na generalidade, na profundidade, na universalidade do fato misógino: sim, sempre e em todo lugar, entre os capitalistas, entre os proletários, no campo euro-americano e no campo socialista, no Terceiro Mundo e nas subculturas, no Vaticano assim como em Cuba; eu creio nele, tanto no jovem fogoso quanto no velho impotente, eu creio no falocratismo[12] de cada segundo, de cada um, em cada classe e cada pátria. Homens de boa vontade, liberais, defensores igualitários do universalismo, não aceito seu conselho. Discrição, silêncio ante os problemas urgentes do mundo proletário, esquecimento gratuito neste mundo burguês, culto, sentimental e galante, ou eterna esperança do Papai Noel Vermelho. Eu lhes devolvo educadamente todos esses ingressos de teatro.

O FATO MISÓGINO

"Nunca tratei um só judeu com desprezo!", grita o filossemita. Muito bem: a história do genocídio, da degradação, da discriminação foi modificada por causa disso?

O fato misógino, como qualquer relação repressiva, não se interessa pela boa vontade de Piotr, Jim ou Jacques. Ele extrapola cruelmente os indivíduos. Ele faz parte das instituições, baseia as estruturas mentais. Não é possível compreender a infelicidade feminina se não se levar em conta, em primeiro lugar, do que se trata: um fenômeno comunitário, histórico, geral, mundial, uma relação fundamental entre a mulher e o *não mulher* (a melhor definição do macho). Afeta qualquer cultura e se traduz de modo ainda mais forte na incultura. Orienta todas as relações entre os sexos, e as dos indivíduos do mesmo grupo sexual entre si. Ele é, ao mesmo tempo, o mais íntimo do nosso particular e o mais comum do nosso coletivo. É o ar que respiramos.

É claro que eu não sinto que todos os caras sejam opressores e ameaçadores! Diante daquele que eu amo, ou entre os homossexuais, os militantes do mesmo movimento que eu, os escritores da mesma tendência, às vezes chego a esquecer minha feminitude. Mas minha infelicidade, sempre presente, pode voltar à lembrança a cada segundo; em um instante, tudo pode mudar, como no fim do filme *Malpertuis*,[13] quando o herói deixa o asilo psiquiátrico de braço dado com sua bem-amada, com a sensação de embriaguez por ter se tornado *como todo mundo*, e a porta que ele abria para a liberdade volta a se fechar sobre o mundo familiar de seu pesadelo. Do mesmo modo que ele reencontra os corredores intermináveis, as paredes iluminadas por tochas, as portas sinistramente enfileiradas, eu posso, em um piscar de olhos, reconhecer em uma palavra, um gesto, um silêncio do colega amigável, do camarada acolhedor, do companheiro que me faz sentir confortável comigo mesma, esse pequeno detalhe que eu não tenho permissão de abolir: o reflexo condicionado do *não mulher*. Com o homossexual, particularmente, o mais importante de nossos companheiros de luta, existe uma ambiguidade de relações ainda maior; esmagado como eu pela estrutura patriarcal, ele é ao mesmo tempo beneficiário dos privilégios de seu *status*, por sua condição de macho, e rejeitado, execrado pelos seus como traidor desse *status*; se ele se revolta contra o sexismo que nos oprime, é em sua posição de minoritário erótico, não na posição de macho – como eu faço, de minha parte, em minha posição de fêmea, mesmo que seja majoritária erótica, heterossexual. Além disso, ele deixa de ser um perigo para mim como macho – a menos que seja bissexual – e ao mesmo tempo pode se tornar um novo perigo, caso decida ver em mim a rival; pior ainda, contribuirá perpetrar minha infelicidade frequentemente, dedicando uma idolatria irredutível a um estereótipo, invejado por ele mesmo, de mulher artificial para a ilustração publicitária; eis aí um culto que eu desprezo e combato como uma das causas diretas da idiotização do mundo e de minha própria infelicidade.

DURO DEMAIS É ESTE DISCURSO?

Eu tracei aqui o retrato do "cara traidor da sociedade-dos-caras porque ele ama os caras". O que dizer dos outros? Todos eles participam de uma sociedade que torna intolerável a vida das mulheres *como mulheres*. Isso sim, eu sinto, eu sei. Vejamos, seria uma fantasia? Eu sou neurótica, amarga, megera? Somos muitas as que respondemos a esse triste clichê. Éramos mais de cinco mil a fazê-lo, naqueles 13 e 14 de maio de 1972, na *Mutualité*.[14] Realmente lamento se "duro demais é este discurso",[15] como diziam os Discípulos. O que posso fazer quanto a isso? Nasci nessa cultura masculina, como todo mundo; eu a

19

assimilei, eu a respeitei, às vezes a amei; revoltar-me contra ela é mais doloroso do que se possa crer, porque é me revoltar contra toda uma parte de mim. O fato de que aqueles que fizeram esta cultura e a ensinaram a mim sejam meus inimigos enquanto opressores, que todos, incluindo os lúcidos, os amigos, os aliados, participem da infelicidade que esmaga todas as mulheres como mulheres, não é uma verdade que eu grito com triunfo, é uma constatação que eu formulo na dor e na consternação. Este discurso "duro demais" nem por isso é menos verdadeiro, brutalmente verdadeiro, até o drama. Eu me recuso a ceder àquilo que Freud denunciava como uma tentação do espírito humano: considerar falso tudo aquilo que lhe desagrada. Pois, no fim das contas, é a um homem que devo a vida e tenho um filho que a deve a mim; os poetas com quem estou em dívida por um segundo nascimento eram homens; a maior parte dos heróis que admirei, também; as obras-primas e os arrebatamentos do meu destino carregam praticamente em toda parte a marca masculina; por que eu me levantaria gratuitamente contra aproximadamente a metade da humanidade? Por qual perversão estranha? Por que recusar, *a priori*, que minhas razões sejam "boas", se não pelo temor de descobrir, na resposta que nós tentamos, seu próprio rosto sombrio? Sua irresponsabilidade, ainda pior que sua responsabilidade? Sim, todo não mulher, quem quer que seja, queira ou não, participa da infelicidade de todas as mulheres, mesmo que ele se esforce para ser a felicidade de uma só. Ou melhor: sem essa infelicidade, ele seria limitado, diminuído, menos capaz de um controle direto sobre o mundo como ele é; é da mesma forma que eu, ocidental, obtenho benefícios com a infelicidade do terceiro mundo, mesmo que eu deteste essa ideia.

Eu ouço; há muitos graus na brutalidade de um mesmo lote. Até mesmo os campos de extermínio tiveram seus privilegiados, mas as condutas de ódio ou de desdém, a ginofobia, o desprezo distraído ou virulento, a própria zombaria, tudo continua aí, todos os temas do discurso misógino. Ele continua aí, o macho pronto para zombar, gargalhar, bater, violar e cuspir sobre o que ele viola. E no final desse racismo sexual, como no final de todo racismo, encontra-se sempre a solução final hitleriana; a degradação em fogo lento termina em morte, como em *História de O*;[16] no mais liberal dos homens, se ele ama a carne de mulher, dorme um Mestre de Roissy.[17] Não lhe gritam de todos os lados que sem "um pouco de sadismo" ele não é um verdadeiro amante?

ESSE SADISMO TÃO BANAL

Talvez eu só reconheça o discurso misógino quando está falando com a voz trêmula de velhice, assobiando com ódio viperino, banhado de homossexualidade envergonhada (o homossexual declarado é em geral aliado das mulheres) ou embrulhado no papel de presente da galanteria latina, do paternalismo papista; eu deverei incessantemente completá-lo, corrigi-lo, adivinhá-lo com frequência, ignorá-lo às vezes – excelentes condições para a paranoia galopante que cria as megeras para as páginas cômicas das revistas semanais! Mas ele virá a mim de todos os lados: da escola, da família, da rua, da profissão, do livro que me instrui, da boca que amo, da voz que escuto com respeito ou que desligo apertando um botão.

E é nesse gás asfixiante que nasce, que "desabrocha", que gera, que murcha e morre o ser humano que constitui 52% da humanidade: os pulmões corroídos pelo nevoeiro de palavras, sem nunca ter respirado plenamente o oxigênio masculino do mundo. E, admitindo que eu rejeite esse veneno tão sutil que nem mesmo o sinto mais, que eu me torne iogue, que afirme por meio de exercícios respiratórios uma serenidade a toda prova (o sucesso social, por exemplo), nem por isso viverei menos separada do que todas as outras, diferente, marcada entre a raça *não mulher* que saiu da mulher. Assim é a feminitude.

Não tampo os meus ouvidos aos protestos de vocês. Ouço ainda que exagero e generalizo, atribuindo a todos os homens os pecados de alguns. Ora, não creio nem por um momento que um misógino profissional como Jean Cau, o Camaleão, ou o sinistro, já falecido Stephen Hecquet ("É preciso reduzir as mulheres à escravidão? Sim!"), ou um falocrata sutil e nuançado como Clavel sejam pura e simplesmente monstros de aberração.[18] Os liberais nem cogitam usar esses bodes expiatórios; ao contrário, eles e tantos outros são apenas os paradigmas da mentalidade masculina culta, liberal e de boa vontade. São os modelos vivos dessas fantasias eróticas, os mestres de Roissy, a *História de O*, esse breviário maravilhoso que toda jovem virgem deveria ler, admirável desvelamento do amor da mulher pelo homem (e do homem pela mulher). Encontramos os traços desses "doentes", dessas "exceções patológicas" entre os machos mais banais:

os CEO, os vendedores da mercearia da esquina, os gigolôs de Pigalle ou de Chicago. Os psiquiatras podem criticar os malefícios daqueles que ousam chegar ao extremo do sadismo; a recusa secular de Sade é a prova estridente do terror que a sociedade masculina utiliza para negar a evidência, o sadismo como estrutura fundamental de sua mentalidade e seu Sistema. Os casos-limites sempre são tratados como patologia; mas por que a patologia masculina se exerce na misoginia? Não será porque sua própria sociedade lhe oferece esse racismo sexual antes de todos os demais, como o mais cômodo, o mais usual exutório da esquizofrenia, da esclerose burguesa ou da paranoia de agitador recalcado? O ginófobo talvez seja um doente; mas toda sociedade secreta a doença que lhe é própria. Fazer desses sádicos de grande repercussão ou desses maus jornalistas desdenhosos os únicos depositários do discurso misógino parece uma solução cômoda demais para a covardia dos não mulheres.

A SEPARAÇÃO

Entretanto, eu (e quando eu digo "eu", quero que vocês ouçam falar qualquer mulher que seja) só tomei consciência de mim mesma por meio dessa misoginia, matéria-prima do mundo onde eu tinha de viver, e que me separava dele. Que essa seja a sorte dessa ou daquela minoria, negros da América, judeus do Ocidente etc., só serve para ressaltar o irremediável escândalo do destino da maioria biológica da espécie: a mulher, única maioria a ser colocada entre parênteses e separada à maneira das minorias oprimidas. É assim que, ao abordar minha condição de mulher por meio desta colocação entre parênteses, desde minha juventude, eu (não importa qual mulher) fui levada a descobrir seu aspecto capital: o de uma *separação* (como o judeu de Albert Memmi). E talvez seja a consciência dessa divisão, dessa ruptura, que me tenha feito buscar com uma sede tão ardente a totalidade de um absoluto, tanto o do sexo como o do mundo; e que eu só suporte a ideia de uma luta se ela se lança, como o rio ao mar, no combate pela Totalidade.

Maioria ou minoria?

SEPARAÇÃO OU DIFERENÇA?

Sim, toda mulher é *separada*, como *Ingénue Saxancour* do padre Restif. Muitas são *rompidas*,[19] como a heroína de Simone de Beauvoir. Rompidas, separadas: eis as realidades de observação banal que podemos, com toda a serenidade, opor a essa fórmula eleitoral: "a igualdade na diferença". A diferença? É um problema. A separação? É um fato. "Partamos então de um fato em vez de partir de um problema." Já que foi *minha* cultura que me ensinou isso. A de vocês. A cultura masculina. Especifiquemos: judaico-cristã e burguesa. Será que haveria tal diferença nesse aspecto em comparação com a de Pequim, de Cuba, de Moscou? Eu acho que não.

Apesar dos protestos tão numerosos e tão curiosos daquelas que, sendo mulheres, proclamam apaixonadamente, ao mesmo tempo, sua feminitude e seu êxito – a saber: sua integração e sua expressão –, a despeito das que negam qualquer barreira contra elas, qualquer colocação entre parênteses, tão estranhamente, eu conheço bem até demais, e com detalhes demais, esta dialética: toda separação reforça, acentua uma diferença, e a cria ainda que não exista. (A diferença de salários segundo o sexo ocasiona a diminuição de qualidade e o absenteísmo entre as mulheres, assim como a ausência de promoção provoca o desinteresse do trabalho.) Já se pulverizou dez vezes o problema da "diferença inata", da mulher "essencial", do "Eterno Feminino"; entretanto, a separação continua, imposta por aqueles que nem sequer acreditam mais nisso, aceita por aquelas que nunca acreditaram nisso. Nós deveremos então dizer, assim como Einstein: "Não faz sentido querer convencer outras pessoas, mediante todo tipo de deduções, de nossa paridade; porque sua maneira de agir *não vem do cérebro*."[20]

De fato, ela se enraíza no sentido do lucro para uns, no fanatismo do conforto intelectual para outros. Renunciar ao seu lucro é quase tão difícil como renunciar aos preconceitos que permitem viver sem a maldição de ter que pensar. Eu já escrevi sobre isso;[21] os argumentos não mudam as situações; eles provocam, no máximo, uma crise de consciência. Da mesma forma, no tratamento psicanalítico, se os consertos das condições de vida não continuam, a "cura" não serve de nada; para que serve a carteira de motorista, se eu não tenho meios para comprar um carro? Antigamente se acreditava no culto da virgindade, necessária para a solidez do casamento; na religião da pátria, indispensável ao sacrifício feliz do soldado; hoje as meninas se fazem deflorar em festas surpresa aos quinze ou dezesseis anos e se tornam boas mães de famílias burguesas, e os disfarçados-de-heróis partem para se deixar matar, sem réplica, em prol de industriais que eles sabem muito bem que se nomeiam pátria. Então, por que continuar argumentando? Por que escrever e falar? Bem, como diz Memmi, "se as palavras provaram que a solução não era verbal", elas já prestaram um determinado serviço.

Igualdade na diferença! Meu Deus, meu Deus, esse barco velho que vaza água por todo lado ainda flutua! Seria o ideal, se as relações *humanas* pudessem ser igualitárias. "E certamente eu não quero outro paraíso."[22] Mas quem ignora, pois, que elas não o são *em lugar nenhum*? Para poder vir a sê-lo, seria necessário que isso ocorresse em todo lugar. Em todo lugar reina a opressão; e a opressão nada mais é que uma repressão interiorizada. Como poderia ser de outro modo em um mundo masculino, ou seja, competitivo? Nessa perspectiva, a *diferença* (quer dizer, a alteridade) ocorre sempre em detrimento do diferenciado. Os não mulheres querem muito que a mulher seja diferente deles, o que evidentemente exprime que eles são diferentes dela; mas as consequências recaem todas sobre a mulher. Se ela quer criar, comandar, inventar, mudar, está imitando o homem como um macaquinho, é uma vergonha para ela; mas a honra será duplamente maior para algumas, mulheres-macho, "corsárias da rainha",[23] que serão muito mais consideradas por terem ultrapassado um limite assim. Além disso, se o homem se mostra intuitivo, engenhoso, possuidor de gosto e sensibilidade, nem por isso ele glorificará menos o seu sexo: filantropo, grande costureiro, grande cozinheiro, ninguém o censurará por "imitar a mulher como um macaquinho"; ele não precisa de "corsários da rainha". Ao contrário, isso se transformará em um triunfo argumento contra nós: "até mesmo os grandes cozinheiros são homens". Aquilo que é *grande* e, portanto, encarna o universal é obrigatoriamente obra do não mulher. *Não há mais questão de diferença se se trata do macho.* Exceto por um único ponto: o comportamento erótico. O homossexual é um "bastardo", no sentido traidor da palavra. Assim como um grande senhor reprovava o abade de Choisy: "Ele finge ser mulher, quando tem a felicidade de não o ser."²⁴ Nunca se confessou tão claramente a infelicidade de ser mulher...

O QUE DIZEM AS GRANDES VOZES DO HOMEM

No tempo em que discutíamos muito furiosamente, moças cujas lembranças povoam de sombras minhas paredes, éramos nutridas pela mesma cultura que nos negava; escutávamos com respeito as grandes vozes da humanidade que tinham edificado o mundo onde vivíamos; e eis o que elas nos diziam: "A mulher é natural; portanto, abominável. A moça é uma pequena imbecil e uma pequena vagabunda." (Baudelaire, nosso Baudelaire de *As flores do mal*!)²⁵ Santo Agostinho: "A mulher não pode nem ensinar, nem testemunhar, nem comprometer, nem julgar." (Infelizmente, ela ainda pode educar. Exemplo: Santa Mônica, mãe do filósofo.) Hesíodo: "Quem confia nas mulheres confia nos ladrões." São João Crisóstomo: "Soberana peste é a mulher." (Relembremos que foi nossa Igreja que o chamou "Boca de Ouro".) Santo Antonino: "Quando virdes uma mulher, imaginai que não é nem um ser humano, nem uma besta feroz, mas o próprio diabo." Tertuliano: "Tu deverias andar sempre de luto e em andrajos por teres perdido o gênero humano." São João de Damasco: "Horrenda tênia que se aloja no coração do homem, filha da mentira, sentinela avançada do inferno." São Paulo, o administrador de nossa Igreja: "Quero que a mulher permaneça em silêncio;²⁶ mulheres, sede submissas a vossos maridos etc., etc."²⁷ Retiremos esses beatos, vocês dizem? Eu consinto. Eis então o inimigo qualificado deles, o bom gigante de nosso humanismo ocidental, o jupiteriano, o cético, o primeiro defensor

25

da igualdade dos homens e da liberdade sexual, Rabelais: "Quando eu digo mulher, digo um sexo tão frágil, tão variável, tão mutável, tão inconsistente e imperfeito..." Vamos ao Classicismo. Racine: "Ela flutua, ela hesita, em uma palavra ela é mulher." Corneille: "Meu pai, eu sou mulher e conheço minha fraqueza." Beaumarchais: "Oh, mulher, criatura fraca e decepcionante!" Vigny: "A mulher, criança enferma e doze vezes impura." Proudhon, baseado em Molière e seu célebre *crisalismo*, que uma mulher conhece sempre muito bem: "Dona de casa ou cortesã." E mais tarde: "Nós as consideramos feias, bestas venenosas, o que vocês têm a replicar a isso?" Esse socialista, esse revolucionário, autor do adágio "a propriedade é um roubo", assume as consequências: "O homem será o senhor e a mulher obedecerá." Antes de Freud, ele decreta que "falta a ela um órgão para se tornar algo diferente de um efebo." E Auguste Comte, na carta em que anuncia seu casamento a um amigo: "A mulher mais espiritual e mais refinada não equivale, no fim das contas, a um homem bastante secundário, somente com muito mais pretensão."

Tudo isso é somente cultura francesa. Que seja. Passemos ao Islã, onde o Corão entrega a mulher ao homem "como campo para lavrar." A menos que vocês prefiram o Bushido, código de honra dos samurais, paralelo estrondoso da cultura grega homossexual, onde se ensina ao nobre japonês que é vergonhoso amar uma mulher quando há tantos homens jovens. Suas preferências vão para a Alemanha? Para Schopenhauer, eu sou um animal de cabelos longos e ideias curtas; para Nietzsche, "o sub-homem é superior à supermulher"; para Freud, o titã, nós todas somos homens falhados, invejosas desde a infância do pênis do nosso irmãozinho. Tudo isso é apenas livresco; nós sabemos, a cultura é o contrário da vida. Bom, escrutemos a sabedoria das nações. Vejamos como se expressam por meio de provérbios aqueles que não sabem nem A, nem B. Escandinávia: "O coração da mulher foi feito como a roda que gira; não confie, portanto, em suas promessas." Hungria: "Mulher, teu nome é silêncio." "O dinheiro é bom para contar; e a mulher, para bater." Polônia: "Quando a mulherzinha desce, os cavalos puxam melhor a carroça." "Se o marido não bate na mulher, o fígado dele apodrece." Delfinado, na França: "Bata em sua mulher como você bate as espigas de trigo; você terá bom trigo, você terá belos filhos." África do Norte:

"Bata em sua mulher, você não sabe por que, mas ela sabe a razão." É preciso alongar a lista? É preciso convocar as religiões mais distantes, o budismo, o zen, os Vedas, as cosmogonias pré-colombianas, e o diabo a quatro? Pergunto: qual homem, diante de uma concordância como essa, não teria desde sua infância uma reação de espanto? Qual deles se julgaria, sem recurso, digno de ser um humano completo? Qual deles não se sentiria separado, diferente, condenado? Talvez somente os judeus possam compreendê-lo. Para nós, que buscávamos nos justificar por sermos mulheres, era através dos textos que aprendíamos na escola e das vozes que reverenciávamos como mensageiras de nossa fé religiosa que recebíamos esse veneno; ele era destilado em nós ao mesmo tempo que o alimento cultural e espiritual. Uma moça que tinha o meu nome, na época em que Michèle ainda não corria livre, leve e solta pelas estradas da França com o material de paraquedismo, e em que Lina, ainda em posse da razão, era uma brilhante aluna, a moça que eu fui escreveu após uma compilação dessas citações: "Mulheres, quanta lama jogada na nossa cara sem abrir nossos olhos! É somente no Evangelho que a lama cura a cegueira." E, entretanto, eu também aprendi a esquecer na violência; eu reprimi, inibi, fechei meus olhos; e a dimensão de "colonizada" de meu destino, eu a recusei. Era isso ou morrer. Eu não me consolo, contudo, dessa covardia.

O TRIBUNAL RECUSADO

É evidente que hoje em dia recuso sem sofrimento a legitimidade desse tribunal *universal*. Universal no tempo, no espaço, sim; mas não no humano, já que representa apenas os machos: um pouco menos da metade da humanidade. Quanto aos judeus, aos homossexuais, eles são incomodados pelo julgamento majoritário; mas, nesse processo, a maioria somos nós. Montaigne, mais esclarecido que Freud e sua famosa "indiferença das mulheres à justiça" (e Nietzsche já havia afirmado que nós tínhamos só um pouco de sentido da honra) escreveu: "As mulheres não estão erradas quando recusam as regras que são válidas no mundo, na medida em que foram os homens que as fizeram sem elas."

Dizer "sem elas" ainda não é o suficiente; é "contra elas" que deveríamos dizer. Esclareçamos nosso propósito. Recusado o tribunal, não é de forma alguma nossa intenção negar as diferenças entre a mulher e o não mulher; ao contrário, nós podemos (neste mundo onde se oprime toda minoria em nome da maioria), para começar, argumentar orgulhosamente a diferença numérica a nosso favor, se utilizamos o discurso atual do proletariado revoltado: "Nós somos o povo da terra; nós somos uma força em marcha."

NÓS, A MAIORIA

O opressor ousará responder que a raridade das coisas determina seu preço? Em nome de quê substituir a palavra "coisas" pela palavra "seres"? É o que nós somos, ao mesmo tempo seres e coisas; seres por nossa condição humana, coisas por nosso *status*. Seres *que são enganados*.[28] Em todos os sentidos do termo. Infinitivo: ser enganado = se ferrar: expressão popular. *Se faire avoir*: substantivo masculino, sinônimo de coisas possuídas. O cristianismo primitivo não queria colocar em comum os bens e as mulheres? E esse *hippie* citado pelo Women's Lib: "Não tenho sentido de propriedade, empresto tudo, *até minha mulher*." Nós, a maioria, somos *o ter* da sociedade masculina – a minoria. Mulheres, a humanidade sai de nós, vem de nós; ela é para os *não mulheres*; ela é contra nós. O opressor jamais se assimilará às coisas; ele não poderá jamais nos responder: "A raridade dos *seres* determina seu preço." O macho, o não mulher, se considera ao mesmo tempo o positivo e o neutro da humanidade; ele é o branco, ou seja, ao mesmo tempo a cor e a ausência de cor. E com o homem de cor ainda predomina esta mentalidade: com relação à sua mulher, ele é o branco. "Nós somos os negros[29] de vocês", protestam as esposas dos Panteras Negras. Uma canção do tempo do *Front Populaire* faz uma mulher cantar:

> É o massacre dos fantoches inocentes!
> Ah, observem bem suas pobres bocas
> Já que vocês são frouxos demais
> Para bater nos poderosos...

Chegamos lá: o oprimido tem a obrigação de apresentar, com estardalhaço, certa vantagem, se ele quiser se acomodar na opressão, fazer nela seu ninho e nele perdurar. A mulher deve ser bela, como o judeu deve ser rico. Uma mulher sem beleza está destinada ao massacre social como um judeu sem fortuna ao massacre físico. A primeira deve, de um dos opressores, fazer seu defensor; o segundo deve preparar eternamente sua fuga ou sua "reciclagem", como diz o herói cômico do filme *Oliver Twist*. Mas mesmo essa solução reformista arrisca fomentar uma nova catástrofe; a riqueza do judeu, esse "ouro dos *youtres*", é "roubada do mundo"; e ela motiva a inquisição, o pogrom piedoso. A beleza da mulher é uma armadilha do demônio; na Idade Média ela é uma Lorelei fadada ao afogamento;[30] uma feiticeira, à fogueira; e em nossos tempos atenuados uma puta, uma vagabunda que se deve segurar com a rédea curta, ou até degolar, para *ensiná-la*, como na "Série negra",[31] cultura eminente desse "matriarcado", desse "paraíso feminino", a América.

Da mesma forma, o negro precisa ter uma grande força para se defender fisicamente, talvez se tornar um animal de espetáculo, um prestigioso gladiador do ringue. Mas então, quantas declamações sobre a "bestialidade" desse bruto, desse selvagem! Seus músculos de aço, seu sexo soberbo, que bons pretextos para linchá-lo!

O TRIBUNAL PERMANENTE

Mesmo se a catástrofe final é evitada, a característica vantajosa, o privilégio obrigatório para responder à perseguição se torna um argumento a mais para esta e a confirma teoricamente. Os judeus são um problema, com sua avidez, seu lucro; as mulheres são o perigo, ontem perigo de perder a alma, hoje o de comprometer a liberdade ou de dilapidar o dinheiro. É, portanto, com o consentimento recíproco à sacanagem institucional da sociedade masculina que a mulher será bela; e o judeu, rico: por parte da vítima, é uma defesa, em caráter individual; e por parte do opressor, uma necessidade teórica para justificar a opressão, em caráter coletivo. E, se tantas sufragistas de ontem, tantas feministas de hoje, mostram-se

29

tão decididas a rejeitar os valores da elegância e os critérios da estética, é inútil fazer sermões: é o gesto espetacular do gaulês indo ao combate com o torso nu. Não é apenas o céu que pesa sobre suas costas.

Nós decidimos não negar *a priori* as famosas "diferenças". É claro, muitos "traços femininos" são imaginários; a maior parte, inclusive, foi criada desde o início pela cultura masculina. Outros traços são exagerados com complacência, em prol da sobrevivência, como esse famoso instinto materno que existe, contudo.[32] Mas nossa diferença se limita a isso? Eu acho que não. Depois de muita hesitação e de questionamentos, hoje eu considero o Feminino um valor, e não somente uma variação cultural sobre o tema universalista. Ele é o que traduz de modo mais preciso o universalismo; o que o homem-macho fingiu ser quando se apresentava como neutro; ele está na própria base dos valores mais imediatos da Vida, e é por esse meio que o combate feminista e o ecológico se confirmam entre si.

A mulher mais ignorante interioriza e vive em seu inconsciente, desde a puberdade, e às vezes ainda antes, todos os julgamentos que os machos lançaram sobre ela através dos séculos. É o que lhe confere seu comportamento, sua mentalidade de acusada. Ela é acusada diante do homem como este o foi, outrora, diante de Deus. E a mulher mais ignorante olha em torno de si com temor, busca desculpas, respira como ré perpétua. Não é necessário ter lido Tertuliano nem Nietzsche. Uma mulher deve se justificar a cada instante de sua vida. É o que faz com que ela busque tão apaixonadamente a beleza, o amor, o mistério, os filhos, não como bens tão naturalmente desejáveis como são a potência ou a posse para o homem, mas como álibis, como pontos positivos, como testemunhas favoráveis à sua defesa. Pois, diz o Orlando de Virginia Woolf, ela não é de nenhum modo, é apenas inicialmente "casta, perfumada, revestida de ornamentos deliciosos". Por esse homem que ela fascinou o suficiente para ser escolhida por ele, por esses filhos que ela molda violentando a liberdade deles, ela talvez possa se justificar; por uma pessoa interposta, portanto; jamais por ela mesma, como pode seu companheiro minoritário e mestre, o não mulher. De uma mulher bela, refinada, supremamente elegante, Albert Cohen diz: "a patética necessidade de receber a graça" (*Bela do Senhor*). Seu amante se comove com isso; quanto a ele, que graça ele teria para merecer? Ele é o homem. A mulher que ama deve se fazer perdoar por tudo. Entre todos os olhares dos opressores, o do Bem-amado é escolhido como símbolo do universal tribunal. É quando ela descobre sua feminitude no amor que a mulher entra mais dolorosamente em conflito com sua feminilidade: a ré eterna enfrenta por fim seus juízes mascarados, como um herói de Kafka. (Sempre esse paralelo entre duas maneiras de ser pária, ser judeu ou ser mulher.) Porque essa convocação perpétua é parte integrante da feminitude, a saber, da infelicidade, da condenação de ser mulher. De ser, além dessa diferença real da qual voltaremos a falar, a diferença inventada. O anátema lançado sobre Eva.

DE NOVO ESSA VELHA HISTÓRIA?

Mas ela também concerne ao não mulher, essa velha história! Ele também deve se delimitar em razão desse processo, com relação a ele. Ele também deve aceitar ou recusar a misoginia constitucional de seu estatuto de homem; de um modo geral, aceitará e recusará ao mesmo tempo, segundo uma dosagem infinitamente variável. (Da mesma forma que eu, como *gói*, devo me definir com relação ao antissemitismo e enquanto ocidental com relação ao terceiro mundo.)

É por isso que a atitude do não mulher, essa falsa maioria, essa não maioria, é significativa quanto à sua atitude com relação a todas as minorias (negros, judeus, Terceiro Mundo). A brutalidade, o paternalismo, a má consciência e o esforço de solidariedade deles exprimem suas outras posições a respeito dos Outros, cuja exploração ou esquecimento assegura seu bem-estar material – ou melhor ainda: sua saúde mental! Vejam então a acusação regularmente repetida contra os revolucionários, os contestatários, os subversivos, de serem neuróticos; não se trata de uma simples calúnia. (Marx tem razão; a conduta do homem com relação à mulher mede sua conduta com relação ao homem.) Para que serve uma saúde mental que me mascara o real e que eu só devo à falta de imaginação?

Assim, por sua condição amputada, limitada, restringida, obstruída ou diretamente torturada, sua condição de *litigante*, a mulher, sempre em liberdade condicional, não apenas sofre ultrajes: ela provoca, ela orienta, ela excita essas agressões. Ela é uma carência histórica. Mas a História não é nada sem ela. "O homem faz a História, a mulher é a História", escreve Spengler —[33] com que brutalidade interessante! Objetarão que estou me unindo aqui ao sexista. Eu certamente lhes teria dado razão com respeito aos pontos nos quais poderiam ter visto claramente; mas esse contrário do amor é muito mais cego que ele. O sexista, o falocrata, não me uno a ele; eu o explico, o englobo, o fagocito. O sexista não imagina nem mesmo a profundidade dessa diferença que ele invoca sem razão nem justiça, por lucro ou por preguiça. Está tão desvinculado da questão, que o belo delírio de Valerie Solanas[34] seria, de acordo com esse raciocínio, mais racional: ele conclui pura e simplesmente com uma inversão de valores. É que o infeliz sexista ignora que a feminilidade vai muito além da feminitude; o ser mulher vai muito além da relação da mulher com o macho, muito mesmo! A feminitude é uma fórmula mágica do falocratismo. A feminitude é isso, é esse olhar – e essa troca de olhares. É justamente esse processo – e o julgamento dele, nunca concluído pela sociedade dos não mulheres, e por uma razão bem conhecida! A feminilidade determina tanto a mulher quanto o não mulher, a quem ela devolve a acusação de ter traído o humano ao mistificar o universal; e de identificá-la com uma simples variação sobre esse universal – isso quando não a identifica com uma projeção mais simples de seu próprio aspecto negativo: sua passividade, seu masoquismo, sua ambiguidade. A feminitude é só uma interiorização dessa acusação, um ninho para a hidra de mil cabeças; a feminilidade é a rejeição radical, ao mesmo tempo olhar e situação. Em poucas palavras: a feminitude é um mito; mas a feminilidade, ela existe, pois as *mulheres* existem.

ALGUNS EXEMPLARES

Eu já disse: cultura masculina não era, no início, a ignomínia por nós; ao contrário, nós a reverenciávamos, assim como os judeus franceses podem reverenciar a literatura francesa; ou os negros americanos, a epopeia dos pioneiros de outrora. Vejam como nossas artes literárias ajudaram os viajantes dos vagões apinhados de 1940-1945, e qual solidariedade uniu os descendentes de Buffalo Bill aos linchados do Missouri. Quem, pois, nas origens de sua vida, não se sentiu, em maior ou menor grau, cidadão de sua comunidade? Não se pode falar de ingenuidade; sem essa ingenuidade, o bebê se suicidaria saltando para fora de seu berço. Ora, desde muito cedo, os homens que nos davam o pão do espírito nos falaram através dos séculos. Eu já repeti anteriormente aquilo que eles nos ensinaram que éramos: pecadoras irredutíveis, retardadas, pérfidas, imbecis e vagabundas, putas ou criadas; havíamos perdido o mundo, matado o Cristo, trazido a morte à terra, nós corrompíamos as almas, esvaziávamos os moedeiros, tagarelávamos em lugar de escutar, éramos ora a Fatalidade da esfinge sangrenta, ora a mediocridade da senhora pequeno-burguesa; de modo geral, infestávamos o planeta. Queimaram muitas de nós na Idade Média, como aos judeus; mas continuávamos aqui. O que fazer? Tornar-nos bem pequenas! Fazer-nos esquecer; através disso, nos permitiriam trabalhar doze horas por dia, datilografando em uma máquina sob o ditado de uma voz masculina, esfregando, passando, remendando, cozinhando, descascando, arrumando, polindo, educando e deformando nossas crianças; preparando as filhas para a mesma coisa e os filhos para a guerra. À exceção de algumas privilegiadas que não teriam nada mais a fazer além de jogar *bridge*, mostrar o traseiro, preparar um coquetel, se exibir em um carro, trocar de vestido e abrir as pernas. Tais foram as mensagens dos Sábios deste mundo.

> Eu ouço seus passos, eu ouço suas vozes
> Que dizem coisas banais
> Como as que lemos nos jornais
> Como as que dizemos de noite em casa[35]

Eu o admitirei? Esses horrores que me diziam sobre as mulheres me pareciam menos devastadores que os elogios com os quais adornavam os modelos que nos propunham. Suas virtudes reforçavam a acusação; as pombinhas brancas só eram valorizadas por contraste. Primeiro, elas só eram admiráveis em relação a alguém mais. Maria aceitou ficar grávida, e em que condições! Mais ou menos assim: "Faça isso comigo então!"[36] A mãe dos Graco entalhava filhos (eis aqui minhas joias). Andrômaca não era nada mais que a lembrança de uma sombra. Mesmo Joana só consentiu em sair de seu *papel de mulher*, aparentemente, por causa de um gentil Rey.[37] Quando se tratava de uma autêntica criadora, era necessário enfatizar imediatamente suas relações com o masculino. George Sand não havia escrito nada muito famoso: ela tinha, sobretudo, se deitado com Chopin e Musset. Mesmo as menos importantes, Madame de Ségur e Madame d'Aulnoy, só escreviam para seus netos. Somente algumas linhas sobre Madame de La Fayette; nem uma palavra sobre Loyse Labbé, nem sobre Marceline Desborde-Valmore:[38] as honras eram dadas à marquesa de Sévigné por ser grande dama epistolar, às Preciosas[39] e às "filósofas" porque possuíam um salão; assim, desde a origem, e mesmo junto àquelas pelas quais não se podia passar em silêncio e das quais se falava com estima, tratava-se de ligá-las a um ou mais homens, a instituições mundanas ou culturais; árbitras da linguagem, não suas criadoras; a honra masculina estava a salvo. O lado das ciências não brilhava mais que isso. Nem uma palavra sobre a matemática de Sophie Germain; nada, tampouco, sobre Hipácia, a astrônoma e física que inventou o areômetro; nem sobre Anna Morandi, que, sendo professora em Bolonha, descobriu no século XVIII a inserção exata do músculo ocular; nem sobre o cometa de Margaretha Winckelmann, nem sobre o catálogo de estrelas cadentes de Caterina Scarpellini, que, contudo, foi o primeiro. Joseph de Maistre defendia que não havíamos descoberto nem inventado nada: esse pedaço de literatura aparecia no programa do meu *bachot*.[40] E Marie Curie? Muito simples: ela havia "ajudado seu marido nos trabalhos dele". Tais são os consolos, oferecidos à minha geração, dos discursos ginofóbicos reproduzidos acima. Enquanto eu enchia minha memória com esses exemplos, o cardeal Tisserant[41] conclamava os Estados a deixar de preparar as mulheres para um trabalho e a lhes oferecer, ao contrário, uma educação voltada ao lar. E, enquanto Michèle percorria as estradas da França com suas perigosas malas, Vichy[42] programava, assim como o retorno do homem à terra, "o retorno da mulher ao lar".

O VERDADEIRO "MISTÉRIO FEMININO"

É assim que, por mais longe que voltasse no tempo, eu me perguntava por que eu era diferente, e em quê? Uma pergunta que sempre trazia outra: por que essa diferença que eu não sabia onde situar? Pois por que um orifício em lugar de um relevo teria mais importância que um olho azul em vez de preto, que uma pelagem loira em vez de castanha? Ela me consagraria a um destino obrigatoriamente secundário e subordinado? Por que eu devia ser alguém sem grande importância pessoal que só se sentiria, no máximo, como a metade de outro alguém? (E só isso, a metade! Sem mim, esse alguém teria se sentido bem inteiro, não? Que aritmética estranha.) Por que deveria ser eu esse alguém de quem se ria com desprezo, com indulgência, até com ternura, mas de quem se ria como de um acidente da natureza, não de um fato da própria natureza? Por que os Sábios me estendiam esse espelho deformante? Por que eu estava em excesso, em demasia? Por que a terra inteira me cuspia na cara? Talvez, eu tivesse armas. Esse "mistério", por exemplo... Mas não nos enganemos com isso. Calibã também é misterioso para Próspero, e o *bicot*[43] para o colonialista. A partir do momento em que há opressão, o mistério vem em resgate. Esse mistério da mulher continua nefasto; no centro dessa flor venenosa se encontra a maçã de Eva, a bestial recusa do divino Espírito masculino, o buraco, o abismo. Eu não passava de um molde vazio, e devia ser castigada por isso. Por quê? Entretanto, a própria Bíblia, que me condenava, chamava a humanidade de *povo da mulher*. As estatísticas confirmavam: 52%. Os não mulheres eram, nesse caso, o acidente da natureza. E então? Eu sentia em mim o espanto do garotinho de *Macbeth*: os canalhas eram loucos por se deixar enforcar pelas pessoas honestas, já que eles eram mais numerosos que elas!

Era isso o verdadeiro "mistério da mulher".

Trabalho e prostituição

A NATUREZA DIZ: "AGRADE"

Quando vemos em um desenho animado soviético um menininho proclamar a seus companheiros de brincadeiras: "Nós vamos partir para o polo Norte; mas você não pode ir, você não passa de uma menina!", nós supomos que a igualdade dos sexos ainda não se realizou na URSS, por mais que o campo socialista o diga.

Quando vemos as estudantes universitárias americanas responderem a uma pesquisa de Betty Friedan:

> O que é necessário é aceitar as coisas do modo como elas vêm e fazer-se valorizar fisicamente. Não se deve mostrar entusiasmo pelo trabalho *ou o que quer que seja* [...] isso cria um mal-estar nas pessoas.
>
> Quando o marido é um homem de ação, não se deve ser culta demais.
>
> Eu não quero me interessar pelos assuntos do mundo [...] Eu não quero ser nada mais que uma mãe maravilhosa e uma esposa modelo.
>
> Os testes de orientação vocacional mostraram que [...] eu deveria fazer estudos brilhantes e talvez aspirar a um belo futuro. Mas essas coisas não a ajudam a agradar. O que conta para uma moça é agradar.[44]

Nós nos perguntamos por meio de qual astúcia puderam fazer que os Estados Unidos passassem por tanto tempo por uma "ginocracia" ou um "matriarcado"!

A MORAL TE CULPA POR ISSO

Falamos anteriormente da obrigação de agradar que é imposta a uma mulher e a acusação que, paralelamente, lhe é feita por isso. Uma de minhas amigas me contou um dia como ela o experimentou pessoalmente. Era uma moça forte, esportista e intelectual. Ela ouvia sermões das pessoas por sua falta de "feminilidade" (como sempre, confundida com a "feminitude"). Um dia, para ir a um evento noturno, ela se embelezou: vestido, penteado, maquiagem. No caminho, passou em frente a uma construção. Os operários pararam de trabalhar e deram risadas quando ela passou: "Eta, que beleza! Dá uma olhada nisso!", remexendo-se com gritinhos infantis. Não importa o que eu faça, estou errada, disse-me a heroína dessa anedota. Bom, vou retomar minhas calças e meus cabelos lisos. Quando lhe fizeram sermões de novo: "Culpada por culpada, pelo menos que seja por aquilo que me agrada."

Fanny Deschamps se dedicou a fazer uma enquete junto aos machos da França na Quinta República:[45] "Se o aspecto de uma mulher não me agrada", declara Nicolas, "eu não posso ficar perto dela. Eu não posso nem sequer suportá-la, ela tem que ir embora. Eu sou muito severo quanto a isso, eu seleciono muito!" (Nicolas é chefe em seu trabalho.)

"O lado intelectual e moral só me interessa se o lado físico me interessar." "Uma mulher é, antes de tudo, um corpo, uma silhueta." "Uma mulher tem que ser bonita, ou então não tenho vontade de falar com ela. *Para quê?*" (Alain). E ele também: "Se ela não é bonita? Nesse caso, entendo que uma mulher... tenha vontade de fazer um monte de coisas, já que ela não tem nada que faça dela uma verdadeira mulher."[46]

Há, assim, páginas e páginas e mais páginas como esta. Em 1968, ano da contestação generalizada.

Uma mulher deve ao mesmo tempo agradar e se sentir incessantemente passível de ser julgada por ter agradado, assim como o judeu tem o dever de ser rico para desfrutar de um mínimo de paz e segurança e incessantemente prestar contas de sua fortuna, como um negro tem o dever de ser vigoroso e sexualmente potente para incessantemente se defender da acusação de bestialidade. Entre agradar e ir ao polo Norte, agradar e "interessar-se pelos assuntos do mundo", "ser culta demais", "mostrar entusiasmo por seu trabalho ou pelo que quer que seja", presume-se que a escolha é ser natural, instintiva, espontânea. "É natural que uma mulher agrade, a mulher é feita para agradar."

O TRABALHO INIMIGO

É por isso que a participação nos trabalhos e nos negócios do mundo "mataria sua feminilidade". Da mesma forma, os estudos a incitariam a se conduzir mal. "A liberdade de pensamento na mulher leva a crer na liberdade de costumes", diz Stendhal. Lembramo-nos igualmente dos escrúpulos e dos temores da senhora Beauvoir, obrigada "pela infelicidade dessa época" a deixar que suas filhas estudassem. E Pierrette Sartin: "Lembro-me de uma honesta mãe de família tomada de espanto quando, ao voltar da missa, encontrou sua filha, que se preparava para o *baccalauréat*, ocupada em ler *As paixões da alma*!"[47]

Admitamos que o preconceito contra os estudos já esteja ultrapassado na classe burguesa. Tais estudos só levam a alguns grandes setores, dos quais o mais importante é o secretariado em todas as suas formas, além de duas ou três profissões liberais: ensino, em primeiro lugar, depois direito e medicina. Em todas as outras áreas, a participação feminina se reduz a cifras de uma pequenez inacreditável. Mas é sobretudo o TRABALHO como tal, espectro vago e multiforme, que é dado como o grande rival da *necessidade de agradar*. Quem diz trabalho diz pena, e é imediatamente a ideia do mais grosseiro, do mais desencorajador, do mais sujo e do mais duro que se desenha no horizonte desde o momento em que os misóginos do tipo paternalista ouvem uma mulher falar de trabalho libertador. "Vá ver então na URSS as mulheres transportando trilhos nos ombros."[48] Qual feminista não ouviu esse tipo de estereótipo? Durante uma polêmica por carta, um médico sexologista me predisse, em tom de ironia, que um dia veríamos as mulheres "limpando os esgotos".

"É realmente uma ideia antecipadamente condenada querer lançar as mulheres à luta pela vida", prega Freud em uma carta à noiva.

Todos esses defensores da feminilidade comprometida esquecem com muita facilidade que antigamente as moças de quinze anos trabalhavam como mineradoras de subsolo; que víamos em alguns campos, como ainda hoje em países subdesenvolvidos, mulheres puxarem o arado em lugar dos cavalos ou bois, como relata o autor de *Jacquou le croquant* [Jacquou, o camponês];[49] e que enfim, fato absolutamente *ocultado* hoje em dia, víamos galeras de mulheres ainda no século XIX.[50] O que sua frágil e requintada feminilidade se tornava então? O que se tornava o natural, o biológico, seu destino de agradar?

Balzac era muito mais consequente da divisão que fazia das mulheres em dois grupos: por um lado, as operárias que não tinham nenhum direito a pretender à feminilidade: eram seres assexuados pelo trabalho como as abelhas da colmeia. E por outro lado as burguesas e as damas nobres do *faubourg* Saint-Germain, que eram, estas sim, verdadeiras mulheres. Nós entramos, nesse estimável cinismo, na definição de "besta de carga ou animal de luxo" de Jean Fréville em seu prefácio a *La femme et le communisme* [A mulher e o comunismo].[51]

Vejamos a questão mais de perto. Alguém nos objetará que as infelizes discriminações tratadas aqui pertencem ao passado da sociedade de casta e da exploração operária em estado bruto? E que em nossa sociedade evoluída, tão alegremente chamada "de consumo", tudo leva ao desaparecimento de exceções tão chocantes e ao direito de toda mulher, mesmo sendo operária, a tempo livre suficiente para manter sua feminilidade, sua beleza, enfim, AGRADAR como é seu destino natural?

A CONFISSÃO DO SOCIÓLOGO

Vejamos o que diz um sociólogo contemporâneo sobre essa concepção, que certamente não é suspeito de ternura pelas ideias contestatárias e defende a moral em nome de seus benefícios normativos, a ponto de ainda classificar a masturbação entre as *anomalias*:

> As diferenças biológicas reais que existem entre os dois sexos são relativamente sem importância e servem de pretexto, mais que de

razão, para a diferenciação social do papel atribuído ao homem e à mulher na vida da coletividade. [...] A substância daquilo que constitui a diferença do papel masculino ou feminino é extremamente variável. [...] A inferioridade biológica da mulher é particularmente sobrevalorizada em nossa civilização moderna quando se trata de atividades reconhecidas como essencialmente masculinas, como a caça ou a guerra [...] existem muitíssimas exceções aprovadas pela coletividade. Na Tasmânia, por exemplo, a caça às focas, muito perigosa, é reservada às mulheres. A etnologia apresenta também o caso célebre da guarda de segurança, muito cruel e guerreira, do rei de Daomé, exclusivamente composta de mulheres. Em contraste, nós descobrimos em Ateneu, escritor grego do século III, a seguinte exclamação: 'Quem alguma vez ouviu dizer que uma mulher deve se ocupar da cozinha!'[52]

Que ela cace focas ou desça à mina, ou se dedique a agradar a Alain e a Nicolas, a feminitude da tasmaniana, da heroína de *Germinal* ou da francesa dos anos 1960 não corresponde em nada a um *diktat* biológico, a uma taxa sutil de foliculina ou a esse útero do qual Norman Mailer quer fazer um "espaço interior" identificado com o destino de uma mulher a tal ponto, que a contracepção seria uma ofensa a ele (*sic*);[53] todas essas condutas, variáveis segundo o sexismo da sociedade, provêm sempre da lei da casta dominante, o grupo masculino. "A afirmação daquilo que é natural não corresponde de nenhum modo a um dado biológico; constitui, ao contrário, uma prova indubitável da norma. O que é 'natural' não é a natureza biológica, são os costumes, uma vez adotados pela coletividade."[54]

Não poderíamos dizer de forma melhor que o homem é o único animal que cria sua própria natureza[55] e que a feminitude não é identificável em nada com a feminilidade, sendo esta constituída somente do conjunto dos traços biológicos preexistentes a toda cultura, mas suscetíveis de serem profundamente modificados por ela, como prova o desaparecimento da amamentação nos tempos modernos.

A PROSTITUIÇÃO COMO LEI

A suposta lei de agradar formulada pela Natureza e a suposta culpa moral que corrige a Natureza não passam de emanações do mesmo legislador, que não tem nada a ver com a entidade Natureza: o macho, o não mulher. Todas as sátiras contra o detestável feminino, de Hesíodo a Montherlant, passando por Boileau ou os Pais da Igreja, são apenas discursos do mesmo ator, que muda sua voz: o homem que ordena à mulher que o seduza, para em seguida castigá-la por isso como a Igreja medieval, que confiscava os bens do judeu após havê-lo confinado à usura.

> O primeiro homem que ela encontra
> Pede-lhe sua virtude;
> Ela lhe dá;
> "Não tens vergonha!"
> Diz-lhe ele quando a possuiu[56]

"Esconde-te, mulher, eu vejo sobre teu rosto os beijos de teu marido", declara Santo Ambrósio, representante dessa Igreja que fez do *casamento* um sacramento. Como ela não ressentiria sua condição de feminitude como uma carência e uma estranheza, essa transmissora de vida, essa "receptividade", essa "passividade" ao mesmo tempo humana e rejeitada pelo humano, esse ser bizarramente preso em uma contradição criada desde o início e que lhe é apresentada como natural, desejada pela biologia ou o Céu? Como ela não creria que a natureza é o contrário daquilo que é cômodo, espontâneo, instintivo, que vai sempre no sentido do que é fácil e harmonioso? Como não se sentiria em uma situação perpetuamente ambígua, incitada a esse caráter "oblíquo" e "equívoco" que proporcionaria mais uma acusação contra ela? Resumindo tudo em um ponto: para a mulher mistificada que toma a feminitude como sua feminilidade, a natureza aparece como uma contra-natureza.

Mais uma vez, gritarão que esses antigos preconceitos estão ultrapassados, protestarão contra a obstinação em crer que tais restrições são perenes. Lembrarão que as mulheres foram emancipadas por duas guerras mundiais e a necessidade que os homens tiveram (pelo desenvolvimento de sua própria civilização) de conclamar suas escravas domésticas a participar de modo cada vez mais massivo em um trabalho produtivo, desalienando-as, portanto de suas servidões, inclusive a de agradar a qualquer preço, sob pena de morte social e de miséria econômica.

"Fazer a mulher participar do trabalho produtivo social, arrancá-la da escravidão doméstica, liberá-la do jugo embrutecedor e humilhante, eterno e exclusivo, da cozinha, do quarto dos filhos, eis a tarefa principal", declarou Lênin no início deste século. E as comissões da Organização das Nações Unidas que preparam um "1975, ano das mulheres" retomam, oh, que surpresa, a mesma linguagem!

Como a continuação da história justificou esse programa, entretanto? "A mulher casada e a mãe de família ainda são culpadas ou ao menos culpabilizadas se escolhem exercer um ofício. Mas também são culpabilizadas agora se permanecem em casa, onde seu trabalho é injustamente desvalorizado", diz Pierrette Sartin.[57] É muito interessante ver que o primeiro comentário a propósito dessa evolução diz respeito, mais uma vez, à culpabilização da feminitude. Como minha amiga, que sofreu zombarias por sua elegância de uma noite após tê-las sofrido tantas vezes por sua deselegância, parece que uma mulher será levada a esta conclusão fatalista: "Culpada por culpada, pelo menos que seja por aquilo que me agrada."

Veremos mais adiante que é de fato insuficiente falar do trabalho doméstico como "injustamente desvalorizado", e que o da mulher casada é, ao contrário, invisível, gratuito e absolutamente indispensável à edificação do trabalho pago e visível intitulado *produtivo*.

Seja como for, se comparamos a situação da mulher que trabalha no fim do século XX com aquela do início deste mesmo século, os progressos podem, à primeira vista, parecer enormes. Os empregos se tornam cada vez mais numerosos, e nenhuma carreira liberal está proibida, *em princípio*, para a atividade feminina. A conquista deve parecer estrondosa. O trabalho "produtivo", no entanto, desalienou as mulheres da maneira que Lênin propunha?

"Mas o trabalho é um castigo! Por que querem que nós o imponhamos à mulher?",[58] exclamaram os espanhóis interrogados por Pierrette Sartin. Esse catolicismo folclórico (maldição de Adão e Eva) pode nos fazer sorrir.

Ainda assim ele contém uma parte de denúncia ingênua de uma verdade que basta abrir os olhos para ver.

O trabalho é ou pode ser uma libertação quando se trata de posições subalternas, sem qualificação e sem futuro? Ele é ou pode sê-lo quando é duplicado por uma jornada de trabalho doméstico, mesmo que seja atenuada pela automação, e, nas grandes cidades e centros urbanos, vem com um tempo extenuante de transporte que obriga a um despertar matinal desumano e a uma fadiga aviltante, antes mesmo de ter começado a trabalhar? Ele é ou pode sê-lo quando a simples palavra "promoção" parece uma incongruência para o empregador ao ouvi-la da boca de uma mulher?

AS DISCRIMINAÇÕES DO TRABALHO EM TODOS OS NÍVEIS

Dissemos mais acima que poucos setores se oferecem, *na prática*, ao emprego feminino, mesmo que *em princípio* todos estejam disponíveis para tal, mesmo que entre eles se encontrem áreas muito grandes que se tornaram quase exclusivamente femininas, como o secretariado, que praticamente substituiu hoje em dia o antigo emprego feminino do trabalho com agulha.

Na França, um terço dos trabalhadores são mulheres. Ora, em 1968 elas só representavam 8% das pessoas em posição de direção. Entre 303.800 supervisores, só encontramos 18 mil mulheres e somente 3% de mulheres engenheiras para 139 mil homens; elas também são raramente admitidas no setor da produção. Entre 371 mil executivos seniores, 45.200 mulheres, que só recebem cerca de 68 a 70% dos salários reservados aos colegas masculinos. Na advocacia: 19% de mulheres. Na medicina: 7%. Na arquitetura... 1%. Há uma mulher na *Cour de comptes*[59] e uma mulher subsecretária de Estado. As mulheres não podem ter acesso aos cargos de *préfet*,[60] de inspetor de finanças, nem entrar na carreira diplomática. E isso a despeito da lei de 10 de outubro de 1946: "Nenhuma distinção pode ser feita entre os dois sexos para o recrutamento aos empregos do Estado."[61]

É interessante, de resto, assinalar a mistificação da falsa promoção feminina em outros países que não o nosso: por exemplo, a URSS, onde 75% dos médicos são mulheres porque se trata de uma das profissões mais ingratas e

43

mal pagas depois da funcionarização. E quando se trata da pesquisa médica, no famoso romance *Pavilhão de cancerosos*,[62] vemos de que forma uma mulher profissionalmente reconhecida se mata no trabalho doméstico mais humilde. No Quebec (como na França), a invasão dos setores da magistratura e do ensino (exceto o superior!) pelas mulheres indica que estes postos estão se desvalorizando e que os homens não os querem mais.

Quando se constata de que forma o trabalho, na sociedade masculina, trata aquelas que foram privilegiadas pelos estudos, não vemos nenhuma razão de espanto ante os abusos ainda escandalosos que afligem as demais: aqui, como nos tempos dos protestos de Marx e de Lênin, sua feminitude reforça a exploração de sua condição proletária; sua alienação pode ser calculada, em termos matemáticos, como "uma potência elevada ao quadrado".

As mesmas reacionárias que se indignam de ver as soviéticas (com fortes musculaturas, entretanto) levando consigo trilhos sobre os ombros, ou as chinesas conduzindo locomotivas, não se enternecem pela sorte das mecanógrafas que fazem quinze mil perfurações por hora na máquina (e mediante qual salário!) ou as ajustadoras eletrônicas que, sem saber como utilizar seu CAP,[63] trabalham com lupa mantendo normas elevadas, ameaçadas por um esgotamento nervoso espetacular e pela diminuição rápida da vista, tanto como as rendeiras de outrora; esses não são "trabalhos leves"? Tão leves, que nenhum homem os quer. Eles não se sentem capazes de realizar tais "trabalhos de precisão" tão femininos, que são entregues em geral a mulheres ainda suficiente ingênuas para se prepararem a fim de se tornar bordadoras! Ora, esses trabalhos são os mais mal pagos, muitas vezes abaixo do SMIG,[64] enquanto exigem uma acuidade visual, uma segurança dos gestos, um ritmo dos quais somente um homem excepcional seria capaz. É então que se pode citar uma apóstrofe de Marx: "as qualidades mais delicadas de sua natureza servem para explorá-la e para fazê-la sofrer!" É muito raro poder citar um homem pronunciar a palavra "natureza" a propósito da mulher sem ilustrar o estereótipo da classe dominante, para que tenhamos prazer em fazer, de passagem, essa citação.

Isso não impede de nenhum modo, em período de escassez de mão de obra, que sejam reservados às mulheres os trabalhos mais pesados, mais duros, os que mais sujam. Já não se trata aqui da feminitude tão cara

44

aos Alain e aos Nicolas citados por Fanny Deschamps. Pierrette Sartin conta como, durante uma visita a uma usina do Leste, ela viu jovens mulheres que não eram em nada soviéticas nem chinesas cortar barras de ferro fundido e levantá-las em pacotes de vários quilos para carregá-las sobre carrinhos que os homens, balançando os braços, esperavam que elas enchessem a fim de empurrá-los. O chefe da empresa explicava que "nenhum homem queria fazer esse trabalho" e proclamava em voz alta sua admiração; mas ele as remunerava pela taxa de manobra sem especialidade, que é a mais baixa. Um dos patrões que visitavam essa empresa não compartilhava de modo algum a admiração, contudo tão platônica, de seu par; ele se contentou em concluir: "Ora, se elas não fizessem isso, estariam se prostituindo."[65]

A inspeção do trabalho ignora totalmente esse tipo de caso, ou fecha os olhos a ele. Não apenas os trabalhos mais fastidiosos, ou às vezes os mais penosos, com muita frequência os mais cansativos e insalubres – porque uma mecanógrafa não pode continuar depois de dez ou doze anos e não consegue se reciclar, e a visão das que trabalham com lupa diminui tão rapidamente que elas deixam o trabalho por volta dos trinta anos – são feitos por mulheres, mas ainda por cima os salários são, em toda parte, de uma desigualdade que nenhuma reivindicação pôde combater. É verdade que as reivindicações operárias são obra dos movimentos dirigidos pelos homens e dos sindicatos masculinos.

Entretanto, o tratado de Roma (de onde se originou o Mercado comum) decretou essa igualdade de salários que, em toda parte, continua sendo letra-morta, mesmo nos países de "socialismo burguês" como os da Escandinávia. Mas ele previa (artigo 119), concomitantemente à proteção ao salário feminino, também uma discriminação desfavorável às mulheres: "Que a remuneração estabelecida para um trabalho pago por tempo seja idêntica para um mesmo posto de trabalho" é um princípio destinado a que os homens evitem a concorrência das mulheres; a produtividade delas é mais baixa que a do homem em certas tarefas, seja por uma ocasional inferioridade de força física que a automação não suprimiu em todo lugar, seja por qualquer outra razão (como a barreira social elevada entre os sexos conforme a diferenciação dos trabalhos).

Évelyne Sullerot comparou os salários por hora[66] e descobriu que em todo lugar, exceto no setor químico, o salário dos homens era mais que 10% superior. Nos Estados Unidos, a mulher branca recebe um salário menor que o homem negro: "O preconceito de sexo é mais forte que o preconceito racista." Na França, no processo de reajuste de salários que seguiu a agitação de maio de 1968, descobriu-se com horror que uma quantidade importante de trabalhadores recebia salários muito aquém do SMIG; mas o que não foi publicado, diz a própria Évelyne Sullerot, é que 75% desses proletários excessivamente explorados eram mulheres! Já no fim do século passado,[67] mulheres se disfarçavam de homens, na Inglaterra, para receber um salário duas vezes maior. Em qual setor? O de um trabalho de força? Na encadernação...

Eu ignoro em que pé estão os salários das operárias japonesas hoje em dia, mas em Tóquio, em 1946, uma operária que executasse um trabalho de precisão em uma máquina recebia três vezes menos que o menino de quatorze anos que derramava água sobre a máquina para molhar suas engrenagens.

Um dos detalhes mais reveladores da iniquidade que continua a presidir a ideia, tão cômoda ao falocratismo, de "salário de mulher, salário complementar" é a crença, implícita e perfeitamente integrada em toda a nossa cultura, de que a mulher possui um capital: seu corpo; e que se este último não é vendido no atacado na instituição do casamento, ele só precisa ser vendido no varejo na da prostituição.

No começo deste século, uma loja de Lyon recusava o aumento de salário exigido pelas "vendedoras que trabalhavam do lado externo", nestes termos perfeitamente autênticos: "Mas vocês têm direito a um metro de calçada!" Mais uma vez, sou acusada de atualizar, de retornar ao dilúvio. Ora, em 1966, vejam o que foi respondido a jovens vendedoras pela direção de uma loja com múltiplas sucursais: "Vocês têm todas as facilidades para fechar os fins de mês com os clientes."[68]

Essas respostas mantêm com uma perfeita lógica a mentalidade masculina de desprezo misógino expressada pelas respostas das entrevistas de Fanny Deschamps. Pode-se, em seguida, acusar as mulheres de histeria e frigidez, de serem eternas loucas, más ou obcecadas, putas ou pobres anormais, caso se submetam a essa "moral" ou se recusem a fazê-lo. Se, ao tomar a dianteira, elas desafiam sua condenação, provocando esse desejo do macho que, por todo lado, são ensinadas a considerar a própria essência de sua condição: "Ah, essas vagabundas, nem uma gota de pudor!" Se, ao contrário, elas se traumatizam com isso a ponto de escreverem a algum Correio Sentimental, lhes respondem: "Vamos, vamos, vocês verão que muito em breve vai chegar o tempo em que os homens não prestarão mais atenção em vocês."[69]

É assim que o trabalho "desaliena" a mulher. Lênin queria que ele a liberasse do trabalho doméstico; não a livrou sequer da prostituição, e talvez ainda pior: da crença na prostituição como estrutura fatal de sua condição, de sua feminitude.

Além disso, o antagonismo entre as tarefas familiares e o trabalho externo continua a ser mais ou menos cuidadosamente mantido em quase todos os lugares onde as mulheres desempenham o famoso trabalho "produtivo", que se considera o único, já que o outro é invisível – e, portanto, gratuito.

Quando se estabelecem disposições para "aliviar o duplo fardo das mulheres", tão caras aos discursos da legislação trabalhista, elas atuam apenas no plano da profissão, e não no doméstico, como se este último fosse, mais uma vez, "natural", e o do trabalho fosse fortuito e suplementar. Em lugar de aumentar o número de creches e de jardins de infância ou de facilitar a obtenção de eletrodomésticos, prefere-se aumentar as licenças-maternidade, permitir à jovem mãe deixar o trabalho por um ano sem demissão, adiantar a aposentadoria para a idade de 55 anos. Todas essas reformas, como aquela tão falaciosa do "trabalho em meio período", aplaudidas aos gritos pelos paternalistas, os governamentais, os falocratas liberais, têm como único objetivo real desencorajar os empregadores de contratar mulheres e incitá-las a voltar para seu lar. Mencionemos de passagem o paliativo do salário único, dado como cura milagrosa; basta conhecer um pouco as realidades do mundo do trabalho para compreender que ele é tão insuficiente para compensar um salário como para remunerar o trabalho da dona de casa; ele está para o salário real como a "mesada" de um estudante está para uma bolsa. (Além disso, recordemos que cerca de 3,5 milhões de dias de licença-maternidade não são tomados pelas beneficiárias. Por quê? Porque a famosa indenização diária entregue pela Segurança Social e que, segundo ela, "onera seu orçamento de modo muito pesado" é completamente insuficiente.)

O trabalho em meio período, esse famoso engano patrimonial, foi apresentado como uma reivindicação popular por uma sondagem do Insee,[70] ressaltando que 900 mil mulheres estavam prontas a aceitá-lo. Isso ocorreria em razão da extenuante servidão da mãe de família proletária ou funcionária,[71] pronta a pedir meia demissão de sua tarefa profissional? Nem mesmo isso! Haviam cuidadosamente efetuado essa sondagem junto a mulheres *que nunca haviam trabalhado*, o que o resultado da enquete se esquivou de dizer. Em lugar de ser utilizado para enfrentar a escassez de mão de obra em "períodos de aquecimento", o trabalho feminino em meio período tende cada vez mais a ser utilizado, exatamente ao contrário, em zonas com excesso de mão de obra disponível; além disso, ele permite aos patrões um feliz substituto a qualquer aumento de salário ou possibilidade de promoção e uma escapatória às demais reivindicações femininas no campo do trabalho.

"As organizações sindicais, assim como as associações femininas realmente preocupadas com a promoção das trabalhadoras, denunciaram a pseudo-vantagem do trabalho em meio período e advertiram contra seus danos. Do ponto de vista econômico, a medida foi preconizada para responder a uma necessidade passageira de mão de obra, o que foi admitido até mesmo por seus partidários. Como resultado, do ponto de vista profissional, o trabalho em tempo parcial é destinado a se voltar rapidamente contra as mulheres que dele se beneficiaram... Com o sistema previsto, o ensino técnico feminino será ainda mais negligenciado. A discriminação sexual do trabalho se acentuará", prediziam Andrée Michel e Geneviève Texier em *La condition de la Française aujourd'hui* [A condição da francesa hoje],[72] em 1964.

Quem não se dará conta, ao constatar a precisão dessas linhas, de que as pretensas melhorias do destino da trabalhadora casada e mãe de família só visam a eliminá-la, tanto quanto possível, do emprego em benefício da vida familiar, e não de aliviar sua vida familiar para melhorar seu rendimento e sua promoção no emprego? Essas medidas hipocritamente humanitárias são destinadas sobretudo a favorecer os patrões, liberando-os de uma parte das reivindicações do mundo operário e dos funcionários, o pesadelo deles.

Tendo em mente um quadro como esse, a razão dessa quantidade de queixas dirigidas às mulheres no campo do trabalho se torna totalmente compreensível: elas são instáveis, absenteístas, não se interessam por seu trabalho como os homens. Os críticos observarão que as mulheres, tão frequentemente culpabilizadas nos aspectos dos quais tratamos anteriormente, não demonstram nenhuma comoção ante essas críticas e desdenham se defender delas. Elas sabem bem demais o que é, em realidade, esse "trabalho" que são acusadas de negligenciar por acesso ou por períodos. Não são nem um pouco desinteressadas dele, devemos observar, no setor liberal, rural ou na parte do setor comercial onde a mulher é gerente ou patroa; aqui, nunca se fala de absenteísmo. Esses setores não apenas comportam um interesse pessoal que o trabalho assalariado não conhece, mas, além disso, não impõem problemas insolúveis para o cuidado das crianças na ausência de qualquer creche ou jardim de infância. Nos outros campos, observamos igualmente que a mulher deve mudar de emprego com frequência, mesmo se esse emprego lhe interessa, quando seu marido muda o dele. Quando então ocorre o inverso?

É evidente que não se pode, em nome de um quadro tão sombrio, contestar a participação das mulheres no trabalho produtivo exterior e pago. Além disso, pode-se ver reivindicações femininas, inclusive nos países de economia desenvolvida, exigindo aquilo que poderia parecer um aumento da escravidão, como na Suécia, em que as mulheres exigem o direito ao trabalho noturno! Estamos aqui em completa contradição com as tendências dos países de economia menos desenvolvida, tendências que se acentuam cada vez mais de acordo com a taxa de latinidade e de catolicismo, e segundo as quais o progresso da condição feminina trabalhadora só pode se efetuar através do alívio da vida profissional, jamais de sua vida familiar.

Na realidade, a mais dura servidão da vida profissional é, para a maioria das mulheres e cada vez mais, considerada um contrafogo aceso para lutar contra a servidão conjugal e familiar. É digno de menção que essa mentalidade apareça justamente nas áreas onde o trabalho é mais penoso e mais mal pago, a saber, no mundo operário:

"As mulheres que trabalham criam melhor seus filhos porque têm a mente mais aberta", diz à Madeleine Guilbert a senhora I., 44 anos, operária de imprensa. "As mulheres que trabalham são menos felizes, mas têm a mente mais aberta, compreendem melhor as coisas", senhora J., soldadora.[73]

Pierrette Sartin cita duas outras operárias:

"Quando eu tenho uma discussão com meu marido, sempre posso lhe responder que ganho tanto quanto ele."

"Meu marido me disse um dia, dando um tapa na mesa, que era ele que mandava e que ele era o chefe. Eu lhe respondi, sem me zangar, que eu tinha um trabalho, um bom salário e não precisava dele para me manter. Isso deu a ele em que pensar."[74]

É o que o inefável Noël Lamare, interno dos Hospitais de Paris, denuncia como uma das causas da impotência masculina e do fim da entente conjugal: uma mulher que ganha sua vida – mesmo por uma quantia inferior à de seu marido – o traumatiza tão gravemente, que ele não pode mais cumprir com seus deveres conjugais, "sendo a virilidade um todo indissolúvel!".[75]

É reconfortante ver que as mulheres cultivam cada vez menos o sonho de retornar ao lar e até mesmo começam a se sentir culpadas quando se dedicam somente à casa. Mas é preciso notar algo muito significativo. As respostas citadas acima pertenciam precisamente ao mundo proletário e praticamente não eram cogitáveis no domínio superior do trabalho; quantas mulheres executivas ou secretárias de direção poderiam ter respondido ao marido que elas ganhavam o mesmo salário que ele? Quanto mais se ascende na pirâmide profissional, mais o número de mulheres diminui e, proporcionalmente, o abismo entre os pagamentos aumenta. Apesar da desigualdade dos salários, é possível, conforme o setor da indústria, que uma mulher ganhe tanto quanto um homem; isso é excepcional a partir do momento em que o nível do trabalho se eleva. Quando se reivindica a igualdade salarial, frequentemente se esquece que essa igualdade é ainda mais infringida no escalão superior das remunerações, honorários, auxílios etc.

"Para que eu, que sou cinegrafista há dez anos, ganhasse tanto quanto um homem", me confiou Ortrud H., "foi necessário ameaçar o técnico chefe de levá-lo à justiça."

Caso seja necessário, quando a desigualdade do trabalho deve justificar a do salário, se inventará: "1967, aprendi a fazer cinema direto [...] 'De toda maneira, as moças não podem fazer cinema direto,[76] uma câmera é muito pesada para elas.' Concordância masculina da assembleia. Detalhe, ele disse isso a mim, que meço 1,67 e peso noventa quilos!"[77]

À discriminação social e econômica no campo profissional, soma-se a discriminação cultural, ou seja, o reflexo de inferiorização perfeitamente assimilado pela vítima tanto quanto pelo opressor, e isso no nível mais elevado. Na mesma área do cinema: uma das raras mulheres diretoras de nosso tempo vivia com outro diretor célebre; depois de alguns filmes respeitados, mas secundários, ela conheceu um sucesso maior com um filme chocante sobre um tema audacioso. Seu companheiro a deixou depois de dez anos de vida em comum. (Será que ele leu Noël Lamare e temia por sua "potência"?) Ora, essa mulher se culpava a tal ponto sobre esse assunto que guardou o segredo sobre a causa real da ruptura, até o dia em que, assistindo a uma reunião de feministas que discutiam sobre a inveja masculina diante do sucesso das mulheres, decidiu enfim, com uma violenta emoção, contar seu segredo a elas.

Não se pode negar: se a opressão econômica se mostra mais pesada no setor operário e de funcionárias, se os fardos familiares constituem ali uma das mais extenuantes e abomináveis servidões dos tempos modernos tanto no capitalismo tardio como no socialismo nascente, a culpabilização cultural e o peso de um preconceito que se encontra incondicionalmente em todo lugar impactam muito mais abertamente o setor superior, o dos estudos e das profissões liberais, da mesma forma que o número de mulheres que têm acesso a ele diminui, e as vantagens econômicas obtidas são ainda mais inferiores à soma ou à qualidade do trabalho correspondente.

"Eu tinha uma vocação científica muito acentuada, tinha muita facilidade para a matemática [...] Primeiro problema do ano. Trabalhei até morrer no meu problema, encontrei casos particulares [...] Então, ela entregou as cópias dizendo: 'É realmente um escândalo que seja uma menina que obtenha a melhor nota. E eu espero que isso não se repita mais.' E isso nunca mais se repetiu, obviamente. (Éramos seis meninas e cinquenta e quatro rapazes.)"[78]

"Minha irmã [...] não passou no concurso⁷⁹ dela naquele ano, pediu ao colégio que repetisse o ano escolar. Recusa do diretor. Ela disse: 'E fulano? Ele pode repetir?' Sim, ele pode. Minha irmã: 'Por quê? Eu tenho, contudo, melhores notas.' Ele: 'Escute, é arbitrário, é verdade, só que vocês são um casal, isso não nos agrada, nós vamos separá-los... Então a senhorita não pode repetir aqui.' Ela disse: 'Mas eu tenho nota quinze⁸⁰ de média, ele só tem onze, se vocês escolhem arbitrariamente então sigam as leis do número [...]' Ele disse: 'Hum!!! *A senhorita é a moça. Nesse caso, sacrificamos a moça. Nós não temos nenhum interesse em ter moças participando do concurso.*'"⁸¹

"Meu irmão foi reprovado.⁸² Meus pais não se questionaram se ele interromperia os estudos para trabalhar. Ele continuaria, porque era necessário que obtivesse um diploma para ganhar muito dinheiro. Quanto a mim, fiz o concurso para entrar na *École normale*⁸³ no ano seguinte [...], mas fui expulsa depois de um ano. Nesse caso, foi bastante ruim, era evidente para os meus pais que para mim, uma moça, era diferente, não havia necessidade de diploma; e eles encontraram uma vaga para mim na seguridade social."⁸⁴

A famosa "colaboração" das mulheres oculta uma simples gigolotagem da maior parte dos homens de situação elevada que se casaram com uma mulher culta – a despeito das predições de Auguste Comte, que preconizava, na carta anteriormente citada, a "mediocridade intelectual" da companheira. Quantos exemplos ilustres de "musas" que são seguidas hoje em dia pelas esposas, amantes ou inspiradoras de nossos nomes de primeiro plano! Ainda são defendidas as doces, discretas e eficazes sombras desses grandes machos. Relembra-se com frequência que a senhora Berthelot se tornou secretária desse intelectual, sacrificando a ele sua vocação de pintora; e que a senhora Alain copiava os manuscritos do filósofo. Quanto a Marie Curie, em minha infância se dizia categoricamente: "Ela não descobriu nada, só ajudou Pierre Curie." Pode-se lembrar ainda de Georgette Leblanc, que escreveu cerca da metade da obra de Maeterlinck, sob o pretexto de ser sua "secretária".

Em tais condições, o que se torna a "desalienação" da mulher pelo trabalho? Ela existe como modelo, tendência, esperança; muito pouco como realidade. Segundo a enquete do *British Women Council*, em 1968, somente 10% das mulheres encontravam uma independência econômica em seu trabalho; e 10%, um interesse intelectual e social. (Seria interessante ver se esses 10% coincidiam.)

Alguém poderá objetar, evidentemente, que o próprio homem é, com muito mais frequência, mais alienado do que liberto por meio de seu trabalho. Mas se constatará, depois dessa enumeração de fatos conhecidos por todos, que os setores superiores onde ele se desaliena só são raramente accessíveis às mulheres; que oferecem a elas possibilidades econômicas mais reduzidas sem qualquer justificativa racional dessa discriminação – e que, ainda por cima, as cargas familiares continuam a oprimir as mulheres, ainda que de forma menos pesada que nos níveis inferiores. Na base, opressão social acentuada; no topo, eliminação progressiva e diminuição de vantagens; eis como se apresenta o trabalho das mulheres, em todos os níveis. E, entretanto, por mais relativa que seja a desalienação, basta que ela se insinue para que as mulheres, atualmente, escolham de modo cada vez mais massivo essa dureza que agrava suas dificuldades ordinárias, mas que dá uma nova dimensão à sua condição sexual.

A lei de agradar não é menos imperiosa na sociedade masculina de capitalismo tardio, se as repreensões moralistas dirigidas a essa obrigação oferecida como escolha se fazem cada vez mais restritas, porque são difíceis de manter na sociedade chamada de "consumo" e laicizada. As inépcias enunciadas nas obras de Montherlant, Toesca, Hecquet são visivelmente "datadas". As reações violentas contra as imorais "mulheres mantidas" tão caras a nossos pais, inclusive entre certos escritores socialistas nos quais estas se uniam às piores manifestações antissemitas (pois a misoginia moralista, como o antissemitismo, é realmente "o socialismo dos imbecis"), só podem causar risos.[85/86] Entretanto, a contradição não foi inteiramente suprimida, sobretudo entre a massa de trabalhadores, como prova a anedota da qual minha amiga foi a heroína involuntária; a elegância, o refinamento, um certo modo de andar são imediatamente suspeitos de "putaria" junto ao bom proletário; como uma mulher "se daria isso de presente por seu

53

trabalho"? O modo de andar, a "classe", pecado mais original, denuncia a mulher "nascida na classe alta" e expõe a burguesa proletarizada a todas as punições de seus camaradas de infortúnio, os quais nasceram no infortúnio. "Ocorre que esses amigos que me diziam que eu precisava me maquiar eram completamente esquerdistas na política, e eram meus colegas. Por outro lado, meus pais diziam o contrário", diz uma jovem de origem popular no *Livro da opressão das mulheres*.[87] Por que os pais não o queriam? "É preciso ser *natural*." Eles acreditavam na natureza biológica, como todos os desinformados; os esquerdistas, mais evoluídos, acreditavam na natureza cultural; somente a moça permanecia na mais completa incerteza quanto à sua própria natureza! Onde estava a feminilidade e onde a feminitude? Diziam-lhe que era preciso seduzir os rapazes, que a lei era agradar; seus pais, quando ela tinha dezesseis anos, a proibiram de ir ao cinema com um colega, explicando-lhe os perigos. "Eu estava completamente aterrorizada." Resultado: fazer-se feia para não atrair os meninos. "Parei de me lavar."

Eis este poema:

a mulher se avança, a representação começa
sobre o espelho se pressentem as aranhas
eu não posso mais me ver
eu não posso mais ver se eu sou uma mulher se eu não o sou[88]

Tal é o castigo daquela que se deixa encerrar na contradição feminilidade- -feminitude, a lei de agradar e a repressão da atração sexual. Não é possível contentar todo mundo e o seu pai... Certamente, mas há muitos pais. A sociedade masculina é o Pai que domina a todos.

"Me sentia inferior, mas vivia na culpa da descoberta. [...] Eu era sempre falsa. Sempre me impedi de ser eu mesma, por medo de desagradar, por medo de que não me amassem", diz outra jovem nessa mesma obra coletiva, "então tomei o partido dos homens, de ser o companheiro dos homens [...] Eu queria ser um homem, me sentia com um cérebro de homem, com relação às outras moças. Queria continuar sendo uma mulher, beneficiando-me do *status* de homem, tinha necessidade de me tornar um homem para existir. Mas é contra as mulheres que lutamos com os homens!"[89]

A lei de agradar reforça a diferença que o trabalho tende a apagar. É uma das razões levantadas pelos moralistas de outrora para provar que o trabalho era inimigo da *feminilidade*. (Naturalmente, não podia se tratar de feminitude.) Mas é difícil falar em verso e em prosa ao mesmo tempo. Pior para as mulheres a quem se dá a obrigação de seduzir e de se dedicar a um trabalho que deve matar sua sedução. Deduz-se que, com tantas contradições, ela termine reagindo com certo fatalismo traduzido, em especial, pelo absenteísmo invocado com tanta frequência contra ela no mundo do trabalho.

DIFERENÇA ENTRE O TRABALHO COMO PROSTITUIÇÃO E A PROSTITUIÇÃO COMO TRABALHO

O trabalho, dirão ainda, é em si mesmo uma prostituição; o homem vende nele seu corpo, também. Está bem. Mas ele o vende sob a forma de *atividade*, e não de *função*; segundo os critérios de nossa sociedade, a atividade o honra como expressão "natural" do homem; é uma fórmula justa, ao menos dessa vez, já que a natureza do homem é se transformar, transformando o mundo exterior. A *função*, ao contrário, a saber, o que a mulher dá em troca do dinheiro ao se prostituir, foi desprezada muito antes do cristianismo, mesmo que em certas culturas ela tenha tido excepcionalmente caráter religioso, o que expressa bem a antiga dialética do sagrado e do imundo. O desprezo da função feminina (que apenas a procriação justifica) foi denunciado por mais de um autor do mundo greco-latino: "Vós chegais a acreditar, vós mulheres, que vós tendes tudo se vossos amores vão bem" (Eurípides) se une ao insulto dirigido a uma das jovens redatoras do *Livro da opressão das mulheres*: "Então, para você tudo gira em torno da sua bunda?"[90] Mas é em Hesíodo que a acusação permanece mais moderna; a mulher não faz nada, a única coisa que tem a oferecer é seu ventre; não participa do controle do homem sobre o mundo; ao contrário, o atrapalha através de suas vis manobras de sedução. (Aqui mais uma vez nos aproximamos do ginófobo Proudhon em sua *Carta a Martha*: "Improdutiva *por natureza, inerte, sem atividade,* sem entendimento, sem justiça e sem pudor.") A partir dessa queixa muito antiga, Marcuse formulou a explicação mais justa, na própria base de sua oposição entre o princípio de prazer e o de rendimento: a beleza da mulher e o prazer que ela promete parecem fatais ao rendimento, a saber, ao trabalho destinado a acumular os bens de consumo.[91] Sabe-se quanto o nascimento da era industrial, com o protestantismo que o exprime, desenvolverá essa queixa. Entretanto, a sedução obrigatória continua sendo a lei das mais puritanas culturas, e nenhuma delas pode eliminar completamente a consequência lógica que lhe inspira mais horror: a prostituição.

"A prostituição adquire assim esse caráter que faz, em primeiro lugar, com que ela contraste com uma forma de casamento que tem a pretensão de monopolizar todas as relações sexuais", escreve Helmut Schelsky. Mas isso não é contraditório com o fato de que diversas sociedades desaprovem e sancionem a prostituição: "A jurisdição americana exprime a reprovação da opinião pública sem poder modificar o fato de que a prostituição existe e que ela foi, em suma, adotada como convenção."[92]

Kate Millett, em *La prostitution. Quatuor pour voix féminines* [A prostituição. Quarteto para vozes femininas],[93] disseca minuciosamente o caráter rotineiro, maquinal e também pouco significante de uma dança ritual sem fé da repressão americana contra esse mundo feminino da calçada; a prisão, a audiência, a pena de prisão ou de multa se desenrolam na indiferença de uma cerimônia automática, indiferença da qual até mesmo as vítimas participam, de certo modo. Ser presa, punida, depois continuar até a próxima vez faz parte, para a puta americana, desses inconvenientes inevitáveis como o granizo ou a geada no trabalho agrícola. E Kate Millet chega à conclusão que se impõe: "As prostitutas são nossas prisioneiras políticas. Elas são castigadas por ter uma boceta."

De fato, como nos unir e "vendê-la" quando um exame, ainda que superficial, da condição chamada feminitude nos ensina que toda a sociedade masculina considera o corpo de uma mulher um objeto que constitui seu capital? A lei de agradar, ainda mais avassaladora na sociedade chamada de consumo, a muito simples e muito natural reificação da mulher reduzida a seu aspecto, que aparece nas respostas a Fanny Deschamps ou nas sugestões dos patrões às vendedoras em greve, a persistente recusa em considerar que o direito ao trabalho ou aos estudos, para a mulher, seja tão natural como para o homem, todos os exemplos que citamos anteriormente demonstram que a ideia da mulher vendida, seja a um só macho (o casamento), seja à comunidade de machos (a calçada), *é uma das estruturas mentais mais resistentes de nossa sociedade.*

É assim que toda mulher vive à margem dessa possibilidade, sabendo até o mais profundo de seu ser que a questão pode ser apresentar um dia para ela, que por toda a sua vida a prostituição será para ela uma presença invisível, como o paradigma de sua condição. A desvalorização das proibições morais de ontem será inclusive uma barreira a menos entre essa abjeção e seu destino pessoal; as simples donas de casa dos conjuntos habitacionais e dos grandes subúrbios verão, com muito mais facilidade que antes, uma solução para "fechar seu fim de mês", naquilo que os machos chamam hipocritamente de *a profissão mais antiga do mundo*; jovens mães abandonadas ou com uma pensão alimentar insuficiente, algumas vezes pertencentes à mais alta sociedade ou à elite intelectual, não hesitarão em participar de uma rede de *call-girls*, arriscando-se a cair nas mãos de chantageadores ou da polícia, a se deixar marcar ou abater. (Isto não é de modo algum uma imaginação ou um excesso; um dia as bocas se abrirão e o escândalo poderá explodir.)

Tudo, na feminitude, designa ou então conduz a esse abismo, um dos mais escuros da condição humana. O crime de receptividade, o grave crime de ser côncava, de ser esse molde oco do não mulher, eis o que, no sistema de consumo-produção, é castigado imediatamente pela incitação tácita a fazer de tal deficiência um meio de escapar ao trabalho; e mesmo quando o pior trabalho é preferível a isso, sua possibilidade será sempre presente como zombaria e anátema: "Bah, se elas não fizessem isso, trabalhariam na calçada!"

Portanto, não é unicamente devido ao trabalho sub-remunerado que o fato social da prostituição está presente no coração da feminitude; ele se encontra por toda parte, inclusive junto à privilegiada burguesa, à intelectual mais estimada, à mãe de família mais respeitável, à religiosa, à lésbica; a maldição desse possível que tantos fatores levam a tornar provável nasce com toda mulher como um segundo pecado original. Nem sequer a velhice as salvará disso; as pessoas que já foram a um atendimento médico para prostitutas puderam constatar, para seu grande espanto, a enorme proporção de velhas, mulheres muito velhas que ali se apresentavam. ("Como você quer que eu viva com o que o Estado me dá: 90 mil francos antigos por trimestre?", perguntava-me uma delas.) Sabemos assim que nem o nascimento, nem os princípios, nem o trabalho, nem o mérito, nem as qualidades intelectuais, nem sequer as divergências eróticas podem salvar uma mulher de maneira *sine qua non*; o suicídio – ou o assassinato, como no caso do crime recente das jovens que pediam carona – pode ser a última muralha de defesa contra essa ameaça que nunca está absolutamente descartada da vida de uma mulher.

Se a maioria das mulheres morrem sem ter conhecido essa degradação, não há nenhuma que não tenha sido lembrada, durante toda a sua vida ou em certos momentos, de que poderia cair nela. "Puta!" é o primeiro insulto que vem à boca de um homem em conflito com uma mulher; depois disso, os golpes se justificam melhor. As mais afetadas são, evidentemente, aquelas que já conhecem o trabalho como prostituição, pelo trabalho assalariado; obrigadas a vender a um patrão tão exigente como Alain ou Nicolas o espetáculo de seu sorriso, de seu penteado, o roçar de sua saia, ou a toda uma clientela de loja suas unhas rutilantes e seu discreto perfume (quer elas disponham ou não de "um metro de calçada"), há poucas profissões femininas nas quais uma mulher não deva vender sua imagem, mesmo se ela resiste à incitação de se vender em carne e osso. Essa recusa será realmente possível amanhã? Que golpe do destino não a despossuirá desse mal menor, a "prostituição imaginária"? Em todo caso, não há nenhum trunfo, nenhuma distinção lisonjeira que a coloque definitivamente a salvo dela; em Emily Brontë, em Marie Curie, em Simone de Beauvoir existiu uma eventual prostituta. Com maior razão ainda, isso acontece em qualquer mulher "ordinária", quer dizer, menos irreverente que essas que ousaram ser alguém sendo mulheres; se é pelo tratamento informal[94] que começa a tortura, é pelo respeito ao sistema que começa a puta. Sartre expressou de modo forte, pelo título de sua peça *A prostituta respeitosa*[95] a ligação da prostituição com a deferência.

Essas mulheres são castigadas por denunciar a contradição da sociedade masculina que modela mais ou menos toda mulher à sua própria imagem, mas que lhes impede, contudo, de ser assim sem álibi, sem justificativa, sem equívoco. É por isso que elas só podem ser condenadas para serem libertas, e libertas para serem condenadas. Nessa profissão, não há absenteísmo! Kate Millet tem razão: as putas, nossas caveiras, são também nossas prisioneiras políticas.[96]

O estupro

UM MOVIMENTO DE MULTIDÃO

Em 13 de maio de 1972, quando o grupo de trabalho consagrado a esta questão declarou, da tribuna das jornadas "Denúncia dos crimes contra as mulheres", na *Mutualité*: "Quais são as mulheres, aqui, que não vivem com medo de ser estupradas?"
Houve alguns movimentos confusos, protestos.
Chama bastante a atenção que o feminismo tenha começado pelas reivindicações mais elevadas para chegar, tão tarde, às questões mais humildemente primordiais.
As teóricas da Revolução Francesa reclamaram o direito de ser consideradas seres livres e iguais, dignas de se envolver diretamente com os assuntos da cidade; antes delas, em uma época em que o termo feminismo ainda não existia, mulheres privilegiadas exigiram acesso aos estudos e à criação; no século XIX vieram as súplicas e os combates pelo direito jurídico, os interesses familiares, o sufrágio universal, depois a grosseira e insignificante história da igualdade salarial. Foi necessário que o século XX se aproximasse do fim para que esse ser humano pleno, após ter desejado a instrução, a cidadania, o trabalho e o pagamento pelo trabalho, tivesse audácia suficientemente para requerer o direito a não ser engravidado contra seu desejo, depois de não ser mais violado contra sua vontade.[97]
A reação emotiva desse público feminino mostrava como é desagradável ver-se voltar ao início do caminho após um percurso tão longo.
Nosso modo de pensamento, nossa impregnação da cultura corrente pela *mass media* nos leva a reagir à palavra "estupro" como à de "prostituição" por este reflexo: isso não me diz respeito, não pode me dizer respeito, isso é só problema dos outros. Talvez seja o tropismo que afaste de nós qualquer

ideia de infelicidade: são sempre os outros que morrem. Mas no nosso caso, mulheres, trata-se de algo diferente. Essa reação é principalmente a de classe.

Só são prostitutas as pobres desenraizadas e sem posição social, que caíram na miséria e, ainda por cima, são pouco inteligentes, "infantis, imaturas" (palavras da psicoterapia sobre o problema). Só são violadas as mocinhas nas favelas, as filhas de trabalhadores agrícolas alcóolatras, as vítimas ocasionais de um sádico, as garotas nos conjuntos habitacionais populares repletos de rapazes de jaquetas pretas.[98] De toda maneira, a lei está aí para punir. Poucas mulheres conhecem essa distinção jurídica muito simples que contém para elas a ameaça implícita mais cruelmente camuflada: só se trata de *estupro* no caso de uma virgem; uma mulher só pode se queixar de ter sofrido *violências*.

Mesmo no caso de estupro, quando se trata de uma violência implantada "durante algum tempo" e não de um acidente espetacular, é significativo ver as considerações e os motivos para o veredito da lei. Recordamos que no caso Violette Nozière, a justiça burguesa preferiu condenar a vítima. Foi em 1934, época em que as mulheres não tinham sequer o direito ao voto.

O ESTUPRO DE CHANTAL

Eis um exemplo mais recente:

> Extratos das informações da brigada de Champigny:
> Chantal estuprada por seu pai de 9 a 15 anos.
> Atualmente com 20 anos de idade, ela está em uma casa com supervisão.
> Foi ela que fez a denúncia contra o pai.
> Além dos fatos que são recriminados ao pai:
>   é um excelente marido,
>   é um corajoso soldado,
>   é um honesto burguês,
>   é um verdadeiro proletário,
>   é um homem de boa moralidade,
>   é honesto, corajoso, leal, fiel, muito generoso e um homem bonito, ainda por cima.

A medida de perda de guarda paterna não parece ser considerada. O pai tomou... (se divertindo...) consciência de seus atos.

Extrato dos exames psicológicos da moça:

Ela apresenta traços de inibição e de retração, tendências depressivas mal compensadas por algumas atitudes de caráter de oposição.[99]

O ESTUPRO "POLÍTICO"

O estupro pode ser utilizado como arma, como um instrumento de tortura, para fins políticos. Recentemente, um número da *Charlie Hebdo* propunha que as novas moças-soldados fossem violadas por objetores de consciência. Não mais em caráter de fantasia, mas com execução positiva, ocorreu o estupro de Issy-les-Moulineaux, em 14 de julho de 1972.

Uns cinquenta fascistas, com capacetes e armados com barras de ferros, invadiram o baile popular do qual participavam umas trinta famílias, a maioria iugoslava e argelina, ocupantes ilegais de imóveis abandonados e insalubres da região. Uma briga violenta iniciou-se. Os atacantes levaram à força, de carro, duas mulheres: uma delas, uma mocinha jovem, a outra, de uns trinta anos, professora. Eles tiraram a roupa delas em um bosque perto de Versalhes, se contentaram em acariciar a mais nova e ensinaram três vezes à outra que "o poder está na ponta do falo". Abandonadas, depois recolhidas por um motorista que lhes deu carona, as duas vítimas apresentaram queixa imediatamente na delegacia. A docente pediu que fizessem exame de corpo de delito de seus hematomas, de sua cabeça, que teve que ser enfaixada porque havia sido golpeada, das roupas em farrapos e da quantidade de esperma que havia dentro dela. Fizeram-lhe o exame com a maior má vontade do mundo, e o médico declarou:

O esperma não prova nada. Ninguém pode nos dizer que não foi o seu bandido (*sic*) que a tratou assim.

E o guarda encarregado na delegacia:

Era só vocês não *frequentarem* (sic) um baile como esses.

Há uns dez anos, fui testemunha em um caso de socos e ferimentos cuja vítima era uma datilógrafa perseguida por um argelino que a espreitava e a perseguia havia já algum tempo; ela tinha entrado no café onde ele se encontrava, por volta de três da manhã, após sair do teatro com amigos. Ouvi o presidente do tribunal do júri perguntar a essa moça de 32 anos, que havia ficado afastada três dias do trabalho com uma licença:

Você não acha, minha criança, que a essa hora teria sido melhor você estar na sua cama?

Tais exemplos nos permitem não considerar excessiva a teoria segundo a qual as mulheres só são violadas com a cumplicidade de *todos* os homens.

Eles dizem que:
em todos os casos nós é que procuramos
que nós somos imprudentes
que não se deve seguir desconhecidos
que nós somos provocantes
que nós somos cúmplices
que isso é o que nós merecemos
que isso deve nos servir de lição
que nós não devemos sair sem um protetor.[100]

Essa última reflexão evoca o trecho de um romance de Panaït Istrati, *Domnitza de Snagov*,[101] em que um passante se surpreende ao ver um casal de ciganos sozinhos na beira da estrada; com o mesmo espanto que diante de cavalos ou bois em liberdade. Na antiga Romênia, o cigano era um escravizado. O que se formula assim no nível da espécie, em tal momento histórico, se formula ou se experimenta desde sempre quando se trata do indivíduo-mulher.

63

Uma moça caminha na rua
– Então, você está completamente sozinha?
Duas moças caminham na rua
– Então, vocês estão completamente sozinhas?
Três moças caminham na rua
– Então, vocês estão completamente sozinhas?
Quatro moças. Então vocês estão sozinhas. Cinco moças. Então...
A partir de que número muitas moças não estão completamente sozinhas?[102]

Desde a cortês proposta de acompanhamento até o estupro, o mesmo procedimento da sociedade masculina se coloca: fazer que a mulher se enquadre na lei, pela suavidade ou pela força. A lei que é: A mulher sem homem (e não *esta* mulher, ou três, quatro, dez outras) está SOZINHA. (Já o homem sem mulher é *livre*. Quem o estupraria?)

"Evidentemente todas as menininhas devem ser estupradas, realmente ou não, por um velho senhor como seu papai para estar definitivamente dentro da lei."[103]

A resposta à reação de incredulidade, naquele 13 de maio de 1972, se dá pela explicação desse "realmente ou não".

Poucas mulheres, na verdade, realmente são estupradas, no sentido do acontecimento. Essa segurança bastante relativa as impede de tomar consciência do estupro no varejo que todas elas sofrem ao longo da vida, além de exceções muito raras, e do estupro como presença e ameaça (fantasia, precauções rituais, possibilidade sempre aberta) que a própria ideia do estupro, no centro de sua condição, constitui.

UMA DISTINÇÃO SUTIL DA JUSTIÇA

Naturalmente rejeitamos a hipócrita distinção da justiça francesa: quer o hímen seja ou não perfurado, uma mulher sempre é estuprada quando é tomada à força, contra seu consentimento e sofre o mesmo ultraje à sua dignidade de ser humano que sofre um prisioneiro político obrigado, sob tortura, a entregar esta ou aquela informação ou a agir contra sua vontade.[104]

Além desse paroxismo trágico, o único considerado passível de reconhecimento pela lei, com toda a má vontade cujos exemplos enumeramos anteriormente, só relembramos às mulheres os inumeráveis "estupros no varejo" que elas sofrem todos os dias. O homem que a segue, o homem que a insulta, impossíveis de eliminar; o vizinho de cinema que a obriga a mudar de lugar, pois poucas mulheres optam por fazer um escândalo cujo resultado é arriscado e na maioria das vezes desagradável para elas; o assediador sexual no telefone, no corredor do edifício, na rua e, como no caso da minha datilógrafa, o gigolô frequentador do mesmo café, que assedia e ameaça; o supervisor ou o patrão com o direito da primeira noite;[105] todos esses exemplos pertencem à condição feminina cotidiana. Eles se complicam, inclusive hoje, por um certo "recurso ao esquerdismo", quando o homem rejeitado invoca em alto e bom tom o desprezo ao árabe ou ao negro.[106] Nos dias seguintes ao Maio de 1968, um grupo de estudantes universitárias respondeu da seguinte forma a uns jovens contestatários que lhes suplicavam que pusessem fim ao seu racismo sexual com respeito aos camaradas árabes: "Não há nenhuma razão para que sejamos objetos de consumo para eles, como tampouco para vocês ou para quem quer que seja."[107]

Esses insultos diretos, esses assédios, esses procedimentos que parecem a guerra de desgaste entre sexos justificam a estrutura mental do "medo-do-estupro" e contribuem para incitar a mulher sozinha, a solteira, a moça livre, a retornar para as fileiras e a submeter-se à lei. Para a mulher do tipo médio, um namorado é, primeiramente, alguém que a ajuda a viver (que a "faz viver" já parece demasiado ambicioso nos nossos dias) e a impede de ser "importunada na rua", como para o homem do tipo médio uma esposa é, primeiramente, alguém que "se ocupa da comida e de todo o bordel".[108] Para o homem, o casamento é uma simplificação; para a mulher, uma muralha de defesa. Toda a sociedade sustenta, por sua cumplicidade, esse mecanismo fatal que a conduz a essa concepção empobrecedora. A mulher: a que salva o homem dos trabalhos penosos e da masturbação. O homem: o que salva a mulher do estupro de todos os outros.

ESTUPRO VIRTUAL E AMEAÇA

O estupro enquanto ameaça ou execução no varejo incitou mulheres enfurecidas, em diversos países, a organizar comandos de defesa. As truculentas *Dolle Mina*,[109] na Holanda, seguem as moças isoladas ao longo das ruas escuras e atacam os agressores. As inglesas organizaram, nos movimentos feministas, treinamentos de judô e de karatê. O MLF, na França, busca tomar medidas semelhantes.

Mas esses meios de combate permanecem no nível da reforma. Não se pode sequer considerar reclamar leis mais severas contra os abusos do poder masculino, já que se trata de destruir seu próprio poder. "O estupro físico é somente uma passagem ao ato de uma realidade ideológica cotidiana."[110] Os países que, como os Estados Unidos, tentaram reagir no plano jurídico só tiveram como resultado uma maior miséria sexual e, portanto, uma incitação ainda maior à violência contra as mulheres. Pudemos encontrar nos últimos anos, nas ruas de Paris ou nos lugares públicos, um mendigo com o aspecto particularmente repugnante que fingia fazer saltar sobre as mulheres um enorme rato articulado, provocando gritos, às vezes desmaios, sempre agitações e sensações que terminavam, inevitavelmente, em grandes crises de riso. O homem observava durante o ato: ele espumava ligeiramente e olhava com malícia, mostrando todos os sinais de uma excitação sexual intensa. Depois de sua "brincadeira", pedia esmolas. Algumas pessoas indignadas falavam de mandar prendê-lo, interná-lo. "É só em Paris que se toleram coisas como essas!" Alguém respondeu: "Mas não é por causa de tolerâncias como essa que Paris é a capital onde ocorrem menos crimes sexuais?" Ele certamente tinha razão. Evidentemente, valia mais a pena que o lançador de ratos continuasse suas explorações em vez de se transformar em Jack, o Estripador. Realmente parece que, dessa forma, pode-se julgar uma sociedade que só pode escolher entre essas duas saídas à miséria sexual e ao discurso misógino.

"Como poderemos saber se o estupro é real?", perguntaram alguns opositores a um projeto de lei que exigia, em 1971, o aborto legal para as mulheres estupradas. Está exatamente aí o extremo da feminitude: a culpabilização pela suspeita. Muitas mulheres, talvez a maioria, recusam apresentar queixa por medo dessa suspeita. Ouvir reflexões semelhantes às que foram infligidas àquela jovem professora, ainda vacilante, com a cabeça enfaixada e as roupas rasgadas, acompanhada de uma mocinha que chorava, é um teste que se parece demais com um segundo estupro para as vítimas do primeiro.

NATUREZA OU LEI?

O estupro não existe.
eles dizem que é a natureza.
nós dizemos: é a lei,
O estupro existe no mundo real. Pelo pai, pelo irmão sobre menininhas silenciosas. (Brigitte, quinze anos e meio. Tentativa de suicídio. Ela não pôde suportar estar grávida de seu irmão mais velho.) O estupro existe, em todo caso, na cabeça das mulheres, como medo, como angústia, ele existe na cabeça dos homens como direito.[111]

Estamos no âmago do problema.

O estupro como realidade virtual no centro da feminitude. Exatamente como a prostituição.

Um homem propõe a uma mulher que eles transem. A lei deseja que a mulher sempre dê o seu consentimento *em princípio*. Se *de fato* ela não consente, é porque o momento foi mal escolhido ou o sujeito é desagradável. O resultado disso é que o homem rejeitado tome a recusa como uma afronta, assim como ele recusa a ideia de que a afronta seja, no caso da mulher, de receber essa oferta (ao contrário: é uma homenagem). Uma afronta o torna furioso. A mulher insolente é, uma vez mais, passível de julgamento. E por que não, ao se ver impondo pela força o que ele estava oferecendo tão gentilmente?

"Um homem é um ser que impõe e, caso não dê resultado, se impõe", diz o chamado Noël Lamare, médico já citado, a respeito da virilidade diante da mulher.[112]

Perfeitamente consciente dessa consciência que o homem tem do estupro como um direito, a mulher já é condicionada com respeito a essa ideia, antes de ter a menor experiência de sua realidade. O estupro existe nela em estado de angústia, como uma espada de Dâmocles invisível sobre sua cabeça. A estrutura da sociedade masculina lhe repete que ela é cúmplice, que é provocante, que deve provocar; às vezes ela cede e reproduz ativamente a sedução que deve receber passivamente, com a intenção de escapar a ela; é a famosa "fuga para adiante" do soldado que está morrendo de medo, conduta frequente na adolescência; mas com maior frequência ela busca evitar, se retirar; prudente, inquieta, medrosa, desconfiada (o "*fosméfier, fosméfier*", de Zazie),[113] ela prefere privar-se de sentidos e permanecer imóvel em lugar de correr perigo; ela se mutila da alegria do sexo e protege fervorosamente esse corpo amputado, esse corpo que finalmente não é mais o seu. Aparentemente submissas, essas numerosas mulheres opõem à ordem masculina uma longa, e dura, e desoladora resistência; elas poderiam repetir o poema das autoras que entregaram na *Mutualité*, naquele 13 de maio, o balanço de seu grupo de trabalho:

> Frígidas, dizemos que o vazio não é feito para ser preenchido,
> Mudas, dizemos que a palavra não é feita para seduzir e ordenar,
> Paralisadas, dizemos que a caminhada não é feita para pisotear.
> Passar hoje da resistência muda, solitária e dolorosa de nossos corpos à luta solidária, falante e que desfruta, de todas.[114]

Se é verdade que, assim como diziam essas mulheres (e na publicação de seu texto, estas palavras foram escritas em maiúsculas), que "há sempre na vida das mulheres um momento incontornável em que elas são tomadas à força",[115] é porque sua vida é inelutavelmente desfavorecida, no sentido de que "a anatomia é o destino": lei que não é "natural", mas concertada em uma sociedade humana em que o macho domina.

EM TODA MULHER, É A HUMANIDADE INTEIRA QUE ELE ESTUPRA

Os seus efeitos são dos mais graves e mais prolongados; eles parecem às vezes não ter nenhuma relação com o estupro, potencial ou real, à medida que esses efeitos se afastam no tempo. Porque todo macho humano que estupra uma mulher, sua semelhante e sua irmã em espécie, rebaixa a espécie inteira; finalmente, estupra a humanidade, cuja imagem ele carrega em si e mancha por sua própria iniciativa, como no assassinato.

O homem estupra a mulher. Mas ele estupra o homem: aquele de hoje que ele avilta, aquele de amanhã cuja vinda ele retarda. É a ele mesmo, no final das contas, que estupra: sua obra, a sociedade que saiu de suas mãos. Da mesma forma que, no assassinato ou na guerra, ele a destrói.

O estupro mais significativo, enquanto condição da feminitude, não está no fato de crônica ou no assédio sexual; ele se encontra na obrigação imposta à mulher de viver sexualmente contra sua vontade, de ser mãe contra seu desejo – ou de não sê-lo quando ela morre de vontade. O estupro mais contínuo, o mais grave, o mais aceito, por estar enraizado há mais tempo, é a apropriação pelo macho da procriação humana, seu controle sobre a contracepção e sua proibição do aborto.

Esse aspecto, que faz parte da feminitude, será estudado na segunda parte, destinada a mostrar a necessidade de ultrapassar a ideia de revolução e de chegar à de mutação.

DA REVOLUÇÃO
À MUTAÇÃO

Raça de Abel, tua carcaça
Aduba o solo fumegante!
BAUDELAIRE, "Abel e Caim", *As flores do mal*.[1]

Nenhuma mulher é obrigada a construir o mundo destruindo a si própria.
RABINO SOFER[2]

O *stress* do rato

CADÊNCIA DEMOGRÁFICA EXPONENCIAL

Uma das ameaças mais graves que pesam sobre nossa humanidade é a taxa atual da demografia mundial. A outra, paralela a essa, é a destruição do meio ambiente. Retornaremos a esse ponto em nossas conclusões sobre a necessidade de elaborar um "ecofeminismo".

Em *Consciência e controle dos nascimentos*,[3] Elizabeth Draper retraça a curva histórica da demografia. Segundo uma taxa absolutamente insana, desde 1650 (a despeito das guerras de extermínio), a terra dobra sua população em 35 anos. "Os seis bilhões previstos para o ano 2000 constituem, portanto, uma previsão modesta."[4]

Alguns arriscaram que, apesar do Vaticano, sustentar a sacralização da função materna obrigatória se tornou uma brincadeira de muito mal gosto e muito perigosa.

Mas o aumento da natalidade não comporta, evidentemente, a mesma taxa de densidade populacional em todos os lugares; muito pelo contrário. Enquanto as Índias estão superpovoadas, a Alemanha Oriental se viu obrigada a indultar os nazistas e a estabelecer um cordão de vigilância contra a fuga do "capital mais precioso", o homem. Mas, sobretudo, enquanto os campos estão desertos, e povoados inteiros desmoronam à beira de seus rios poluídos e cheios de peixes mortos, a concentração urbana que se produz nas metrópoles ocasiona, depois dos "inconvenientes" do início do século, um tamanho agravamento das condições de vida que é possível, sem hesitar, falar de catástrofe.

O aumento do número de casos de enfermidades físicas e psíquicas é umas das primeiras consequências. Na França, o câncer, mais frequente nas cidades, passou de 3.316 casos em 1943 a 9.144 em 1963, e não deixou de aumentar desde então. Na Inglaterra, há duas vezes mais mortos por câncer de pulmão na cidade que no campo. E a aceleração das enfermidades das vias respiratórias sobe vertiginosamente. O número de mortos por enfisema *duplica a cada cinco anos*. O Ocidente ainda parece privilegiado em comparação com outras regiões: no verão de 1972, em Nova Iorque, morria-se na rua e implorava-se que a chuva caísse, como entre os mais "selvagens" filhos do Ubangui;[5] em Tóquio, sabe-se que "em 1980 cada habitante deverá usar uma máscara de gás".

Além dessas constatações consternadoras, assistimos ao crescimento igualmente vertiginoso das doenças mentais mais graves, particularmente de forma paranoica, das psicopatologias agressivas mais perigosas. Foi o Marquês de Sade que, entre vários outros pressentimentos científicos extraordinários, havia predito que os assassinatos e o instinto de tortura de seus sinistros heróis se expandiriam nos tempos futuros proporcionalmente à concentração urbana (ele dizia: "do número de habitantes das grandes cidades"). Uma simples olhada sobre a situação atual de Nova York, onde em cada vagão de metrô, a partir de certa hora, permanece um policial armado, é suficiente para lhe dar razão; e o filme americano *Pequenos assassinatos*,[6] que trata dessa situação, não seria repudiado pelo autor de *História de Juliette ou as prosperidades do vício*.[7]

Um pesquisador científico de Maryland, em 1958, amontoou ratos brancos da Noruega em uma granja.[8] Notou-se que o comportamento dos ratos se tornava absolutamente diferente em função direta do aumento de seu número. Todos os traços reunidos desse novo comportamento fizeram que o observador se lembrasse das condutas de defesa dos humanos em meios de alta concentração urbana. Um fato particularmente significativo para nós: as fêmeas, em número crescente, destruíam seu ninho e recusavam o acasalamento. Paul Leyhausen, etologista alemão, tirou suas conclusões sociológicas da experiência Calhoun. Ele relembrou que, entre as dez primeiras causas de morte devidas à aglomeração urbana, encontrava-se o suicídio. E ele acrescentou que a loucura cercava o homem que se encontrava em divórcio com seu meio, sob todos os tipos de formas características que vão da depressão nervosa à psicose, passando pela delinquência juvenil e o alcoolismo (esta última calamidade atualmente em crescimento na URSS).

A revista *Actuel*, em outubro de 1971, declarava, após evocar os estudos de Calhoun e Leyhausen: "Vocês já sabem o suficiente para se dar conta de que o Apocalipse não é necessariamente uma visão do espírito."

No número 12 da *Tout!*, já citado, um artigo fez alusão a esses mesmos trabalhos sobre o rato branco, comentando assim seu impacto: "E se as mulheres, em sua atual campanha para o livre acesso à contracepção e ao direito ao aborto, estivessem apenas traduzindo a sede de sobrevivência da espécie humana, que somente a redução da taxa de nascimentos pode assegurar?"

Esse aparente paradoxo guarda uma verdade profunda. Aquelas que os católicos retrógrados incriminam como "egoístas" se mostrariam, ao contrário, as melhores e supremas defensoras de uma procriação que tende a se sufocar por si só, como a baleia encalhada que se asfixia por seu próprio peso. Mas a reivindicação que questiona o direito mais antigo do patriarcado, a posse da procriação pelo macho, se choca em todo lugar com uma barreira falocrática: religiosa no campo burguês, ideológica no campo socialista.

Raça de Abel, goza e pulula!
Teu ouro é pródigo em rebentos;
Raça de Caim, refreia a gula,
Ó coração que arde em tormentos![9]

Há um meio de deter a devastação sem conceder a liberdade de aborto nem difundir a contracepção além da conta, clamam há muito tempo as stalinistas de 1957, lideradas por Jeannette Vermeersch;[10] é necessário conceder a todas as mulheres "a possibilidade de serem mães", a saber, fornecer-lhes indistintamente habitação, bem-estar, trabalho e todo o restante. Nesse caso, eles dizem, o aborto não seria nada mais que um remédio ruim para uma situação catastrófica; *as mulheres não teriam mais razão para rejeitar a maternidade!* Mas e a taxa de natalidade? Aqui, os comunistas (que em rigor admitem o aborto, mas desconfiam da contracepção) mantêm um silêncio prudente; através desse silêncio se escuta a aprovação tácita da esquerda: a contracepção expandida em larga escala será suficiente para fazer cessar a aceleração demográfica. Mas a

75

contracepção não é um direito das mulheres a se disporem delas mesmas? Oh, até que ela se expanda em uma escala suficientemente larga para se tornar um perigo como esse!...
Contradição em cima de contradição.

A contracepção, 63% das mulheres que praticaram aborto confessam que ignoravam sua existência. Somente 10% das francesas a praticam.[11]

[...] a contracepção, à qual atualmente 5% das mulheres francesas recorreram.[12]

6% das francesas têm acesso à contracepção.[13]

Raça de Abel, cruz e pílula,
Teu ouro não faz mais rebentos.

Tomando a tocha entregue por comunistas como aqueles que, junto a Jeannette Vermeersch, haviam outrora tomado a sua, os católicos Chauchard e Lejeune, pioneiros de "Deixem que eles vivam"[14] (e concluímos: *a fim de que eles nos matem*) declaram este desejo, dos mais piedosos: "praticar uma *ampla* política familiar!" A saber: abolir a injustiça, a favela, a desnutrição, o presídio alucinante da mãe de família cheia de filhos... Ah! Eis aí a solução sonhada. A única maneira de rejeitar a liberdade de abortar!

O triste é que essa solução exigiria, precisamente, a revolução que os poderes atuais sabem que seria a morte deles, já que recusam ainda a autorização do aborto e a difusão da contracepção, da qual *têm uma necessidade cada vez mais imperativa*, unicamente pelo temor desse espectro medonho do qual o próprio aborto seria apenas, com a liberação do sexo, um fogo-fátuo precursor. Daí vem essa imensa confusão no qual debatemos em coro, opressores e oprimidas.

Aliás, mesmo admitindo um capitalismo do tipo "socialismo burguês" à maneira escandinava, que por um lado estabeleceria um pacto de equilíbrio entre o bem-estar e a liberdade sexual dos trabalhadores e, por outro, os lucros dos proprietários – solução absolutamente impossível em nossas regiões com um tradicionalismo capitalista totalmente diferente –, a questão número um não seria resolvida, já que a taxa de nascimento praticamente não diminuiria com um sistema desses. Nós o constatamos no caso dos ratos brancos, dotados de todo o "bem-estar". Além disso, essa enternecedora e idealista solução à qual se agarraram, sucessivamente, comunistas stalinistas e católicos retrógrados desdenha, como tudo o que é produzido por esse tipo de políticos, as múltiplas razões que uma mulher pode ter para recusar a maternidade, além daqueles que sempre são postas em primeiro lugar: a falta de habitação, a saúde ruim, os problemas materiais. De certa forma, é como se as mulheres fossem um rebanho cujo único direito válido, a única reivindicação admitida, fosse a de ter uma boa pastagem, um estábulo ventilado e limpo, o pelo reluzente e um veterinário atento. Nessas condições, por qual perversão elas recusariam dar ao fazendeiro tantos bezerros quanto possam fornecer seus quadris generosos e suas vulvas sempre quentes?

Enquanto esperamos, passamos muito perto da catástrofe mundial, graças à utilização e à propriedade exclusiva da fecundidade humana pela sociedade masculina.

UM ÚNICO RESPONSÁVEL: O PODER MASCULINO

O que a demografia teria se tornado nas mãos de um poder feminino – ou simplesmente dividido entre os dois sexos? O gravíssimo perigo atual não seria uma ameaça.

Mesmo sob o reino masculino, a mulher sempre teve menos filhos que os que o homem queria lhe infligir. A contracepção, longe de ser recente, sempre foi aplicada pelas mulheres, às vezes de forma fantasista, às vezes perigosa: Sorano de Éfeso e São Jerônimo foram os primeiros a denunciar os perigos dessas receitas. A história masculina fala somente de amuletos para a "fecundação"; as mulheres, contudo, conheciam outros. As francesas carregavam em segredo uma salamandra; as esposas alemãs, um testículo de doninha; as inglesas, alecrim e murta, e isso até o século XIX. As pedras também tinham grande renome; mais uma vez, a história dos homens só fala de poções ou encantos de amor, mas a crônica secreta das mulheres conhece "a pedra para que teu marido se afaste de tua cama". O jaspe era conhecido no Japão como contraceptivo; a esmeralda era apreciada na Europa medieval. Outros ritos ainda: as mulheres, relata Alberto, o Grande, que deu nome à praça Maubert, devem cuspir três vezes na boca de um sapo e não poderão engravidar durante o ano. Ainda no Japão: comer abelhas mortas, saltar por cima de um cadáver. Na África do Norte, a muçulmana deve rodear sua cintura com um versículo do Corão. A essas puras superstições se juntam tentativas de métodos médicos. A infusão de casca de salgueiro tomada muito quente desfrutava da mesma confiança, nos tempos antigos, que a absorção de quinino antes de haver a "pílula". Outros ingredientes eram recomendados, entre os quais os mais reputados são: baba de camelo, na Ásia Menor; gema de ovo, tanchagem, folha de nogueira no norte da Europa; pólvora na Rússia, pílula de óleo e de mercúrio.

Em 1856, em Cincinnati, o americano Soule descobriu o meio de impedir a ovulação a partir de um contraceptivo empírico da Índia. *Foi necessário aguardar 1950* para que nessa mesma América o sociólogo Norman Himes retomasse a questão de onde ela havia parado: prova gritante de que o problema da superpopulação se deve realmente à vontade da sociedade masculina.

Nos inícios da civilização, a ciência dos hebreus já havia descoberto os dias do ciclo fértil da mulher; esse conhecimento serviu apenas para garantir e aumentar a fecundidade. Foi somente em 1955 que o instituto de Biologia do Massachussets começou suas pesquisas sobre o desenvolvimento da pílula.

Até tempos bem recentes, os métodos de contracepção se reduziam à prática do coito interrompido e ao uso dos preservativos masculinos, que apareceram no século XVIII; embora o primeiro preservativo mencionado pela história seja do tipo feminino, segundo a lenda de Minos e Pasífae no texto de Antoninus Liberalis, e que se encontre uma breve menção à "bolsa de tripa" nos textos de Madame de Sévigné, a criação e a distribuição comercial dos preservativos só podia ser feita conforme um tipo masculino; durante muito tempo, não se tratou de evitar a procriação, mas a contaminação; e o inglês Daniel Turner chega a achar tão desagradável "esta armadura contra o amor" que esse cidadão do século XVIII preferirá correr o risco de uma doença venérea. Naturalmente, os esposos não imaginavam de modo algum utilizá-lo com suas esposas. No caso do preservativo e do coito interrompido, de toda forma, a mulher era obrigada a confiar em seu parceiro e acreditar piamente em seu autocontrole, em sua boa-fé e até mesmo em sua sobriedade. Quando os primeiros contraceptivos bioquímicos modernos apareceram, por mais incertos que fossem, eles não foram postos à venda nos países católicos latinos, exceto o Gynamide, que só funcionava em uma a cada duas mulheres; e ainda, em 1955, a autora destas linhas precisou fazer um escândalo para que lhe entregassem esse medicamento em certa farmácia de província (que vendia liberalmente preservativos masculinos desde que a campainha da porta havia tocado pela primeira vez).[15] As estruturas sociais se mostravam evidentes: a fecundação *era assunto de homem*; ele era livre para impô-la ou recusá-la. As autoridades municipais francesas, que receberam a ordem de tomar medidas para controlar o fluxo preocupante de nascimentos, poderiam ter respondido com toda a boa-fé que os cidadãos machos só tinham a quantidade de filhos que eles queriam; quanto às outras, as fêmeas, para que importava a opinião delas? Que uso elas poderiam dar, quanto a esse assunto, à cédula de votação, permitida desde 1945 (somente)? Não existia nenhum projeto de lei ou de reforma legislativa, nenhum deputado, macho ou fêmea, que o tivesse inscrito em seu programa. Muito melhor: De Gaulle, como outrora Pétain, como hoje em dia Debré, implorava à França que fizesse filhos!

A Igreja, grande detratora da contracepção e do aborto, nem sempre mostrou essa rigidez de atitude; da mesma forma que se acreditava que o controle dos nascimentos era uma preocupação moderna, e agora vemos que esses métodos rituais, orais, mecânicos existem desde a mais alta antiguidade, também se imaginava que a Igreja tinha aplicado desde sempre o fanático preceito da procriação, em virtude da moral judaica à qual o cristianismo dá continuidade. Ora, assim como foi necessário que chegasse o concílio de Trento para tornar o casamento um sacramento (sempre repetindo o anátema que recairia sobre aquele que o julgasse superior ao celibato, mesmo que fosse laico), da mesma forma o ano em que o aborto se tornou um crime foi 1588, ou seja, 28 anos após o mesmo concílio de Trento, por obra do papa Sisto V. Até esse momento, a Igreja não podia proibir a prática antes do terceiro mês de vida do embrião, já que era o momento em que ele se tornava dotado de uma alma (com uma diferença conforme o sexo, evidentemente em prol do feto masculino, segundo Santo Agostinho). Isso estava, aliás, em consonância direta com o ensinamento de Hipócrates, que concede a vida ao mesmo feto a partir do terceiro mês. Que um preceito visando a aumentar o número de fiéis em um século no qual a população total da terra não chegava à da China de hoje ainda esteja em vigor no momento em que o planeta vai transbordar, tal é o absurdo que o atual papado deseja manter junto a centenas de milhões de fiéis.

Make babies,
don't make love
Paulo VI[16]

"Ah, dois não bastam para você, eu vou lhe fazer um terceiro, vagabunda!" Gritado em agosto de 1970 por um camponês da Auvergne que batia violentamente em sua mulher grávida, a qual acabava de dirigir a palavra a uma amiga lésbica. A criança número 3 nasceu hoje.

Coisa estranha quando se examina o comportamento dos dois sexos com relação à procriação: as mulheres amam as crianças, em sua maioria, incomparavelmente mais que os homens. Com frequência, em circunstâncias extremas, a criança se torna um cúmplice da mulher contra o homem, na comunidade da mesma opressão. O homem quer se prolongar, mas não ama por instinto aquilo que o prolonga; ao contrário, desconfia e tem ciúmes dele. O complexo de Édipo deveria se chamar complexo de Laerte: é o homem-rei que vê em seu filho um rival (ele toma o amor da mulher) e um futuro assassino (ele representa, por sua juventude, a velhice e a morte do pai).[17] O índice mais confiável da importância feminina em qualquer sociedade, como sabem bem os etnologistas, é o *status* favorável da criança. Quanto mais a sociedade é falocrática, mais a criança e o jovem são maltratados, com o objetivo declarado de torná-los "homens". (No caso de uma menina, com frequência é a mãe que se apossa avidamente dos motivos para reprimi-las como ela mesma o foi.) "Não há bom pai, é a regra; diz Sartre: que não acusemos os homens, mas o laço de paternidade, que está podre."

O veto contra a mulher é a primeira regra pela qual os homens de Deus adquirem a consciência de pertencer ao exército do Pai.[18]

Ora, dos dois sexos, *é aquele que menos ama o filho que o impõe ao outro*. O ventre das mulheres, mais inesgotável que o da natureza, cresceu e se multiplicou, enquanto o da terra murchou lentamente sob o falo-arado, o rolo compressor e o veneno dos revestimentos químicos. O macho triunfou, mas a partir de um princípio de *morte*. Existem muitas razões para que o homem queira gerar. Prolongar-se através dos filhos é o primeiro dos mais antigos sonhos masculinos; há também a necessidade de reinar sobre o que é jovem e fraco e depende de você, repetição da satisfação que o falocrata obtém da mulher-esposa; mas nas culturas do passado e ainda hoje em dia nas camadas populares, sobretudo camponesas, trata-se de acorrentar a mulher à sua própria espécie, de "impedi-la de correr", de fazê-la sentir concretamente seu peso de animal, de inferior. "Presa pelo calcanhar, ela que andava tão levemente sobre as águas", diz Virginia Woolf sobre uma de suas heroínas em *O quarto de Jacob*.

A Humanidade já se reproduziu o bastante, é preciso agora que ela se una.
TOLSTÓI

A apóstrofe cheia de ódio do camponês da Auvergne não é um caso extremo: "Eu vou te enfiar um terceiro!" *Inflige-se* um filho à mulher; isso lhe ensinará a ser mulher. A signatária destas linhas ouviu a mesma formulação de falocratismo triunfante, em termos mais cultos, por parte do pai de seu filho. Tal é a conduta da supremacia. Reproduzir-se, em muitos casos dessa cultura masculina, é o contrário de unir-se.

O homem do sistema patriarcal é, portanto, em primeiríssimo lugar, responsável pela demência demográfica, assim como pela destruição do meio ambiente e pela poluição acelerada que coincidem com essa demência por legar um planeta inabitável àquele que o prolongará.

O movimento feminista não é internacional, mas planetário, diz *Cuspindo em Hegel*, de Carla Lonzi.[19] Trata-se, portanto, com toda urgência, da transferência de poder, *e em seguida*, o mais rápido possível, da destruição dele. A transferência deve ser feita do homem falocrático, responsável por esta civilização sexista, às mãos das mulheres que despertaram. Porque, nós já o vimos, pode-se sem hesitação considerar o homem diretamente responsável pela lamentável situação demográfica atual, e não somente o poder masculino: o homem em todos os níveis. Por uma única mãe de família cristã que teima em usar o método Ogino,[20] temos dez outras mulheres que, por mais reacionárias que sejam no aspecto sexual, reclamam no mínimo o aborto terapêutico ampliado e o acesso aos métodos anticoncepcionais. Nós pudemos ler em *Elle*, que não é uma revista semanal de um progressismo delirante, após as posições tomadas pelo papa: "*Eu sou católica e não concordo*." Por mais obstinada que seja a resistência da Igreja católica a esse respeito – a qual, na França, tem uma boa clientela feminina, quando se trata de seu ventre e de sua posição sobre o futuro, as mulheres mais pusilânimes tendem a se informar e até a se revoltar se for o caso, se elas desfrutam de um mínimo de nível social.

Aqui, trata-se de francesas. O quadro variará ao abordar outros países. As americanas e as inglesas são muito mais determinadas em sua reivindicação de liberdade sexual total; mas as americanas, além disso, explodem de cólera a respeito de suas condições de contratação e de seu mercado de trabalho. As espanholas e as sul-americanas mantêm a boca fechada, em países onde, mesmo para salvar a vida da mãe, o aborto é frequentemente impossível; ignora-se a taxa de abortos clandestinos desses países, certamente impressionantes, se julgamos pela Itália. Mas, de um modo geral, a opinião feminina, na Europa ou na América, está sensibilizada ao extremo sobre o assunto da contracepção e do aborto. A limitação dos nascimentos é uma ideia fixa das mulheres, desde *sempre*. Qualquer que seja a carga representada pelo excesso de nascimentos, seja por um pai de família, seja por uma nação, ela nunca é, nem de longe, sentida como tal pelo Atlas feminino, esse frágil corpo que carrega o peso inteiro do mundo.

Que a Igreja católica, onde as mulheres são excluídas do sacerdócio, seja o principal obstáculo à reavaliação do aborto demonstra bem que isto é um problema de homens. Que aqueles que oficialmente não têm nem vida sexual nem filhos sejam encarregados de controlar e dirigir não somente as relações sexuais, mas também a fecundação das pessoas comuns não é de modo algum um escândalo em nossa moderna, milenária cultura; basta que essas pessoas sejam homens. O papa decide *ex cathedra*; os padres aplicam sua vontade; exceto essa parte religiosa da humanidade, o resto do mundo se referirá a pessoas que frequentemente são seus fiéis, ou que não o são, e que têm uma vida sexual, que têm filhos. Legisladores, juízes, médicos – sempre homens.[21] Os homens só começaram a se interessar pelo problema da natalidade, como pelo da destruição do meio ambiente, quando a situação se tornou catastrófica, quase desesperadora.

Alguém talvez me conteste que, nesse caso, todos os males de nossa sociedade são de origem masculina, já que a masculinidade é a própria essência desta sociedade; por que enfatizar um mais que o outro? É verdade, grosso modo; mas isso merece nuanças, e importantes. Por um lado, as piores negatividades das mulheres se devem aos homens, que as formaram e moldaram assim para seu uso, sem discussão possível; por outro lado, algumas dessas negatividades podem se manter com elas – assim como nas categorias oprimidas, quando a cultura evolui elas de tornam as piores reacionárias, cúmplices do opressor – contra a própria evolução da atitude masculina. Tomemos um exemplo: nas tentativas modernas de emancipar o sexo, por mais modestamente que seja, já que a emancipação total só pode ser feita com a revolução, as adversárias mais determinadas a essa mudança são as massas femininas. (Assim como, outrora, os maiores protestos contra os auxílios governamentais para as famílias vieram de velhos proletários que, por sua parte, haviam criados suas famílias sem ajuda do Estado.) A desaceleração do progresso dos esclarecimentos e de informações sexuais, da entrega de pílulas anticoncepcionais às menores de idade, uma aprovação mais ampla à repressão contra os homossexuais, ssas disposições negativas provêm de uma maioria feminina. Elas continuam a defender a moral do opressor justamente quando ele mesmo começa a não crer mais nisso. Por outro lado, se uma mulher se conscientizou, uma única vez na vida, nada mais pode detê-la.

OS MUTANTES: OS MARGINAIS E AS MULHERES

No atual momento, a única categoria que pode tomar a frente das minorias oposicionistas é a das mulheres, já que ela é a única maioria que é tratada como minoria.

> A reaparição das mulheres deu início a um movimento de marginalização voluntária da juventude, que manifesta por todos os meios possíveis, destrutivos, mas pacíficos, sua convicção de dever recomeçar de zero.[22]

É preciso, hoje em dia, que o espírito da revolução a ser feita ultrapasse o que viemos chamando, até o momento atual, de "espírito revolucionário", assim como este último ultrapassou o reformismo. Em casos extremos, não é mais de revolução que precisamos, mas de mutação, para resolver um problema global do qual a ameaça demográfica é somente um dos aspectos extremos, mas talvez o mais urgente.

A respeito do aborto

UMA QUESTÃO

O Manifesto das 343[23] foi a balística que propulsou ao primeiro plano o novo feminismo, o do Movimento de Libertação das Mulheres. Desde essa campanha, pudemos nos perguntar:

Múltiplas reivindicações já apareceram hoje em dia, graças à tomada de consciência das mulheres; só é difícil escolher entre tantas alternativas: no plano profissional, salarial, social, político etc., elas são tratadas como subalternas, relegadas às zonas mais baixas, bloqueadas em suas promoções; em resumo, prejudicadas por todos os lados. Por que, então, a sensibilização se faz sobre esses "pontos quentes" que ninguém esperava: a contracepção e o aborto?

A verdadeira revolução sexual (não a caricatura que nos oferecem) se desenha no horizonte desse combate. É exatamente lá que o interesse mais vital, mais íntimo, mais individual das mulheres se une à salvação, ameaçada e comprometida, da espécie inteira; e, um fato notável, é lá que ele se choca com uma resistência tão desesperada, que chega a evocar o instinto de morte analisado por Freud.

Nada pode ser mais esclarecedor que os textos inacreditáveis publicados em caráter de documentário em *O livro branco do aborto*, editado após a jornada consagrada a esse debate no clube do *Nouvel Observateur*, na sala Pleyel.[24]

Entre alguns dos signatários desses textos que fazem o filosófico *Nouvel Obs* concluir: "Mesmo que o MLF no fundo tenha razão, isso não importa, não é verdade que a felicidade das pessoas seja feita contra elas...", citamos estes:

Para um geneticista, não há tecnicamente nenhuma diferença entre um aborto e um infanticídio: nos dois casos, trata-se de um ser humano.

JÉRÔME LEJEUNE, professor[25]

Que desejo violento elas têm de matar seus bebês?

Publicado por LE MONDE

Eu imploro um pouco de ar puro em suas colunas, *Nouvel Observateur*! Essas 343 bundas de esquerda, ensanguentadas e cuidadosamente alinhadas sob nosso nariz são um pouco repugnantes, e delas provém um cheiro de vala comum. Quaisquer que sejam os regimes políticos, crenças, meio social, o aborto continua sendo uma aventura degradante.

DR. P. M. HELLEMES

É pura e simples histeria, no sentido próprio da palavra, proveniente do grego *hustera*, que significa "matriz" (em delírio). C. W. WASQUEHAL

O problema é reconhecer a dignidade da mulher proclamando seu direito de matar e anunciando cinco assassinatos como a mesma quantidade de vitórias. É preciso despertar o sentido social e cívico das mulheres, abrir creches, jardins de infância, conseguir trabalho para ela e seus filhos.

A papista de plantão (retardada + fascista + reacionária), A. DE LA G., RODEZ

As páginas que vocês consagram ao Manifesto são uma quádrupla afronta que as pessoas honestas são obrigadas a denunciar.

É uma afronta ao pudor, essa virtude que foi exaltada e respeitada pelas civilizações quando estas estavam no ápice de sua grandeza e negada nos períodos de decadência.

É uma afronta à moral, qualquer que seja a filosofia ou a religião à qual se pertença, que se carregue em si, como um princípio primeiro, a noção do bem e do mal.

É uma afronta à família, que é, seja lá o que pensem certas signatárias do Manifesto, a célula viva de toda sociedade.

É, finalmente, uma afronta à lei: existe, de fato, uma lei conhecida por todos – ela data de 1920 – que condena a penas de prisão e de multa todas aquelas que praticaram em si mesmas ou em outras manobras abortivas e todos aqueles que as ajudaram nisso. Ora, quando se proclama publicamente (etc.). As mais altas instâncias do Estado devem ser acionados a respeito destes delitos.

DR. M.-T. G.-D., médica ginecologista, mãe de cinco filhos, AIX-LES-BAINS

A lista dos 252 "patrônimos" dos médicos partidários do aborto livre me mergulhou em estranhas reflexões. Somente um pouco mais da metade parecem ser "gente daqui"; os outros, 40%, têm uma sonoridade totalmente diferente. [...] Eles vêm até os nossos braços abortar nossas filhas, nossas companheiras!

J.A., PARIS [26]

O MLF é antifeminista. Ele demonstrou que deixar que as mulheres tomem a palavra resulta em uma verdadeira catástrofe, que suas forças residem ainda em brigar puxando os cabelos umas das outras e que seus argumentos se transformam em canções, grafitti e gritarias histéricas. É lamentável. Eu realmente me sinto magoada e humilhada como mulher. Estou magoada também por ver que a maioria dessas militantes é muito jovem e por constatar o modo leviano como elas dispõem nossos problemas. Por que a juventude sempre quer monopolizar as grandes questões?

S. O., PARIS

A poluição matará nossos filhos.

Slogan escrito, exibido durante o desfile da Marcha Internacional pelo Aborto e a Contracepção, organizado pelo MLF, em 20 de novembro de 1971.

À indiscutível falocracia da sociedade chamada burguesa, edificada no século XIX, podemos temer que se suceda uma histeriocracia que somente conseguirá virar o problema do avesso. Considerando minha idade e minha condição de celibatário, não estou diretamente – se ouso dizê-lo – envolvido, mas me sinto solidário com meus irmãos de sexo, jovens ou velhos, diretamente ameaçados não mais de castração, mas nem mais nem menos de aniquilamento. Um mundo de mulheres sozinhas cujo "ventre", como elas dizem, não passa de um meio de produção me parece bastante inquietante.

ABADE MARC ORAISON, autor de numerosos textos sobre a integração social da homossexualidade.

POLÊMICA E TESTEMUNHOS

Terminemos esta leitura e passemos à dos textos mitigados: aprovações com nuanças e reservas, discussões, análises, testemunhos discursivos ou polêmicos, pontos de vista "objetivos". Os representantes de um sindicato de Bordeaux pensam que é melhor prevenir do que curar. O professor Paul Milliez pensa que o remédio está em uma informação sexual – atenção! não *erótica* (*sic*) –, e não no aborto; pois, se o admitimos, seria também admitir a oficialização da homossexualidade, "que é um desvio patológico".[27] Évelyne Sullerot,[28] por outro lado, crê que o aborto ainda é necessário "em *vários* casos médicos e sociais". A senhora B., de Paris, considera que é necessário aliviar, naturalmente, a lei sobre o aborto "em certos casos precisos", mas sentiu "repulsa pela lista das 343". C. B., de Villemontais, tem sobretudo a impressão de que "nossas militantes do aborto não querem atrapalhar suas vidas aconchegantes". Mas, também, as "343 burguesas que clamam seu egoísmo causam nojo". A senhora F. T., de Alès, pensa que o nascimento indesejável é um falso problema: basta somente confiar a criança aos cuidados de uma comunidade hippie. Uma redatora de *Clair Foyer* considera que "dar à luz é dar à Luz"[29] e que aquelas que se recusam a fazê-lo "não ultrapassaram o nível de seu ventre, não renunciaram a satisfazer todos os seus instintos". A senhora J. C., de Neuilly-sur-Marne, declara que o aborto livre implica o risco de fazer da mulher "um objeto, uma máquina", que se manda à oficina para a revisão; "é aí que a mulher é escrava do homem, já que ela se submete ao prazer dele". Um estudante universitário de Toulouse propõe, de preferência, o abandono: há seis pedidos de adoção para cada criança abandonada. Finalmente, a Federação Protestante propõe, como critérios suscetíveis de legitimar o aborto, a "ameaça grave ao estado físico e mental da mãe", o "perigo sério de que a criança a nascer seja vítima de malformações e de alterações graves", o "estupro e o incesto" e o fato de que a mãe seja "uma menor de menos de dezesseis anos".

Eu leio e releio esse segundo contingente e me pergunto se não prefiro o primeiro.

Procurar as razões pelas quais não se deve pisar no rosto de um homem é aceitar que lhe pisem no rosto.[30]

Mais um testemunho. O último. Este vem do país de Maria Chapdelaine e dos quíntuplos, do catolicismo no poder e dos caçadores de nossa literatura infantil.

"Aderi ao Movimento de Libertação da Mulher em Toronto, quando a seção de Toronto decidiu participar da campanha a favor do aborto... Nós trouxemos um caixão. Ele simboliza todas as mulheres canadenses que morrem a cada ano vítimas de um aborto clandestino... Sobre o caixão, estão os instrumentos utilizados durante esses abortos clandestinos. Não ouso olhar para eles... Elsa vai ler uma descrição do uso dos instrumentos. As mulheres avançam, carregando o caixão bem alto, mas a polícia as impede... Finalmente nos deixam passar. Elsa começa sua leitura: *Sobre este caixão há sacos de plásticos, eles são usados para encher o útero e forçá-lo a entrar em trabalho. Como não são esterilizados, eles podem provocar infecções graves; quando estas não são mortais, elas condenam à esterilidade para toda a vida. Há agulhas de tricô sobre este caixão. Elas são introduzidas na vagina para furar o útero. Isso termina com fluxos de sangue. Há um frasco de Lysol sobre este caixão. Ele é utilizado diluído para limpar os pisos de taco. Aquelas que querem abortar o injetam na vagina. Os tecidos se queimam gravemente e há hemorragia. A morte ocorre em alguns minutos. A dor que a precede é intensa, ardente, insuportável. Há um pedaço de aspirador sobre esse caixão. Com o tubo colocado na entrada da vagina para extrair o feto, é o útero inteiro que é aspirado e desalojado da cavidade pélvica.* Tenho vontade de vomitar. Tudo gira ao meu redor. Eu não ouço mais a voz de Elsa, só os soluços de Mary ao meu lado e o silêncio horrorizado que me cerca. Tudo isso está acontecendo neste instante exato, com mulheres em todo o Canadá, enquanto estamos sentadas sobre este belo gramado, em frente a esta bela casa..."

89

Eis como as "burguesas" recusam ultrapassar "o nível de seu ventre" e deixar "atrapalhar sua vida aconchegante", com o risco de espalhar "um cheiro de vala comum" que faz desejar, nas colunas do jornal que fala disso, "um pouco de ar puro". Senhora! O ventre delas, "como elas dizem", que símbolo de egoísmo e de recusa da "Luz...".

Eu conheço algumas dessas outras burguesas que não quiseram atrapalhar sua vida aconchegante. Eu soube algumas de suas aventuras. Uma daquelas que "se aproxima alegremente da menopausa" (feliz expressão do padre Oraison) foi abortada em um matagal, sobre uma mesa de cozinha, com uma lanterna de bolso e uma faca de camping. Isso a deixou estéril. Outra, que viveu na miséria até que a celebridade lhe chegou tardiamente, quase morreu, esvaziada de seu sangue, em uma clínica de subúrbio onde havia ido parar e onde a trataram como uma ovelha negra. Outra, professora, casada, mãe de três filhos que ela adora e que cria em condições inverossímeis, abortou o quarto quando o marido a havia deixado por uma mulher com mais dinheiro que ela, cansado do desconforto de um casal de professores pobres. Ela também quase morreu. Eis aí essas burguesas que clamam seu egoísmo!

Quando passamos noites em claro à cabeceira de uma mulher cujos lábios se tornam azuis, de cujo corpo esvaziamos bacias de sangue, por quem fizemos telefonemas, injuriamos padioleiros, esvaziamos os bolsos para pagar a visita de um estudante de medicina morto de medo, quando desejamos ardentemente e em vão a convocação à delegacia "como cúmplice" para poder descarregar nosso coração e insultar copiosamente os cães de guarda da ordem masculina, a ordem hétero e patriarcal, ah! virtuosos censores, signatários dos lixos que nem sequer são domésticos, citados mais acima, pequenos ignorantes que nunca leram uma linha das Cassandra[31] que se chamam U Thant[32] ou a comissão do Conselho Técnico da Europa e nos anunciam 7 bilhões para o ano 2000, como se resiste dificilmente à vontade de finalmente dar razão a esses senhores Paul Chauchard e Lejeune, esses puros e ardentes publicitários do bom leite Nestlé, nos tornando, realmente, "assassinas". As deles. (Ou diremos: as executoras deles?)

RESPOSTA AO COMENTÁRIO ESPIRITUOSO DE UM PADRE

Ainda que a posição do padre Oraison tenha evoluído desde então, não podemos deixar de destacar sua declaração a respeito das reivindicações incriminadas: "Essas militantes evacuam alegremente a delicada questão do amor!" Outrora, o professor de direito francês Garraud, cujo curso serviu de bíblia a gerações de magistrados, havia formulado o espírito que rege, em nosso país, a legislação referente ao sexo: "Todo indivíduo é mestre de seu corpo como de sua inteligência e pode deles dispor mesmo que para se depravar, sem que a coletividade possa intervir."

Esse princípio, que deriva das conclusões da Declaração dos Direitos do Homem, devia servir sobretudo para garantir o exercício da prostituição, considerada a exploração "livre" de seu capital: o corpo. (O de uma mulher, é claro.)

Ninguém ensinou ainda aos magistrados, aos médicos e aos padres que decidem sobre a disposição dos corpos femininos, sobre sua utilização e sobre sua procriação (mesmo na atualidade da demografia que enlouqueceu) que eles eludiam alegremente a delicada questão da liberdade garantida pela Revolução Francesa e pelas múltiplas convenções internacionais assinadas desde a guerra.

O que aconteceu com esse "grave dano à integridade física e mental", definido pelo acordo dos Quatro Grandes, em 10 de dezembro de 1948, como "crime contra a humanidade"?[33]

Para um manifesto feminista planetário

POR QUE ESTA LUTA?

Antes de abordar em profundidade os dois primeiros de todos os problemas: a destruição do meio ambiente e a demografia que enlouqueceu, é necessário tirar as conclusões daquilo que precede.

O combate feminista, hoje em dia, não pode mais se entregar ao nome da abstrata "igualdade dos sexos" (que o falocratismo sempre teve o cuidado de confundir com "identidade") ou da mais moderna "liberdade do erotismo". Trata-se agora DE VIDA OU DE MORTE.

A fórmula "livre disposição do corpo" recebe uma nova significação. Não se trata mais de "reivindicar um direito equitativo ao prazer", como no feminismo-da-mamãe: a fórmula se torna, enfim, segundo Fourier, "um escândalo que poderia transtornar as próprias bases desta sociedade". Ela ultrapassa até essa dimensão, "as mulheres terem o direito de dispor delas mesmas", tão cara aos socialistas da Utopia. Trata-se da possibilidade da salvação, do *stress* que finalmente é capaz de corrigir a inflação dos nascimentos (aliás, o único a fazê-lo hoje em dia) e de salvar essa nave planetária que vai afundar corpos e bens após ter esgotado seus víveres e seu oxigênio.

Quer dizer que a exigência da contracepção, por si só, esgota o problema feminista?

Certamente não: "o antigo feminismo morreu por ter centrado seu combate sobre o sufrágio universal; hoje, fixar-se sobre a contracepção e o aborto equivale a esvaziar nossa luta de seu conteúdo; quando essas reivindicações forem satisfeitas – e elas o serão, obrigatoriamente –, teremos esquecido que o objetivo de nosso movimento, que a própria razão de sua existência é abater o falocratismo", dizem as militantes de hoje.

FALOCRATISMO, SEXISMO, ESTRUTURA HETEROFISCAL[34]

"O que é o falocratismo?", perguntam, céticos, certos revolucionários. "Quando lemos sua imprensa e seus panfletos, temos a impressão de que vocês se agarram a um simples detalhe, um traço de caráter dessa civilização judaico-cristã; isso é somente um epifenômeno, um aspecto, e vocês o confundem com a base." E os marxistas apoiam: "A infraestrutura é o capitalismo. Vocês caem no idealismo filosófico, substituem a análise política pela subjetividade."
É preciso, portanto, definir aqui o falocratismo.

Surgido em uma era muito distante, depois do que Bebel[35] chamou "a grande derrota do sexo feminino", o falocratismo corresponde ao mesmo tempo a uma estrutura mental E a um fato político e social historicamente datado, que muito provavelmente se fez necessário pelo controle do homem sobre a agricultura, até então domínio das mulheres.[36]

a) Como estrutura mental, trata-se da justificação do *poder*, fato social e político, por um fato da natureza, a saber, pura e simplesmente a posse de um certo membro chamado falo, que determina mais ou menos a anatomia secundária e pressupõe que todo ser que nasce tão *ridiculamente vestido* (lembremo-nos do ferro do arado!)[37] é, por direito divino, superior àquele que, no mesmo mundo, é desprovido dele: eunuco, mulher. (A mulher é assimilada ao eunuco por todas as morais, todas as religiões.)

b) Sobre esse postulado se apoiam as condutas secundárias: aquele que tem o mais longo, o mais forte, o que se ereta mais facilmente etc. deve prevalecer sobre os outros machos menos bem-dotados.

c) Com o desenvolvimento da civilização: terceiro estágio de condutas secundárias. Aquele que deve prevalecer sobre os demais é o que possui o "*símbolo fálico*" mais representativo de sua cultura; por exemplo, na Idade Média, coragem, agressividade, força física (e a história do Grand Ferré[38] mostra que mesmo um labrego podia, por suas qualidades, tomar lugar ao lado de pessoas da casta nobre); mais tarde, após o feudalismo, o dinheiro se tornou o signo sensível do poder e, portanto, da força fálica. (O que se justifica, em retrospectiva, apelando às qualidades *viris* necessárias para acumular e fazer frutificar uma fortuna: inteligência, temperança, obstinação, trabalho, sensatez etc.)

d) De tudo isso, a cada etapa da civilização se produz uma proibição que diz respeito à mulher; ela deve ser "mulher antes de tudo", "natural", "realmente mulher" etc., quer dizer, tudo aquilo que se espera dela. Ressaltei em outro lugar que, para o cristianismo primitivo e para São Tomás de Aquino, a mulher segundo a natureza era aquela que era submissa ao homem, cabeça dela, como Cristo é cabeça da Igreja. Já para os Estados Unidos dos anos 1950, o qualificativo de "natural" se aplica à mulher que renuncia a fazer carreira para comprar docilmente cera para o piso e aspiradores.[39] Assim, sempre definida pelo homem, portador de falo, a mulher vê, antes de qualquer coisa, sua condição começar por uma proibição: ela *não* é um homem, ela *não* deve agir como um homem; acrescentemos: ela *não* pode viver sem o homem, exceto se ela se submeter diretamente a Deus, nas épocas cristãs; quando o mundo se dessacraliza, não lhe resta sequer essa escapatória: viver com um homem e dar filhos a ele é a única justificativa que sobra para essa existência em excesso, mutilada, que é a sua, ser humano sem falo e "fêmea em virtude de uma certa falta" (Tomás de Aquino).

No terceiro estágio indicado, tendo o falo se tornado simbólico, a mulher deve ser desprovida e esvaziada, se necessário, desse símbolo: força física, agressividade, atividade, dinheiro, posto de comando, posse de fontes de produção na última fase. (E isso nos leva de volta ao problema do capitalismo; poucas pessoas sabem que o acesso de uma mulher, por herança ou outro meio jurídico, a uma fonte de produção enquanto propriedade privada só é possível... desde 1969.) Alguém protestará que, em todos os tempos, houve mulheres ricas; entretanto, é uma pergunta profundamente política a que Virginia Woolf faz em *Um quarto só seu*: "Por que as mulheres sempre foram pobres?".[40] De fato, a legislação, em todos os países do mundo, os cristãos e os outros (muito mais os outros, certamente), se empenhou em ajudar os hábitos para que toda fortuna feminina seja direito de usufruto e não de propriedade. O direito de propriedade masculina sobre toda a riqueza ou fonte de riqueza que se possa ter é um dos princípios mais ancorados nas estruturas mentais humanas.

O problema histórico talvez não seja tão simples. Ele tem contradições internas bastante interessantes, nas quais as mulheres puderam atuar ao longo dos séculos. Por exemplo, o estágio número 2 se opõe, por vezes, ao estágio número 3: o falocratismo ancorou tão profundamente no homem o orgulho do falo como tal, que um homem da casta oprimida poderá executar uma revanche sobre um homem de um nível superior, humilhando-o devido a uma possível superioridade pessoal, a do falo verdadeiro, órgão da procriação; ele poderá rebaixá-lo e até tomar sua mulher, com uma certa cumplicidade masculina geral: ver *O amante de lady Chatterley*.[41] O caso poderá, no máximo, parecer satisfatório sobre o plano moral, como o prazer democrático de ver um plebeu se tornar ministro ou general em pleno feudalismo. Mas a prova de que se trata somente de modalidades e de detalhes é que, quando estamos diante de um encontro homem-mulher, a superioridade de casta se torna, para a fêmea, o mais frágil dos baluartes; é a prova de que o sexismo, aqui, é vencedor sobre a luta de classes. Que um homem rico e poderoso brinque de Don Juan com as pequenas empregadas, secretárias ou funcionárias, não há nada mais normal para o Sistema; mas até o momento a grande dama que escolhia para si um guarda-caça se expunha a perigos que jamais ameaçaram seu homólogo masculino. O filme sueco *Senhorita Julie*[42] se opõe a *O amante de lady Chatterley*.

Esta observação sempre deleitou os moralistas falocráticos, como o herói de *A Sonata a Kreutzer*,[43] que diz, com deboche, que "a má conduta do homem, ao menos, não aumenta a família!" (O que significa ignorar o número de homens que forçaram suas mulheres a criar um bastardo.) Mas se a ciência não tivesse estado, como todo o resto, nas mãos dos homens, já faria muito tempo que os procedimentos eficazes da contracepção e a liberdade de aborto teriam podido ser aceitos. Vimos que, desde sempre, existiram ritos e superstições para limitar a fecundidade das mulheres, e a história até então *nunca* fez menção a isso, ao passo que temos um abundante folclore sobre os ritos de fecundação! Vimos também que foi preciso que a situação demográfica se tornasse mais que alarmante para que as pesquisas decidissem se orientar nessa direção. Nisso, como em tudo, a má-fé masculina e sua *sistemática* participação na opressão (opressão batizada: "natureza naturante")[44] é denunciada claramente.

Aqui está, portanto, o falocratismo como tal; estrutura de base de toda sociedade – qualquer que seja ela –, mas também ligada a uma estrutura mental das mais antigas que corresponde à fórmula pascaliana: "Em lugar de colocar a Força entre as mãos da Justiça, preferimos colocar a Justiça entre as mãos da Força."

Todas as civilizações carregam essa marca muito mais antiga que o capitalismo, que o feudalismo, anterior aos greco-romanos, e ainda presente na nossa época, a despeito das múltiplas concessões que minam o próprio princípio de autoridade, tanto aqui como em todo lugar. O falocratismo, como conduta universal da sociedade masculina, criou o sexismo. É ele que ocupa o lugar do Filho nessa trindade que completará, a partir do cristianismo judaico, a estrutura *heterofiscal*.

O sexismo é a divisão, conforme o sexo, do trabalho e da participação na vida, no funcionamento dos assuntos humanos. Aquilo que os alemães chamam de *Mitsein*. É o sexismo que diz ao homem: "Você fará A, e não fará B, pois você é um homem." E à mulher: "Você fará B, e não fará A, pois você é uma mulher." É o fixismo dos papéis sexuais; em proveito do poder masculino, obviamente.

Qual é o papel da estrutura heterofiscal nesse sistema?

Não há nada de surpreendente no fato de que, em um contexto como esse, as condutas homossexuais sejam as mais subversivas e as mais carregadas de transgressão. Existe alguma conduta mais rigorosamente imposta, em cada um dos dois casos – o masculino e o feminino – que a heterossexual? É por isso que, a partir do sexismo judaico-cristão, a homossexualidade se torna o mal em estado puro, a revolta luciferiana. E é por isso que a revolta dessa minoria erótica que a psicologia atual, cada vez mais, considera uma segunda normalidade se cruza, "estranhamente", com a revolta das mulheres.

Agora que chegamos a esse ponto, talvez seja necessário alertar brevemente contra uma certa botânica que outrora foi útil, mas cuja manutenção, hoje, arriscaria prolongar julgamentos de valor que contribuiriam para manter a injustiça. Deve ser, ao mesmo tempo, considerado homossexual todo ser que se entrega a atos sexuais com alguém de seu próprio sexo, e deve ser considerado suscetível de fazê-lo, por sua vez, *qualquer indivíduo* a quem uma educação demasiado repressiva não oprimiria. No final das contas, todo mundo é homossexual, mesmo que muitas poucas pessoas o sejam. Além disso, aquele que, sendo portador de falo, se pensa e se assume realmente como mulher, de outro modo que não uma brincadeira, é extremamente raro e representa um caso de inversão mental excepcional. ("Divina teria ficado mortificada por se ver confundida com uma dessas horríveis fêmeas com tetas", Genet.)[45] É preciso evitar cuidadosamente considerar "invertido" um homem que reivindica a parte de feminilidade também existente nele, já que todo ser humano é bissexual; ou "invertida" a mulher que reivindica sua parte simétrica de masculinidade, com muita frequência para além de qualquer conduta homossexual. Trata-se apenas, em inúmeros caso, de uma simples lucidez antifalocrática.

Muitas pessoas pensam de boa-fé, devido à pouca informação que têm, que um homossexual homem ou mulher pertence necessariamente a um destes dois tipos: ou a adaptação ao estereótipo sexual de sua cultura, às vezes até mesmo seu extremo, como no caso do "veado" que faz o papel do *supermacho* barbudo, vestido de uma armadura de couro, motoqueiro, policial ou guerreiro, e da "sapatão" que imita a odalisca, a criatura onírica; ou, ao contrário, a revolta absoluta que visa a adotar os traços exatamente inversos: a lésbica viril, o homossexual efeminado ou travesti, os únicos tipos reconhecidos pelo grande público. Na verdade, entre esses dois pares extremos existe uma infinita série de nuanças, conforme a estrutura heterofiscal é contestada. E o que é necessário apreender, sobretudo, é que em nenhum caso um comportamento exterior, uma vestimenta ou um estilo de vida correspondem a uma realidade psicológica imutável ou a uma conduta erótica definida. Quantos "supermachos" homossexuais, apaixonados pelo couro e pelas botas, são doces almas efeminadas e desesperados sentimentais, ou passivos exclusivos; quantas Safos com plumas e pérolas são pequenos seres duros, com a inteligência tão incisiva quanto uma bala de aço e muito mais apaixonadas por sua independência que por sua parceira? O que incitou, até o momento, os homossexuais a essas condutas que parecem comédia foi a presença, em nossas culturas, da estrutura heterofiscal, que completa a trindade mencionada anteriormente.

Ela nasceu com o cristianismo judaico por razões que são analisadas em outra obra.[46] Recordemos rapidamente: a tradição judaica, a primeira a conceder uma adolescência ao Ocidente, que se demorava na infância do paganismo politeísta, é totalmente baseada sobre o valor da Unidade: *Deus é Um e ele é o único a ser Um*. De onde vem a profunda consciência de uma punição divina na cisão que o sexo comporta; de onde vem o anátema contra a homossexualidade, considerada insubmissão sacrílega, recusa de aceitar o castigo, imitação blasfematória da Unidade.

É assim que, como diz Stekel,[47] a monossexualidade – e, portanto, a heterossexualidade exclusiva – aparece com o monoteísmo. Sobre essa base metafísica e filosófica edificou-se com o cristianismo, superestrutura que corresponde ao desmoronamento do Império Romano, um valor totalmente diferente. A repressão da homossexualidade, por mais que se proclamasse religiosa, serve sobretudo de garantia ao sexismo ocidental, com sua exaltação furiosa do casamento e da célula familiar; a saber, à opressão sistemática, metódica, rigorosamente organizada e conduzida de forma magistral, do segundo sexo reduzido à escravidão. O lar se tornou, para a mulher, uma fortaleza, sendo o único lugar onde um homem pode salvá-la de todos os outros; é também seu gueto, o espaço fechado onde ela fica retirada do mundo, cortada do *Mitsein*, reduzida à procriação e à "criação" dos filhos, forçada a substituir a *atividade* (único valor humano, que transforma o mundo ao transformar o humano) por *funções* que a humanidade tem em comum com o animal. O homem, somente ele, se transformará de agora em diante ao transformar o mundo; a mulher, por sua parte, não transforma absolutamente nada: ela aumenta, adorna, mantém. Spengler resumiu a situação: "O homem faz a História; a mulher *é* a História."[48]

É por isso que as civilizações mais puramente patriarcais sempre perseguiram a homossexualidade com muito mais rigor que aquelas onde o patriarcalismo se suaviza pela influência das mulheres; é um assunto do poder masculino reprimir os traidores do falocratismo, que são os homossexuais.[49]

O anormal, o bode expiatório se torna o inimigo absoluto; a história é cheia de exemplos nesse sentido... Os judeus, os homossexuais, os negros; essas três últimas categorias recebem ainda uma boa parte do ódio irracional e da aversão organizada da humanidade.[50]

Mas a estrutura heterofiscal não tem como único objetivo manter, bem ou mal – e hoje em dia mal ou bem, com a evolução da civilização e a contestação geral do princípio de autoridade, sobretudo em temas sexuais –, a repressão da traição homossexual. Ela contribui ao relacionar a uma anatomia precisa – aqui a presença de falo, ali sua ausência – não mais condutas sociais, mas qualidades e faculdades; ela reforça os estereótipos sexistas; trata-se de *ser* antes de *fazer*: o homem é A e não é B, a mulher é B e não é A. Ao falo se relacionarão, portanto, faculdades intelectuais: inteligência crítica, análise, especulação, dom de abstração, no extremo: gênio criador, e qualidades morais: força, coragem, perseverança, energia e audácia, lealdade, senso de responsabilidade; e defeitos admitidos: egoísmo e sensualidade. À vagina, ou melhor, à ausência de falo, se relacionarão as ausências quase absolutas de todas as faculdades intelectuais enumeradas acima, e se reconhecerá a *intuição*, a fim de lidar com precaução, por meio desse recurso a um tipo de presciência mágica, com tudo o que poderia, em uma inteligência feminina, vexar o amor-próprio masculino; em seguida, qualidades morais: abnegação, sentido de sacrifício, dom de amor, sede de devoção; defeitos admitidos: fraqueza, mentira, ausência de senso moral, conservadorismo, desafeição pelos grandes interesses.

O que é possível perceber com uma rápida olhada é que as qualidades e os defeitos que correspondem ao estereótipo "masculino-feminino" foram rigorosamente escolhidos e selecionados em virtude da preponderância de um sexo sobre o outro: as qualidades e os defeitos são, no modelo masculino, os dos chefes, dos mestres; no das mulheres, são os dos servidores, dos dirigidos. A fim de dar uma nova pintura a essa velha fachada, a última muralha do sexismo atual, chamada escola funcionalista, tentou colocar o estereótipo masculino sob a etiqueta de "instrumental" e o feminino sob a de "expressivo". Abracadabra! É assim que eles nos ensinarão, de uma forma douta, que o instrumental é "tenaz, ambicioso, original, seguro de si"; e o expressivo, "alegre, gentil, obediente", tendendo a ser, infelizmente, "negativo, tagarela, briguento". Em seguida, que surpresa, descobriremos que o instrumental é principalmente masculino; e o expressivo, feminino! (É o que Kate Millet chama "a terminologia mediadora".)[51] Tudo isso é apenas a resistência desesperada da estrutura heterofiscal à contestação geral do princípio de autoridade.

O SOCIALISMO NÃO SUPRIME NEM RESOLVE ESTE PROBLEMA

"No princípio era o Verbo"; no princípio era o Falocratismo. Aqueles que protestam dizendo que o Capital é o inimigo número 1 das mulheres, porque é o dos homens da casta oprimida, somente remetem ao velho esquema dos antigos revolucionários: o socialismo resolverá tudo, e a opressão da mulher é somente uma entre as outras. (É por isso que, durante todo o período stalinista do PC francês, podíamos ver as palavras "mãe" e "esposa" imediatamente aglutinadas à palavra "mulher" sempre que se tratava disso em *L'Humanité*[52] ou na Union de Femmes Françaises [União de Mulheres Francesas]).[53] Nenhum desses militantes agarrados às formas do passado e aos "grandes partidos de massa" (dos quais, com tanta frequência, os grupúsculos de esquerda somente recuperam os tristes arquétipos) consegue responder a esta pergunta tão simples: Mas antes do capitalismo, por que as mulheres eram ainda mais oprimidas? E por que o sexismo continua reinando nos países socialistas?

PELO MUNDO: URSS, ÁFRICA, ARGÉLIA, CUBA, AMÉRICA LATINA

Pois, afinal, nenhuma reforma do *status* feminino na URSS, nenhuma aceleração da culturalização massiva do sexo que outrora tinha a maior porcentagem de analfabetos, nenhuma abertura aos postos de trabalho, aos ofícios masculinos e inclusive à inovação mais importante – a legalização do aborto –, nenhum desses elementos evolutivos suprimiu a questão sexista na URSS, nem em nenhum outro país do mundo.[54]

> Os sindicatos e o Partido Social-Democrata alemão só compreenderam a emancipação da mulher em nível de uma assimilação social e jurídica ao status quo do homem.[55]

A africana, como se sabe, continua sendo uma das mulheres mais alienadas deste planeta, inclusive nos domínios recentemente descolonizados e cujas intenções se orientam mais ou menos rumo aos regimes socialistas. Guy A. Smal, especialista em reeducação física, e o zairense Joseph Mbuyi recordam esse fato em seu livro *Femme africaine, réveille-toi!* [Mulher africana, desperte!]:

> A mulher africana, a mulher zairense [...] ainda sofre, sobretudo nas aldeias e em diversas cidades, as terríveis leis dos machos impostas pelos ancestrais. A constatação de virgindade é algo de rigor. Moça solteira ainda pode servir como mercadoria, como objeto de troca. Casada, ela é frequentemente escrava do marido, do clã marital; só pode se submeter em silêncio. Casada sem filhos, é o repúdio [...]. Viúva, é o desmoronamento de uma vida, a abdicação de toda personalidade, a perda dos filhos e de todos os bens adquiridos durante a vida conjugal [...]. Morta, é o rápido esquecimento.[56]

A excisão do clítoris subsiste, inclusive em regiões como a Etiópia, onde as mulheres têm direito ao voto; e apareceu recentemente um intelectual africano *de esquerda* para fazer um discurso inflamado de defesa sobre a legitimidade dessa prática abjeta; pois, ele disse com convicção, renunciar a ela seria arruinar "a solidez tribal".

Não temos nenhuma intenção, para recordar, de citar as declarações mais que antifeministas, misóginas, de Kadhafi explicando a superioridade masculina pela "ciência biológica" e proibindo, de forma bizarramente exclusiva, o trabalho feminino em certas áreas da indústria: o cimento e os produtos químicos![57]

Os exemplos abundam em toda parte nas regiões do terceiro mundo, que passam do obscurantismo ao socialismo, com a manutenção e às vezes o reforço do sexismo através de declamações grandiloquentes sobre a igualdade e a liberdade, sem contar as homenagens prestadas aos "admiráveis companheiros de nossa luta." A situação da muçulmana é particularmente trágica nesse aspecto. A luta militante e o desvelamento haviam lançado na Argélia as bases de certa emancipação; entretanto, a atitude interior das heroínas que, desde a infância, foram *pervertidas* (no sentido próprio do termo) pela submissão ao macho permanecia muito ambígua. Fanon cita o caso de uma árabe cujo silêncio havia protegido seu marido e toda a organização; ela havia sido estuprada. "Entretanto", conta o homem, "ela não me diz: Veja o que eu suporto por você! Totalmente ao contrário, ela diz: Tente me esquecer, refaça sua vida, eu fui desonrada!"

E Fanon comenta que o homem aprova em si mesmo esse ponto de vista: "A seus olhos, a mulher e seu filho estavam apodrecidos."[58] Sheila Rowbotham, que cita esse aspecto em *Féminisme et révolution* [Feminismo e revolução],[59] ressalta o costume das "células separadas" que reforçaram a segregação sexual após a liberação, com homens e mulheres ignorando seus problemas recíprocos, e também o fato de que as mulheres nunca viram o governo argelino se preocupar em reformar o casamento e a família; o provérbio continuava a fazer sentido: "Que as mulheres cuidem do cuscuz; e nós, da política." Em 1964, elas puderam ouvir um orador político, Hachemi Tidjani, proclamar a inferioridade decisiva do sexo feminino em nome do seguinte argumento: "Nunca houve uma profetisa!" Depois da queda de Ben Bella e o giro à direita que o seguiu, diz Sheila Rowbotham, "a opressão das mulheres, em lugar de parar, foi retomada de modo aberto e insolente". Em 1967, um camponês argelino que suspeitasse de adultério de sua esposa ainda podia matá-la com a consciência tranquila. Quanto a Boumédiène, este disse oficialmente em Alger em 1969, durante uma distribuição de prêmios escolares, que ele "reservava um futuro diferente às meninas e aos meninos do país": às mulheres o cuidado dos filhos e a vigilância religiosa, aos homens as responsabilidades políticas. É o preceito hitleriano "Cozinha-Igreja-Filhos" adaptado ao tempero argelino. Nazista ou "socialista", o líder masculino usa praticamente a mesma linguagem quando se trata da aliada da véspera: as alemãs do III Reich haviam contribuído para levar Hitler ao poder por meio do voto massivo, as argelinas haviam lutado na resistência armada e sofrido estupros e torturas para que seu país se tornasse uma república independente.

A situação cubana é mais complexa e deve ser mais atenuada. Depois de 1960, foi fundada uma "Federação das Mulheres Cubanas" para lutar contra o analfabetismo; ela lançou campanhas antissexistas que tiveram certos efeitos; pode-se encontrar, depois da liberação, técnicas, engenheiras, mecânicas, motoristas de trator, urbanistas e editoras: a maior parte das cidades oferece creches e jardins de infância; a Organização dos Jovens cria comunidades de estudos que tornam os adolescentes independentes de sua família; ante a resistência sexista dos empregadores, as mulheres não hesitam em falar de "contrarrevolução" e a invocar suas heroínas, como Lydia e Clodmira, as companheiras do Che.

Entretanto, a verdadeira igualdade sexual enfrenta resistências intensas, sobretudo quando se trata de "moral", esse ponto fraco da estrutura mental latino-católica, bem como da partilha das tarefas domésticas.

Fidel Castro, autor do texto: "A mulher deve ser duplamente revolucionária",[60] é autor também de um discurso a essa mesma Federação das Mulheres, que o *New Left Notes* publicou em 1967 e que Germaine Greer[61] comentou com indignação: "Quem cozinhará para a criança que chega em casa para almoçar? Quem cuidará dos bebês e da criança que não atingiu a idade escolar? Quem preparará o almoço do homem quando ele volta do trabalho? Quem lavará a roupa e cuidará da casa?"[62]

Em *The Youngest Revolution*, de Elizabeth Sutherland,[63] um pintor cubano, Thomas, afirma a ela que os homens em Cuba são traumatizados pela evolução do *status* feminino e que "a questão mais interessante hoje em dia é a da relação entre os sexos". Em todos os níveis, constata Sheila Rowbotham, "se esconde o machismo, que constrói barreiras em todo lugar contra a liberação sexual das mulheres". Um puritanismo no qual os preconceitos católicos se unem com muita facilidade ao temor do Eros incontrolável, comum a todo socialismo em edificação, provocou as monstruosas perseguições aos homossexuais (detalhe: aos "passivos", pois os ativos só eram passíveis de sofrer escárnios) e os pedidos de socorro diante dos internatos comunistas, acusados de serem o meio onde "a virgindade das meninas é sacrificada nas orgias do amor livre": Allen Ginsberg, furioso, perguntou se o regime propunha à sua juventude, como única saída, a masturbação. Algumas cubanas disseram a Elizabeth Sutherland: "A ideia de que a sexualidade é feita tanto para o prazer da mulher quanto o do homem, eis o tabu dos tabus!" E Sheila Rowbotham concluiu, parece-me, de forma bastante correta: "As mulheres pertencem, em Cuba, a um grupo colonizado no interior de uma colônia. As formas de opressão mudam, mas sua natureza profunda continua sendo a mesma."[64]

Depois do machismo persistente de Cuba, como é para o resto da América Latina?

É preciso, para ter uma ideia desse tema, ler o livro de Marie-Thérèse Guinchard: *O macho e as sul-americanas*, que traz como subtítulo: "O mito da virilidade".[65] As brasileiras são 55 milhões em um país de 90 milhões de habitantes. Nas camadas populares, "a mãe só deixa as filhas saírem para ir à igreja ou ao campo. Para as mulheres, é a fazenda que dá medo: a vida toda a serviço do mesmo senhor, como no tempo da escravidão". Na selva amazônica, o macho é polígamo, tem todos os direitos; se ele mata uma onça, pode escolher qualquer mulher, mesmo se ela pertencer a outro homem. A diretora do *Jornal do Brasil* declara abertamente que, para o homem desse país, "o problema da mulher existe ainda menos, se possível, que o problema negro e o problema índio".[66] As jovens burguesas estudam, mas 60% não utilizam jamais seus diplomas. As mulheres votam desde 1936; 60% delas continuam analfabetas. Só há duas mulheres deputadas. Uma grande advogada de classe internacional: a senhora De Carvalho.[67]

Na Argentina, o homem tem a reputação de ser mais indolente que sua mulher; um diplomata que vive em Buenos Aires há dezoito anos declarou, na pesquisa feita por Marie-Thérèse Guinchard: "Sem a mulher dele, o argentino morreria de fome!"

Nesse país, o homem não perde nunca a oportunidade, em todas as reuniões de festa ou de trabalho, de fazer a "separação de sexos". Aos sábados, o operário vai ao clube, como um *gentleman* inglês, e as mulheres abandonadas se reúnem, por sua vez, em "centros" onde, como distração, senhoras da boa sociedade lhes ensinam a cozinhar massas e a costurar pérolas nas bolsas. As intelectuais, até esta geração mais recente, preferem ficar solteiras; é impossível conciliar uma ambição, ainda que seja modesta, com o *machismo* do marido. Na pampa, a vida da mulher é dura; ela vê o horizonte do gaúcho da janela de sua cozinha, dá à luz entre as vacas e lava seu filho no riacho; se entrega, sem fazer muito alarido, ao mordomo ou ao patrão. Direito da pernada.

No Uruguai, a legislação é muito feminista; mas há de três a sete mulheres para cada homem. O presidente Batlle y Ordoñez, herói romanesco de um romance de amor, proclamou que a mulher era "mestre antes de Deus, e com maior razão antes dos homens". Mas a desproporção das categorias sexuais face a face leva a mulher a sonhar com um "macho" em lugar de utilizar sensatamente as vantagens legislativas que nenhuma mudança profunda dos costumes lhe ensinou a utilizar: a tradição espanhola e católica continua a manter nela uma necessidade de apoio e de proteção, não de independência. Enquanto espera o casamento, a moça só pode morar com seus pais; se ela é órfã, deve buscar o asilo de um convento.

"Elas demonstram", diz o autor, "que o machismo sobrevive porque elas consentem, e mais que isso: são cúmplices."

O Paraguai viveu em 1870 uma guerra de independência na qual as mulheres se distinguiram por seu heroísmo: a Joana D'Arc desse conflito foi uma irlandesa que inspirou – de muito longe – a fantasiosa criação de Brigitte Bardot em *Viva Maria*. Esse Estado vive uma ditadura e é um dos mais miseráveis da América Latina. Uma mulher recebe de 10%/a 20% menos que um assalariado masculino por um trabalho idêntico. As mulheres e os intelectuais formam os elementos mais radicais de oposição a Alfredo Stroessner, apelidado "o ditador louro" por causa de suas origens germânicas; a atividade, a energia e a perseverança das mulheres substituíram o *machismo* por um estranho regime de costumes que foi intitulado de maternalismo (além disso, 40% das mães são solteiras...).

"As moças da velha sociedade têm um único desejo: viver sua vida de mulheres e de mães ao lado de um marido, mesmo que ele seja volúvel e tirânico; elas abandonam qualquer ambição profissional para se consagrar ao lar, que fundam com a idade de quinze ou dezesseis anos."

Entretanto, está surgindo uma nova geração na qual as mulheres parecem se distinguir muito mais na luta não por seus direitos, que foram teoricamente adquiridos, mas por uma mudança radical dos costumes.

Na Bolívia, o sangue indígena se mistura em proporção muito alta ao dos brancos que colonizaram o país; seus habitantes são os mais miscigenados da América Latina, juntamente com os do Peru e do Equador. É por isso que Olga Bruzzone de Bloch,[68] "poetisa da alma revoltada", dedicou estrofes amargas e líricas àquela que ela denomina "pedra viva, alma da terra... Dor, amor, rebelião", a saber, a índia reduzida à escravidão pelo ocupante espanhol.

O nível de vida nesse país é o mais baixo de todo o continente sul--americano. O irmão do diretor Jean-Luc Godard dirige um hospital pediátrico lá; ele declarou a Marie-Thérèse Guinchard: "Não são hospitais que faltam construir aqui, mas creches e cozinhas públicas." As camas: nada; o chão: terra batida; o conforto: sem água, sem sanitários; é assim que se caracteriza esse hospital que "está lotado de menininhas recolhidas na rua, de meninas violadas por seus pais."

Em Cochabamba, com 100 mil habitantes, as associações femininas chegam a 25, indo desde a Sociedade de Teosofia à Liga de Trabalhadoras, passando pela União Feminina "Cívica e Social". Talvez seja o esboço de um feminismo "à portuguesa" que deve nascer.

Em Santa Cruz, onde as mulheres, mesmo que submissas ao esposo pela tradição católica, têm maior tendência a organizar uma vida privada para si e a trabalhar fora de casa, uma mulher que viveu por muito tempo na Europa e amadureceu seu feminismo lá declarou cruamente à mesma pesquisadora que "o homem de Santa Cruz não é somente infiel, ele é brutal, cruel, preguiçoso e ciumento". Quanto à esposa, "ela é a 'coisa' dele desde os quinze ou dezesseis anos de idade" e desde os seus vinte anos fica abandonada em casa seis dias por semana; o homem só passa o domingo com sua família.

O Chile é um país subdesenvolvido, mas teve um regime liberal até recentemente. Lá, os homens dizem com amargor: "A data das eleições é a data da independência das mulheres!" O sufrágio feminino, de fato, exerce uma forte influência no país: foram as mulheres que elegeram o presidente Frei e fizeram obstáculo à eleição de Salvador Allende em 1958, para finalmente elegê-lo em 1970. Uma das personalidades políticas mais destacadas é Carmen Lazo, uma das nove mulheres deputadas da antiga câmara. Ela analisa assim a questão das mulheres: "A inconstância e a despreocupação do macho fizeram da chilena uma conservadora emocionalmente revolucionária."

Hoje em dia, 700 mil chilenas trabalham, enquanto somente um terço da população desse país de 9,6 milhões de habitantes são trabalhadores. Entretanto, ainda de acordo com Marie-Thérèse Guinchard, a fecundidade excepcional da chilena "a entrega ao machismo mais que todas as outras sul-americanas". A taxa de crescimento demográfico nesse país é a mais elevada do mundo.

No Peru, a linguagem que a pesquisadora ouviu é significativa: "Nós somos contra a igualdade dos sexos; o homem deve nos proteger, nos manter, nos mimar. Ele deve ser o mestre. De outra forma, o que seria da nossa feminilidade?". São moças de dezoito anos que dizem isso. Até 1956, não houve nem uma mulher senadora; a primeira, a senhora Santolalla, exerceu seu mandato sozinha entre 53 homens, até a dissolução das câmaras em 1968. Entre 60 mil estudantes universitários, 30% são moças; 60% delas abandonam qualquer vida profissional ou ambição a partir do casamento. Quanto às mulheres das classes populares, elas trabalham dez vezes mais duro que os homens e devem se submeter a casamentos não oficializados, dormem diretamente no chão e se alimentam de batatas congeladas e de milho cozido, dão à luz sozinhas e frequentemente cortam o cordão umbilical com os dentes, como os animais.

Esperança de uma nova aurora
Deus de ti mesma
Tu conheces a linguagem das estrelas
E a linguagem da água
E a voz da tempestade
TRANÇA NELA TUA COROA DE GLÓRIA.[69]

Esse sobrevoo da condição da latino-americana mostra amplamente que, se Cuba pode ser criticada pela persistência da estrutura heterofiscal e, em uma medida importante, do sexismo, esse país continua sendo o único desse meio continente chamado América do Sul que tentou lealmente aliar o feminismo ao socialismo. Vem à luz uma verdade que começa a envelhecer, mas que é preciso repetir: a igualdade dos direitos políticos é apenas um começo, que costuma permanecer como letra-morta, tanto no caso das mulheres quanto no dos descolonizados. Por exemplo, a equatoriana: desde 1967, a lei a declara igual ao seu macho; mas ela continua submissa à tutela marital, a virgindade ainda é sacralizada e ela é obrigada a aceitar que seu esposo desfrute de uma absoluta liberdade sexual. Já faz 45 anos que ela vota, mas continua a ser a subalterna de todos os machos: o pai, o marido, o patrão, o padre. A peruana, tão pouco representada na vida intelectual e política, se beneficia, contudo, das mesmas leis que a norte-americana (no papel).

A participação massiva no mercado de trabalho e no trabalho em si lhe daria uma igualdade mais concreta, por ser econômica? Não mais que o direito precedente: acontece que ela não leva sequer a uma simples liberalização. A paraguaia, a argentina, tão enérgicas perto de seu macho larval e passivo, se esgotam por mantê-lo como um eterno bebê; e, como um eterno bebê, esse pseudomacho as tiraniza. De fato, entre esses costumes penetrados de catolicismo, elemento mais retrógrado do cristianismo, reina magistralmente a repressão antissexual das mulheres, duplicada pela maior indulgência pelas "fraquezas" carnais dos homens; o divórcio, a contracepção, a regulação dos nascimentos continuam sendo abominações.

Entretanto, mesmo nessas regiões arcaicas e desfavorecidas, o feminismo desponta, tateia, faz crescer brotos obscuros. Mas ele só se distingue com muita dificuldade de outras opções ordinariamente socialistas; nunca se discutiu nesses meios "revolucionários" o fato de que o socialismo não resolve nem suprime o problema das mulheres.

A necessidade de refletir sobre o problema da superpopulação tem, evidentemente, uma consequência positiva: ele incomoda o falocratismo e o prende em suas contradições. Mesmo na cultura islâmica, nessa que é, portanto, a mais profundamente misógina, ainda mais que o catolicismo, e apesar das precauções das quais o poder masculino se cerca, assim que se aborda esse tema candente, desenha-se, talvez, uma possibilidade ainda longínqua de emancipação.

A única manifestação de uma tendência feminista na África do Norte, de fato, é assinalada por um número do *Objectif Socialiste* no qual, em 1972, Marie-Agnès Destaerke e a senhora Bouveur informam que a Union des Femmes Algériennes (UFA) [União das Mulheres Argelinas], organização teleguiada pelo FLN (como nossa UFF pelo PC francês), obteve uma autorização para publicar um texto relativo à contracepção, "a fim de favorecer a regulação dos nascimentos". Elas confessaram às duas francesas que redigiram o artigo do *Objectif Socialiste*:

> Ainda não vimos nenhuma mulher no governo, assim como nunca vimos nenhuma chegar a um posto elevado no Partido. Por dez anos, só vimos uma única mulher promovida ao cargo de diretora-geral de

um escritório. Entretanto, hoje em dia existe um número considerável de mulheres que preenchem os requisitos.

De qualquer forma, a miséria bestial que resulta da procriação involuntária obrigou o FLN a revisar suas opções corânicas.

Evidentemente, para esse poder masculino "socialista" se tornará cada vez mais difícil recusar às mulheres tanto a promoção quanto as mais modestas reformas da instituição conjugal, tão aviltante para a muçulmana, na medida em que até alguém como Boumédiène[70] foi obrigado a considerar o controle de nascimentos.

Observando dessa forma os países que realizaram uma revolução popular, bem como aqueles da América Latina que ainda estão estagnados em seu retardo econômico e cultural, mas sem deixar de ter um vigoroso fermento revolucionário, constatamos que as variações do *status* feminino se devem tanto a modificações econômicas quanto à implantação da moral religiosa; veremos mais adiante, em um grau mais complexo, que o mesmo é válido para esse problema no interior do outro campo, o da Europa e da América do Norte. Aqui, os regimes políticos têm menos importância que estes dois fatores: a etapa econômica geral do país e a impregnação religiosa. Basta olhar de perto a posição do poder diante do aborto ou da contracepção, que difere muito, com economias iguais, conforme a cultura católica ou protestante do país.

E A CHINA?

A China é, no campo socialista, um caso à parte que merece atenção especial.

O livro de Claudie Broyelle, *A metade do céu*,[71] com seu estranho subtítulo: "O movimento de libertação das mulheres na China"[72], traz uma contribuição incomparável e mostra o peso de um problema completamente específico.

As chinesas eram as mulheres mais oprimidas do mundo; cada uma devia ter um tutor, pai, marido, irmão, sogra ou até a esposa mais velha do mesmo marido; qualquer opção servia para que uma mulher jamais fosse autônoma. É uma boa razão para que as chinesas tenham recebido com entusiasmo a chegada de uma dura vida comunitária e participado, com ardor, da Revolução em primeiro lugar, e, em seguida da produtividade. Com as crianças confiadas ao Palácio das Crianças e os pais idosos às Casas Felizes, todos os ofícios estão abertos para as mulheres: elas dirigem as locomotivas, são ministras, generais etc.

Em uma entrevista concedida em 14 de fevereiro de 1972 à jornalista do MLF Alice Schwartzer no *Nouvel Observateur*, Simone de Beauvoir declarou:

> Eles [os chineses] suprimiram a família feudal e trouxeram ao mesmo tempo grandes mudanças para a condição das mulheres. Mas na medida em que aceitam a família conjugal... não creio realmente que a mulher esteja liberta na China. Eu penso que é preciso suprimir a família.[73]

Julgamento precipitado? Claudie Broyelle explicita magistralmente a situação familiar chinesa. Ela defende que, com a facilidade do divórcio e a extensa aplicação do aborto e da contracepção, o casamento na China vermelha é muito mais próximo da verdadeira "união livre" do que havia sido na Rússia bolchevique de 1917; esta última, por falta de controle da procriação e de defesa eficaz contra as doenças venéreas, não passava de uma promiscuidade que levava à insegurança da criança e a uma nova escravidão, ainda mais terrível que a precedente, das mulheres russas. A autora descreve o cuidado das crianças por toda a comunidade chinesa, consequência lógica para libertá-la da mãe quando se deseja libertar a mãe da criança, tal como reivindicaram tantas feministas europeias, da italiana Carla Lonzi à inglesa Shulamith Firestone.[74]

Além disso, simetricamente à liberação sexista das mulheres, se desenvolve a dos homens: ao mesmo tempo que as mulheres dirigem a construção de uma barragem, os homens não hesitam em se dedicar a maravilhosos trabalhos de agulha, e encontraram esta fórmula encantadora: "A revolução precisa de bordadores."

Então tudo é o melhor possível no melhor dos mundos socialistas? Infelizmente, a última parte do livro de Claudie Broyelle esfria o ardor que poderia ter nascido das informações precedentes. E está tão longe de ser apenas um detalhe, que a prefaciadora, Han Suyin, declara que a "pedra angular" do ensaio é precisamente o devastador capítulo intitulado: "A respeito de um debate sobre a sexualidade na China".

> Com muita frequência, quando dou conferências em inúmeros países ocidentais, encontro homens e mulheres que parecem estar convencidos de que as "relações sexuais" e a "liberdade sexual" (ou seja, as relações sexuais para as mulheres e as moças fora dos laços do casamento) são o fim do fim da liberação [...].[75] Mas vejo agora que eu ainda não havia entendido o suficiente como essa teoria sexual é nefasta.[76]

Os chineses hoje em dia estão acostumados a que o Ocidente, incluindo seus intelectuais simpatizantes, os critique pelo que chamam de seu "puritanismo". Claudie Broyelle se esforçará então para provar seu fundamento e mesmo seu "feminismo".

Vemos que se confirma o que já tínhamos ouvido dizer e que havíamos acreditado, com frequência, ser obra de reacionários maliciosos ou de pequenos-burgueses obcecados: mesmo sem serem proibidas pela lei, as relações fora do casamento são tão malvistas, que elas desconsideram aqueles que as praticariam; mas a vida sexual dos chineses, homens ou mulheres, é das mais breves, pois o casamento foi adiado para os 25 a 28 anos. (Acrescente-se a isso que todo casal que continua a ter relações sexuais além dos quarenta anos de idade é quase tão malvisto quanto aquele que copula fora do casamento.) Para justificar essa união tardia, Claudie Broyelle declara: "Ele [o casamento tardio] continua sendo uma medida de grande importância revolucionária." De fato, é preciso, ela explica, que a jovem chinesa, entre 16 e 27 anos, tenha adquirido independência financeira pelo exercício de um ofício, formado uma sólida cultura política, participado de um monte de atividades culturais etc., a fim de poder abordar o casamento em perfeitas condições de igualdade. Muito bem. Mas e o instinto durante esse tempo? Ele é totalmente colocado entre parênteses. Parece evidente para o maoísmo que qualquer experiência pré-conjugal só poderia ser desfavorável à mulher, presa ingênua de um macho misógino e depreciativo. Melhor ainda: um dos teóricos, Teng, declara que "a beleza não deve ser considerada" na atração amorosa, pois "a beleza não escapa à luta de classes".

Para explicitar e justificar concepções como essas no fim do século XX, em plena descoberta da importância fundamental do aspecto sexual na evolução humana, tanto individual como coletiva, Claudie Broyelle não hesita m apelar às célebres conversas de Lênin e de Inès Armand: "Não valeria mais a pena opor um lamentável casamento *sem amor* de pequeno-burguês-intelectual-camponês a *um casamento civil proletário com amor*" – textos que, com os do próprio Lênin conversando com Clara Zetkin, fariam corar de vergonha até os comunistas franceses (que são, contudo, dificilmente suscetíveis a sentir qualquer embaraço).

Portanto, tudo ocorre como se, sob pretextos piedosos, o maoísmo chinês buscasse se apropriar da sexualidade da juventude a fim de desviá-la e de canalizá-la na direção da tarefa, provavelmente bastante urgente e elevada, de edificar uma sociedade mais justa, quer dizer, na qual cada um possa comer até matar a fome e o sexismo esteja em vias de desaparecimento.

É uma catástrofe que se prepara. A realidade negada sempre se volta com uma dureza implacável contra aqueles que querem ignorá-la, reprimi-la. Trata-se, em um prazo mais ou menos longo, da corrupção, vinda do interior, pelo recalque e pela negação do instinto do prazer, hipocritamente identificado ao amor (como nos piores momentos do cristianismo judaico), que é um sentimento elaborado, complexo (dependente, na verdade, de fatores como a situação social e a etapa histórica) e sobreidentificado com o casamento, o qual é uma instituição. Os Estados e as religiões que acreditaram poder manipular o Eros e fazê-lo calar em certo momento, dar-lhe a palavra em outro, fornecer-lhe um rótulo, etiquetá-lo, dividi-lo, separá-lo em "oportuno" e "indesejável", todos tiveram que se arrepender disso, amargamente, pois essa negação do real e esse despotismo exercido sobre o instinto são inseparáveis, como o vimos, das raízes profundas do sexismo e do lugar das mulheres na sociedade; da feminitude, portanto.

Marcuse fez aparecer muito bem o que ja era sentido em Hesíodo (*Os trabalhos e os dias*), a saber, a desconfiança do mundo masculino, por ser *produtivo* e *construtor*, com respeito à beleza da mulher, o Eros, sua promessa de felicidade; em suma, tudo o que se relaciona com o "princípio do prazer"; no mundo capitalista ou socialista autoritário, essa desconfiança assume formas muito variáveis, que vão do puritanismo declarado da misoginia, nas culturas de penúria, à tolerância ambígua das sociedades chamadas de consumo, digamos: as economias da abundância. Mas em todo lugar o princípio é o mesmo. A China criou uma forma bastante original dessa antífise tão antiga. Ela libertou a mulher mais do que havia sido feito até então e, ao mesmo tempo, em nome dessa urgência das sociedades de penúria, colocou na masmorra o Eros, cuja sorte sempre esteve ligada, até agora, à do segundo sexo. Apoiando-se sobre o temor secular (e tão legítimo) das mulheres oprimidas em relação ao erotismo, sempre apresentado como um imposto devido ao senhor e mestre (a famosa "esquiva da sexualidade" em Freud!), o regime revolucionário chinês conseguiu, para seus fins de edificação, manter o sexo feminino em um obscurantismo sexual do qual não há nenhum outro exemplo desde as aberrações de Lênin, desculpáveis em sua época: a crença firme em um benefício feminista e revolucionário constituído pela supervisão da sexualidade, seu amálgama com o amor e o casamento, seu *status* restringido e sempre elaborado em relação direta com a ideologia do regime. Certamente, com costumes assim, o homem deve se sentir, de forma imediata, mais cruelmente oprimido que a mulher; ele sabe bem o que perde; a mulher sequer concebeu a realidade disso. Mas não se pode deixar abolir a verdade objetiva. Uma criança a quem se apresentasse o açúcar como uma rara recompensa devida ao seu bom comportamento poderia ver diminuir seu desejo por ele; mas seu organismo não revelaria como menores os graves efeitos da carência dele. Construir o paraíso fora da luz é reconsiderar o sentido do paraíso; ninguém se comportaria bem. Se, no melhor dos mundos socialistas e revolucionários, até os 25 anos, a masturbação (para retomar a palavra de Ginsberg) é a única saída sexual dos jovens (e, acima dos quarenta anos, da idade madura), como esse poderia ser o mundo que qualquer pessoa, incluindo as mulheres, sonharia em construir e habitar?

Evoquemos os traços mais marcantes daquilo que nos oferecem os países socialistas deste século XX que chega ao seu fim; lembremo-nos da degradação dos ideais libertários de Kollontai na URSS, dos discursos brutalmente sexistas de um Boumédiène, misóginos de um Kadhafi, paternalistas de um Fidel Castro; e, vendo onde se encontram essas mulheres que combateram, deram seu sangue, sofreram torturas e estupros por esse Estado socialista, do qual esperavam receber sua liberação, (e, no melhor dos casos, se encontram condenadas, para fins de produção e industrialização, a uma verdadeira mutilação erótica); depois, releiamos Hélène Brion, tão esquecida hoje em dia.

Essa velha militante de 1913 de fato proclamava, nos textos revolucionários de *L'Union typographique*, que ela temia ver a revolução utilizar os serviços das mulheres do modo como, outrora, a classe burguesa progressista havia desviado as pessoas da classe operária em proveito próprio, para em seguida traí-las; os proletários desempenhariam, com relação às mulheres, o mesmo papel recuperador que as primeiras revoluções burguesas haviam desempenhado em relação aos proletários.

A continuação da história deu razão a tal ponto a essa revolucionária, agora uma sombra do passado, que nos sentimos esmagadas ao ler e escutar ainda a lenga-lenga esquerdista que, ignorando totalmente essa série de informações irrefutáveis sobre a condição feminina na URSS, na Argélia republicana, na África "descolonizada", em Cuba e até mesmo na China, continua a discorrer sobre a "luta principal" (a de classes) e a "luta secundária" (a dos sexos, que se desvia do objetivo principal).

Entre as *dark stories* americanas, conta-se como uma pequena cobaia muito dedicada corre até o laboratório enquanto murmura: "Preciso me apressar, vou me atrasar para os trabalhos práticos." O sexo feminino, que se lança de corpo e alma na "luta principal" ao preço do estupro, da tortura e da morte em nome dos trabalhos práticos do socialismo, nos faz pensar ao mesmo tempo nas profecias de Hélène Brion e nessa pequena cobaia.

Para um manifesto feminista planetário

continuação

O RESTO DO MUNDO E OS MOVIMENTOS DE LIBERAÇÃO

Acabamos de constatar que os países que passaram ao socialismo, seja este de tipo soviético, Frente de Libertação Nacional (FLN), cubano ou maoísta, ou mantiveram o sexismo, ou reduziram uma parte dele sem o reconsiderar; ou, ainda, em um único caso, substituíram-no por um anonimato de tipo igualitário, mas frustrante e punitivo; e que os países da América Latina (sejam eles do tipo fascista ou socialista) manifestam, com algumas poucas nuanças, o mesmo machismo em relação ao "segundo sexo". O que ocorre no resto do mundo? Em que ponto estão os movimentos de liberação das mulheres no campo americano-ocidental?

A Alemanha, que se analisa com menos frequência nesse aspecto, expressou um espírito de iniciativa bastante particular no âmbito de uma perspectiva geral, a "tendência antiautoritária". Nós lhe devemos a interessante ideia das "boutiques de crianças",[77] tentativa de educação totalmente nova, desprovida das ideias de recompensa e punição, administrada por uma equipe rotativa de genitores com esse duplo objetivo: libertar a mãe da criança e a criança da mãe.

Em contrapartida, outras feministas de tipo mais atrasado se esforçaram para integrar, como boas socialistas, a "luta secundária" à "luta principal".

Eis o que declararam as militantes da convenção nacional do partido de extrema-esquerda alemão, segundo os termos da sessão descrita por Susan Surtheim no *National Guardian*: "Nós buscamos a libertação de todos os seres humanos. A luta pela emancipação das mulheres deve fazer parte da luta geral

pela liberdade. Nós reconhecemos a dificuldade que nossos irmãos terão para vencer o chauvinismo masculino, e como mulheres estamos prontas a assumir plenamente nossas responsabilidades e ajudá-los a resolver essa contradição." "Liberdade agora! Nós amamos vocês."
Seria arrogante de nossa parte dizê-lo? Parece que se distingue, nesse lirismo fraternalista, algo dessa mistura de fictícia alegria e de rangidos murchos que caracteriza a voz do vendedor que exagera as qualidades de um loteamento. Um cego com bengala branca que, no corredor do metrô, pede esmola com um gramofone tocando sobre os joelhos faz ouvir essa mesma voz – que não é dele. Temos alguma dificuldade em acreditar que mulheres suficientemente lúcidas para "buscar a libertação de todos os seres humanos" possam tomar sua própria emancipação como um simples aspecto do problema. É possível que essas liberais, seguindo o impulso da trabalhista Evelyn Reed, que se esforçou para demonstrar aos socialistas que a luta das mulheres fazia parte da luta de classes (mas isso foi em 1954!), sejam simplesmente burguesas de esquerda, cujas vantagens sociais cegaram ao ponto de mascarar a elas a opressão sexista; mas, seja qual for a origem dos óculos escuros, da bengala branca e da alegre voz mecânica, uma coisa certa é que elas não veem nem um palmo à frente.

"Os liberais me matam", dizia um dos mais combativos estudantes de Maio de 1968. A história está aí para provar que eles são sempre ultrapassados por sua própria esquerda. Por que eles não se contentam de ser amavelmente de direita?

A continuação da história é instrutiva:

No número de New Left Notes de dezembro de 1967, uma reação masculina típica mostrou o que se devia pensar desse manifesto feminino da SDS.[78] As mulheres, declarava o autor dessa carta, não são feitas para serem *leaders*; não podem se separar dos homens, já que precisam deles; elas deveriam ser "mais humildes, mais tolerantes, mais caritativas". As mulheres compreenderam que tinham entregado as bengalas (brancas) para que batessem nelas[79] e começaram a se rebelar diante da pretensão, enunciada por uma delas, de fornecer "um esforço de trabalho suplementar durante o tempo que não era ocupado pela datilografia e a distribuição dos folhetos, pelas brigas com a polícia e a manutenção do homem revolucionário".[80] Essas últimas palavras não deixam de evocar uma das canções irônicas do *Women's Lib*:

Meu homem é um grande militante,
Ele dá todo o seu tempo à revolução
E eu dou a ele todo o meu.

E essa ironia de outra feminista americana, Martha Selley:

Você pode brincar de Che Guevara,
Você é meu opressor e meu inimigo!

A despeito dos esforços das mais "politizadas" entre as militantes dos movimentos de liberação das mulheres, como Juliet Mitchell, que reuniu com mais coerência que esses reformistas os princípios da revolução socialista e o da luta das mulheres,[81] a constatação se impõe de modo cada vez mais implacável: é apenas partindo de sua opressão específica que a mulher se libertará; ela só o fará *contra seu antigo senhor*, e não com os seus novos.

Eis o estado atual do feminismo alemão: na Alemanha federal,[82] 9 milhões de mulheres trabalham, dentre as quais: 3 milhões de funcionárias, 3,5 milhões de operárias, ou seja: 70% de assalariadas, dentre as quais somente 9% de especializadas.

A hora da liberação já chegou, mas o combate não acontece.

"Esse combate não se fará apenas pelo estudo dos meios e dos métodos da repressão, mas principalmente contra milhares de imbecis que têm problemas de identificação com Farah Diba e Jackie Kennedy; elas o fazem mal, ridiculamente, batendo nos filhos." Ulrike Marie Meinhof,[83] membro do Sozialistischer Deutscher Studentenbund [Partido Social-Democrata da Alemanha] (SDS), partido de extrema-esquerda da Alemanha federal, pronunciou esse texto publicado por *Konkret* (setembro de 1968) após uma contestação violenta desse movimento por suas próprias militantes;

os homens haviam se recusado de dar a palavra às mulheres; o líder Hans-Jürgen Krahl, na ocasião, levou tomates na cara.

Em Frankfurt e Berlim, o *Weiberrat* (Conselho das Mulheres) preconiza a greve do amor e lança uma campanha a favor do aborto, contra o artigo 210 da Constituição.

Ainda em 1968, foi a feminista Helke Sander a primeira a falar, na Alemanha, de "levar a luta de classe ao casal e às suas relações". Ela declarou aos homens que as mulheres não podiam mais esperar "sua" revolução. Porque, como ela destacou, "uma revolução simplesmente econômica e política baseada no recalque da vida privada, como podemos constatar nos países socialistas, não nos ajuda em nada". E ela terminou seu discurso dirigindo-se aos camaradas masculinos, por meio desta declaração inequívoca: "Camaradas, o comportamento de vocês é insuportável!"

No que diz respeito ao problema da comunidade e da educação das crianças, a contribuição das alemãs é igualmente interessante.

A Aktionsrat zus Befreiung der Frauen [Comitê de Ação pela Liberação das Mulheres], a partir dos trabalhos de Vera Schmidt, psicanalista revolucionária russa dos anos 1920, publicada pela comunidade berlinense *Kommune 2*,[84] exige projetos de certa envergadura: os jardins de infância antiautoritários devem libertar a mulher da escravidão familiar; criam-se jardins de infância de um novo tipo (*Kinderläden*) que se multiplicam em Berlim: dez em 1968, sessenta e oito em 1970.[85] Distinguiremos mais tarde o que prova com clareza que o combate feminista revolucionário não pode ser associado ao combate socialista *enquanto tal* sem uma mistificação da relação das forças confrontadas, e por que ele deve formar alianças totalmente diferentes daquela dos partidos de massa, de maioria e de direção masculinas. Após ter feito um apanhado dos aspectos particulares da condição feminina no campo socialista e no seio dos grupos de esquerda da Inglaterra e da Alemanha federal, é bom retraçar a formação atual, em suas linhas gerais, dos Movimentos de Libertação das mulheres na América e no Ocidente. Isso nos permitirá chegar a uma plataforma comum a um manifesto do feminismo revolucionário internacional.

Qual é a origem dessa gigantesca onda feminista atual? A América. A do Norte.

Nos Estados Unidos, o sinal desse despertar foi dado por Betty Friedan e seu livro *A mística feminina*,[86] que analisamos em outra obra como uma das quatro pedras angulares do feminismo teórico.[87] Doutora *summa cum laude* do Smith College, ela realizou com êxito a mais vasta pesquisa de desmistificação da ideia freudiana colocada a serviço dos vendedores de ceras para piso e de aspiradores, e ajudou a desmascarar a ditadura tecnológica, esse mesmo despotismo insidioso e mercantil que Norman Mailer acusa as mulheres "liberadas" de promover! Casada, aprovada pelo marido, a quem ela dedicou sua obra e que lhe dizia: "Se você quer convencer, mostre seu lado humano, exiba as fotos dos seus filhos" (e de quem ela se separou mais tarde), ela foi a fundadora do primeiro movimento feminista: National Organization of Women (NOW), que se espalhou por uma enorme quantidade de cidades americanas, graças a seu estilo reformista.

No filme de Bertucelli,[88] apresentado em projeção privada pela Associação dos Conselheiros Conjugais da França sobre o Women's Lib, na sala da Unesco, em março de 1971, numerosas leitoras francesas puderam descobrir o rosto alto e tocado pelo tempo, os belos olhos orientais e o decote ao mesmo tempo cansado e gracioso dessa sábia contestatária que reivindica para as mulheres o direito de escolher entre a pia da cozinha e a construção de um foguete, mas não repensa os fundamentos, em um mundo onde um terço das pessoas sofre de desnutrição, nem a instituição familiar, onde essa pia é somente um epifenômeno.

No encerramento de uma conferência nacional em Washington, sua "Declaração dos Direitos da Mulher" adotou oito pontos de convergência, todos liberais, o que permitiu que o movimento fosse reconhecido pelas autoridades políticas. Trata-se de uma reivindicação, grosso modo, de revisão da Constituição em um sentido feminista: supressão da discriminação sexual no trabalho; revisão imediata das leis fiscais para permitir a redução dos custos de limpeza e de educação dos filhos para os pais que trabalham; direito das mulheres a receber instrução, conforme todas as suas possibilidades, em pé de igualdade com os homens, em todos os níveis da educação; direito das mulheres a retomar seu trabalho após a maternidade, sem nenhuma perda dos seus direitos de antiguidade; direito das mulheres a controlar sua fecundidade pelo acesso à informação completa sobre a contracepção; abolição das leis penais sobre o aborto etc. "Com esses oito pontos inflexíveis e a inveja da vagina tal como ela é, vão se passar muitos anos antes que a última dessas exigências se torne um lugar-comum legal... Mas ai do político liberal que não parecia conhecê-los a fundo imediatamente!", comenta Norman Mailer.[89]

A essa campanha legalista se uniram algumas ações que já anteviam uma corrente mais radical, como o boicote à Colgate-Palmolive, por causa da discriminação sexual no trabalho; mas, diz Germaine Greer, "sem lançar um ataque contra a indústria dos cosméticos, cujos ingredientes ineficazes são vendidos mais que nunca, graças a uma publicidade degradante que mantém a insegurança das mulheres". A inteligência de Betty Friedan às vezes alcança, por meio de um desses raios que parecem conferir ao céu uma nova dimensão, uma verdade que ultrapassa muitíssimo sua cortês rebelião; quando, por exemplo, após ter tratado o *Scum*[90] como altamente fantasioso, o que ele também é, ela profetiza que, se as reivindicações do NOW (que é misto) não forem escutadas, poderíamos assistir a um enfrentamento comparado ao qual as revoltas de Detroit pareceriam jogos de crianças;[91] ou quando, em *A mística feminina*, ela observa que talvez possamos estar lidando com uma sociedade "doente", que desconfia do potencial representado pelas mulheres.

Mas é a outros, e não a ela, que devemos o aprofundamento do significado dessa "doença" e da possibilidade desse Apocalipse. Como todos os movimentos liberais, segundo a observação do gentil ativista que já mencionamos, o NOW foi ultrapassado à sua própria esquerda. Ti-Grace Atkinson[92] emergiu dele para impulsionar um grupo extremista que se propõe a aniquilar, de uma vez por todas, os papéis sexuais. Ela trabalha também para um grupo de pesquisa que analisa as causas históricas da condição das mulheres. A convenção de 1968, ano de agitação geral no mundo, rejeitou terminantemente as delicadezas do manifesto de 1967, que havia ocasionado a resposta falocrática publicada pelo número de *New Left Notes*, em dezembro de 1967, citada anteriormente. Esse endurecimento das posições femininas provocou, evidentemente, o furor dos homens, que prefeririam muito mais ouvir dizer, como na Alemanha: "Nós amamos vocês!", para poder um dia pedir às suas heroicas e queridas companheiras de luta que deixassem de lado a metralhadora e preparassem a comida do filho não escolarizado. Tinha início o movimento do *Women's Lib*, tanto na Inglaterra quanto nos Estados Unidos.

O jornal *Voice of Women's Liberation Movement* foi lançado anunciando o novo estilo de luta; a agitadora Carol Thomas foi presa. *Toward a Female Liberation Movement*, redigido por Beverly Jones e Edith Brown,[93] tratava as militantes do SDS como "privilegiadas" que ignoram os verdadeiros problemas das mulheres que lutam sua própria batalha; o texto lhes recordou que aquelas que se impõem nos movimentos dominados pelo homem por tradição só o conseguem inclinando-se diante dos valores do macho. A tática política, definida em nove pontos, devia se tornar o programa dos novos grupos de feministas revolucionárias inglesas que buscavam um exemplo em Ti-Grace Atkinson mais que em Betty Friedan:

1. As mulheres devem se recusar a aderir a movimentos que não sejam os delas. Elas não podem esperar reestruturar a sociedade antes que as relações entre os sexos sejam reestruturadas. É provável que a desigualdade das relações domésticas seja a causa de todo o mal [...]
2. As mulheres, frequentemente influenciadas pelo medo da força física, devem aprender a se proteger [...]
3. Devemos obrigar os meios de comunicação de massas a ser realistas [...]
4. As mulheres devem partilhar suas experiências até que compreendam, definam e denunciem explicitamente as múltiplas técnicas de dominação que os homens utilizam na vida privada e na vida pública [...]
5. É preciso organizar coletividades nas quais as mulheres possam ser aliviadas de seu fardo enquanto se desenvolvem psicologicamente [...]
6. As mulheres devem aprender sua história, pois elas têm uma história da qual podem se orgulhar, e que dará orgulho a suas filhas [...]. Há um mercado para a literatura feminista, histórica ou outras. É necessário alimentá-lo [...]
7. As mulheres que têm uma competência científica deveriam realizar pesquisas sobre as diferenças efetivas das faculdades e dos temperamentos dos dois sexos [...]
8. A reivindicação por salários iguais para trabalhos iguais foi afastada com desdém pelas extremistas, mas é preciso levá-la em consideração, pois a desigualdade é um meio de servidão [...]
9. Nesta lista, que não pretende ser completa, menciono as leis sobre o aborto.

A autora de *A mulher eunuco* observa com razão que o ponto 7 ignora as pesquisas que já têm sido "efetuadas durante cinquenta anos". Podemos acrescentar que essa perspectiva em si se torna rapidamente obsoleta com o progresso das ciências humanas, que trazem cada vez mais, e a respeito de pontos cada vez mais numerosos, a prova de que aquilo que se considerava um fato da natureza é, na realidade, um fato da cultura, já que o homem é o único animal que cria sua própria natureza e a recria sem cessar. Quanto ao ponto 6, observamos igualmente uma diferença profunda entre as anglo-saxás, sempre em busca de uma tradição quando se insurgem mais radicalmente, e as francesas, filhas da equação revolucionária: "O que nós somos? Nada. O que nós devemos ser? Tudo" – e que cantam:

Nós que somos sem passado, as mulheres,
Nós que não temos história,
Desde os tempos mais remotos, as mulheres,
Nós somos o continente negro.[94]

Judith Brown, assistente de pesquisas em psiquiatria da Universidade da Flórida, é uma das figuras americanas mais apreciadas pelo feminismo inglês. Ela estabeleceu, na sequência do *Toward a Female Liberation Movement*, um paralelo entre o casamento da mulher e a integração do negro (uma analogia que deve ser tão nuançada quanto a comparação entre a opressão econômica do proletário e a opressão doméstica da mulher). Ela preconiza as comunidades femininas, o celibato, a homossexualidade e a masturbação, em vez da integração pelo casamento. "É preciso [...] que nos oponhamos aos cães raivosos que nos governam em todas as circunstâncias e em todo lugar."

No início do verão de 1968, quando o sol marca meio-dia no mostrador do ano[95] e em uma época em que a juventude do mundo dificilmente deixava as barricadas das capitais, três tiros marcaram a fundação do *Scum*: Valerie Solanas disparava em Andy Warhol, cineasta que, conforme ela explicou, "estava tomando importância demais na vida dela. Ele sobreviveu; ela foi para o hospital psiquiátrico; mais tarde, ela emergiu com sua *Society for Cutting up Men*. O excesso de humor negro dessa *bitch* (vagabunda) traz um sorriso tranquilo aos lábios dos homens, como reconheceu Norman Mailer;

ele admite igualmente que eles estão errados.[96] Valerie Solanas tranquiliza da mesma forma que, em um filme de terror bem-feito, ou seja, comercial, o monstro surge para tranquilizar no momento em que a atmosfera se torna intolerável, para que o espectador possa dizer a si mesmo: "Isso não passa de cinema." Em Roma, o grupo de homossexualidade revolucionária *Fuori* [Do lado de fora] nos presenteou com um cartaz humorístico: dois passantes começam a rir quando veem surgir ao longe um desfile que carrega o cartaz *Gay Power*; mas o sorriso deles se paralisa quando o cortejo aparece, composto de homens musculosos com a barba por fazer, que urram e sacodem cassetetes. O *Scum Manifesto* provoca uma reação exatamente contrária no leitor masculino.[97]

O documento de Valerie,[98] de fato, contém – como tudo aquilo que é extremo até a loucura – diversas verdades pouco agradáveis. Sua ferocidade declarada de louva-a-deus aproxima de algum modo Valerie Solanas do "rei dos leprosos" que, na Idade Média, assumiu a seu cargo, para fazer disso uma realidade, o que a lenda popular atribuía aos leprosos: uma horrenda conspiração, em aliança com judeus e com infiéis, para derrubar o trono real. Valerie Solanas dá razão, em todos os aspectos, a Pati Tolander, citada por Norman Mailer, em relação a seu poema "Griffeurs d'aines" [Arranhadores de virilhas]:

Prophétie réalisée:
Les femmes sont surnoises, mauvaises et perverses.
Merde.
Vous l'avez vraiment cherché.[99]

O *Actuel* diz o seguinte sobre o *Scum Manifesto*: "Os homens são larvas maléficas, lamentável acidente da genética que um massacre político deveria abolir. O poder das fêmeas está às nossas portas. O livro se impõe por sua violência, um estilo, um delírio lógico. Os homens riem com sarcasmo depois de lê-lo, as mulheres se preocupam e refletem. Podemos acusá-lo de loucura, fantasia, debilidade mental, mas ainda assim o livro toca no ponto certo... Esse livro fez mais pela causa que as publicações de todas as militantes, diz o boletim *Lilith*."

O louco que persiste em sua loucura encontra a sabedoria.[100]

Sobre a autora em si, eis uma breve descrição:

Valerie Solanas se veste sempre da mesma maneira, jeans velho, pulôver de lã e casacão acolchoado, com um boné de veludo na cabeça. Tem o rosto congelado de um personagem do Douanier Rousseau.[101] Ela fermenta de sonho e de revolta. Poderia ter sido bela e isso não lhe interessa. Valerie Solanas detesta os homens. Imóvel e taciturna, passou muito tempo vagando pelo hall do hotel Chelsea, covil do underground novaiorquino.[102]

Estas são as linhas gerais desse documento que vai tão longe, na literatura *underground* e feminista, quanto Sade foi longe na literatura erótica e jacobina:

O objetivo das mulheres

[...] que têm uma gota de civismo, sentido de responsabilidade e também de diversão" só pode ser "derrubar o governo, eliminar o dinheiro, instaurar a automação em todos os níveis e suprimir o sexo masculino. Graças ao progresso técnico, hoje em dia é possível reproduzir a raça humana sem a ajuda dos homens (ou, além disso, sem a ajuda das mulheres) e produzir unicamente mulheres; conservar o macho não tem sequer a duvidosa utilidade de permitir a reprodução da espécie.

O que é o macho?

Compará-lo a um animal é elogiá-lo muito. Ele não passa de uma mecânica, um vibrador ambulante. [...] Em sua melhor forma, a única coisa que ele faz é destilar o tédio.

Por quê?

Por estar corroído pela culpa, vergonha, medos e angústias, e apesar da vaga sensação alcançada como resultado de seus esforços, sua ideia fixa sempre é: trepar, trepar.

Seu segredo?

O macho é psiquicamente passivo. E, como sua própria passividade o horroriza, ele tenta livrar-se dela projetando-a sobre as mulheres. Ele postula que o homem é Ativo, e se dedica então a demostrar que ele é ativo, e que, portanto, ele é um Homem. E para isso, ele trepa! [...] Mas como aquilo que ele procura demonstrar é falso, ele é obrigado a recomeçar sempre. Então, trepar se torna uma necessidade irreprimível, uma tentativa desesperada de provar que ele não é passivo, que ele não é uma mulher. Mas de fato ele é passivo, e seu desejo profundo é de ser mulher.[103]

(É curioso encontrar aí um eco da sábia Karen Horney, que representa, com Erich Fromm, a corrente culturalista da escola psicanalítica americana e que, ao escrever *Nossos conflitos interiores*,[104] ainda não havia chegado sequer, em 1952, às mais modestas conclusões de Betty Friedan.)

O texto explica mais adiante que, após a eliminação do dinheiro, "não será mais necessário matar os homens, [já que] eles estarão desprovidos do único poder que podem ter sobre mulheres psicologicamente dependentes." Os problemas do funcionamento do mundo que as mulheres vitoriosas combaterão serão: a reformulação total dos programas de educação, no sentido de uma elevação acelerada do nível intelectual, a solução das questões "da doença, da velhice, da morte", a reedificação completa das cidades. Seu epílogo, de uma beleza bastante próxima, uma vez mais, das utopias sadianas mostra os sobreviventes machos terminando seus dias miseráveis, chafurdando na droga ou cheirando o ar dos campos com os sapos, vendo "as poderosas mulheres que agem", ou se dirigindo ao "centro de suicídio mais próximo, onde eles serão expostos ao gás, suavemente, rapidamente e sem dor", enquanto os mais "racionais não se debaterão, não darão coices, não provocarão burburinhos desagradáveis, mas ficarão comportadamente sentados, quietos, aproveitarão o espetáculo e se deixarão levar à deriva até seu destino fatal."[105]

Levar uma verdade até a demência que a pulveriza sempre faz aparecer espaços desconhecidos. Valerie Solanas foi mais longe que qualquer sociólogo razoável para medir o precipício que separa os sexos e os destina a uma luta idiota, sem outra saída além da piedade, em uma sociedade que somente um dos dois edificou. Pode ser que sua louca crueldade, sua verve e seu cinismo argumentado e lógico (como o de todos os paranoicos) tenham influenciado de alguma maneira a cisão de Ti-Grace[106] e o nascimento do *Women's Lib*, que ocorreu em consequência disso. É desta corrente que provém igualmente o WITCH, sigla que significa "bruxa", com as iniciais de uma "Conspiração terrorista feminina internacional do Inferno".[107] Imputa-se a esse grupo a realização de um auto de fé de sutiãs, rituais de encantamento de bancos, uma invasão do Madison Square Garden com fantasias de feiticeiras cavalgando cabos de vassoura – o que fez com que a Bolsa caísse! Também se atribui a elas um depósito de dinamite em certos banheiros públicos frequentados por homens. Enfim, como não encontrar um eco valeriano-solaniano nas páginas mais incisivas de Caroline Hennessey:

> Só há uma maneira de separar os machos humanos dos meninos pequenos que sobrecompensam oprimindo as mulheres, neste estágio intermediário da revolução no qual estamos. O critério se mede pela tolerância deles quando torcemos suas bolas. Se ele urra, deixe que vá embora, após tê-las arrancado, e ter lhe dado um chute na bunda para livrar-se dele. Se ele pode suportar isso sorrindo e olhando-a bem nos olhos, é provável que suas bolas estejam tão bem fixadas que ele não as prenda com a cola da opressão e da humilhação das mulheres. (Não espere encontrar muitos desses.)[108]

"Mas como pode haver mulheres tão cruéis?", pergunta aos soluços um herói da *Série noire*. E seu *alter ego* lhe responde: "Porque no fundo elas detestam os homens. Elas te castrariam, Lambert, se pudessem fazê-lo com total impunidade."[109]

Aqueles que se surpreendem por essa súbita deflagração de ódio entre os sexos nos Estados Unidos esquecem que não é algo novo. Há mais de vinte anos, ela foi denunciada por algumas vozes isoladas, uma das quais, retransmitida por *Les temps modernes* (no momento em que Simone de Beauvoir acabava de publicar *O segundo sexo* e em que eu procurava documentação para *Le complexe de Diane*),[110] declarava abertamente que as mulheres, na América[111] estavam "traumatizadas até a neurose" pelo ressentimento que tinham dos homens... O mesmo autor analisava em seguida a expressão desviada desse ressentimento através da *Série noire* (onde, muito antes de *Le tourmenteur*, ele o encontrava em *A noiva estava de luto*).[112] Vozes perdidas, sufocadas na imensa, gigantesca farsa do século: a denúncia, em uma escala ampla, da América como matriarcado.[113]

> Sim, o argumento de que as mulheres constituíam uma classe social e econômica explorada por uma classe dirigente de homens, que as mulheres eram, no fim das contas, a classe mais vasta e mais explorada de todas, aí está um argumento que podia começar a existir no cotidiano da consciência comum.[114]

Eis a saudação da espada dirigida ao *Women's Lib* por Norman Mailer em *Prisonnier du sexe* [Prisioneiro do sexo], panfleto antifeminista.

Se ele pode reconhecer que o *Scum Manifesto* é extremo entre os extremos e que ainda assim representa o polo magnético do *Women's Lib*, é talvez com o desígnio de comprometer o movimento inteiro por meio dessa sonhadora do "sexocídio"; mas é, contudo, uma verdade inegável. Se, de acordo com Reimut Reiche, o núcleo constitutivo da vida humana e social, em todo o planeta, não muda em nada após as alterações "de organização socioeconômica" que são as revoluções socialistas, isso se deve, como vimos, ao sexismo inabalável que comanda o *Mitsein*; mas, assim como para se elevar a uma verdadeira consciência revolucionária é preciso saber trocar Diderot por Sade, para conceber uma perspectiva futura no qual se possa explodir esse famoso núcleo atômico do *homo sapiens* é preciso saber deixar Kate Millet e caminhar um pouco com o *Scum*.

Desde esse verão de 1968, que viu nascer o manifesto de Valerie Solanas e seu "programa político em forma de ficção científica", o *Women's Lib* se expandiu como um rastilho de pólvora preparada para o cordão Bickford[115] e o pavio em chamas através de todos os Estados Unidos; e esse cheiro de dinamite cruzou o Atlântico, ganhou Londres e Paris, fez o Vaticano espirrar e sacudiu, com uma rajada de tempestade, os moinhos e as tulipas das Dolle Mina, até as margens dos fiordes do Norte europeu.

Estou de saco cheio
do sistema,
do poder,
dos homens que o detêm,
dos homens sobretudo.[116]

Em 31 de agosto de 1970 – ou seja, três semanas depois que o Pantera Negra Horace Newton saiu da prisão, saudando a "luta justa" das mulheres –, o *New York Times* analisou a situação: "Esta semana, que marca o quinquagésimo aniversário da proclamação da 19ª emenda, que concedeu às mulheres o direito ao voto, o *Women's Lib* difuso, dividido, mas firmemente resolvido, projeta um dia de protesto nacional contra a opressão atual do sexo feminino. Estão previstos desfiles, discursos públicos ferozes e teatro de guerrilha."

As mulheres compraram "lixeiras da liberdade" para nelas jogar publicamente símbolos de opressão dos mais diversos: cosméticos, detergentes, sutiãs, publicidade de dietas, agulhas de tricô e mesmo pílulas anticoncepcionais, consideradas às vezes um meio recuperado pela sociedade de consumo e pela indiferença egoísta dos machos. Houve debates na rua, durante uma distribuição de panfletos; o "teatro de guerrilha" simulou o parto, a prostituição econômica, da chantagem ao recrutamento etc.

O *Times* recordou que, após ter exigido a igualdade dos salários e o aborto livre e gratuito, as feministas se radicalizavam e declaravam sua intenção de abater o sistema patriarcal. Isso havia dado um giro com o *postscriptum* ao livro de Kate Millet, *A política sexual*, tese de doutorado vendida em cópias mimeografadas; esse *postscriptum* era obra de Dana Densmore, militante radical, e se intitulava: *No more Fun and Game* [Chega de se divertir e jogar!].

Kate Millet, que acabava de assentar a quarta pedra angular da teoria para a liberação das mulheres, se recusava nesse momento a usar o título, terrivelmente jornalístico, de "Mao Tse Tung do *Women's Lib*". É verdade que ela concluía uma curva iniciada por Betty Friedan. Enquanto a autora de *A mística feminina* é uma burguesa abastada e uma pesquisadora totalmente competente, que possuía lar, marido, filhos, Kate[117] se apresentava como "brilhante esquecida do mundo masculino". Ela pertencia ao universo marginal, com sua infância pobre devido a um lar desunido e ao abandono do pai, suas vagas tentativas de escultura, seu concubinato com um japonês, sua recusa do casamento e seu apoio às "lésbicas radicais". Sua tese de doutorado, desde então publicada e traduzida, best-seller dos dois lados do Atlântico, foi definida por seu examinador George State da seguinte maneira: "Ler esse livrinho é como se sentar com as bolas presas em um quebra-nozes!"

Os grupos mais diversos se multiplicaram, com os nomes mais inesperados: as Meias Vermelhas, as Irmás de Lilith, Pão e Rosas etc. No tumulto dessas "vozes furiosas", a de Ti-Grace Atkinson domina então: "Nós precisamos de uma *revolução na revolução*. Nós devemos tocar a verdade da qual muitas mulheres têm medo."

> Se vocês examinarem as leis, verão que o casamento é um rapto legalizado, uma fonte de trabalho não pago que amputa a liberdade de movimento da mulher e não necessita em nada da certeza do amor de um homem. O amor é outra coisa.[118] Ele é sempre entendido com uma noção de dependência; nós não queremos Isso. Os indivíduos hoje definidos como mulheres devem fazer explodir esse problema. De alguma forma as mulheres devem cometer um autêntico suicídio.

Estávamos distantes, com essa linguagem extremista, do manifesto de 1967 e do primeiro grupo feminista fundado no mesmo ano em Chicago, com Joreen Freeman, Naomi Weisstein e Heather Booth!... Esta última havia começado a se radicalizar, dando uma entrevista a *Mademoiselle* sobre a questão do aborto, na qual declarava que a consciência revolucionária começava quando alguém se dava conta de que esse problema "era social, e não individual". Pouco depois, ela fundaria com Pamela Allen o primeiro grupo de liberação, em Nova Iorque. O tom do feminismo havia começado então a mudar, ainda que esse grupúsculo fosse contemporâneo à aparição do NOW. A ala esquerda deste último só podia comunicar-se, ou mesmo fusionar-se com a tendência Booth e Allen.

Essa é a história do despertar americano nos Estados Unidos. No Canadá, as mulheres haviam começado igualmente a contestar sua condição desde o outono de 1967. Na Nova Esquerda canadense, quatro moças da Student Union for Peace Action [União estudantil para ação pela paz] redigiram um relatório: "Irmãs, irmãos, amantes, escutem!" O texto partia da observação marxista de que a medida do homem é a da mulher com relação ao homem. Elas expunham, com a mesma exatidão amarga de Stokely Carmichael ou de Juliet Mitchell, a posição das mulheres no interior dos movimentos da Nova Esquerda; pura e simplesmente a da tradição, ou seja, uma absoluta submissão ao *leadership* masculino. O feminismo radical canadense teve aí o seu ponto de partida.

O feminismo radical ganhou terreno na Grã-Bretanha. A autora de *A mulher eunuco* conta como ela tomou a palavra "diante de um auditório misto e velho". E, contudo, teve uma surpresa: "Mulheres tímidas e nervosas expressaram, na presença de seus maridos, sua opinião sobre os assuntos mais subversivos. As enfermeiras se revoltam, as professoras fazem greve, as saias têm todos os comprimentos, as mulheres não compram mais sutiãs, elas exigem o direito ao aborto: a rebelião está tomando força e pode se tornar uma revolução."

Na Suécia, que foi alcançada há muito tempo pela palavra de Betty Friedan, um despertar de um tipo mais calmo reuniu intelectuais, donas de casa e solteiras. A Suécia é um país com uma velha tradição feminista, o que está bastante presente no teatro ginófobo de Strindberg. Nesse país, as mulheres votam desde 1866 (É o mesmo ano em que foi publicado o livro de Olympe Audouard, *Guerra aos homens!*,[119] que encorajava as mulheres a adotar procedimentos violentos.) Dez anos antes, esse reino havia concedido à mulher solteira direitos iguais aos dos homens, como resultado de um romance da escandinava Frederika Bremer, *Herta*, "que em 1856 foi para a mulher do Norte europeu o que *A cabana do pai Tomás* foi para a causa contra a escravização dos negros."[120]

Dito isso, e a despeito de uma crescente participação das suecas no trabalho da nação (55 mulheres casadas inscritas na Previdência Social em 1962, contra 30 em 1950), elas não param de protestar hoje em dia contra o escasso número de creches que deveriam ajudar as mães trabalhadoras.[121] Ao contrário das americanas, as suecas se queixam menos de ser mal acolhidas pelo mercado de trabalho que pela falta de auxiliar doméstica. Betty Friedan fez a seguinte constatação durante uma viagem, contada em *Les femmes à la recherche d'une quatrième dimension* [As mulheres em busca de uma quarta dimensão]:[122] "Na Suécia, se diz: não há igualdade enquanto os homens não compartilharem as responsabilidades do casamento, da casa e dos filhos com as mulheres, e se as mulheres não forem, por sua vez, as parceiras dos homens na sociedade."[123]

O Grupo das Oito, fundado em Estocolmo por oito mulheres, se encarregou desse despertar do segundo sexo, já anunciado pelo filme de uma mulher diretora, amiga da feminista Bibi Anderson: as mulheres, secretamente enfurecidas por não terem nenhum controle das alavancas de comando, se liberam em sonho e derrubam, usando judô, todos os homens que encontram. Círculos de estudos, debates e textos impulsionaram o movimento, que prestou contas de seu trabalho no congresso internacional de 12 de agosto de 1971.

Entre as nórdicas, as Dolle Mina[124] barulhentas e originais merecem uma menção especial. O movimento é misto: um homem para nove mulheres, o que causou a indignação das americanas, que fizeram um escândalo no mesmo congresso quando as holandesas levaram esse aliado objetivo. Essas militantes, entre as quais emerge a personalidade de Sofia Vries, a célebre feminista de Amsterdã, não se dedicam somente à emancipação das mulheres; como as dinamarquesas, elas se unem também ao socialismo e fazem discursos para as donas de casa dos bairros pobres. Suas atividades assumem de bom grado um caráter mais ousado que em outros lugares; elas assobiam para os rapazes na rua e beliscam o traseiro deles, na intenção pedagógica de mostrar-lhes o que é ser um objeto sexual, talvez para lhes fazer sentir essa "mistura malsã de narcisismo e paranoia" que Norman Mailer invoca na obra antifeminista já mencionada; elas solicitam construir uma clínica de aborto gratuito e invadem os congressos de ginecologia a fim de mostrar, levantando a camiseta, a tatuagem que adorna orgulhosamente seu abdômen: "Meu ventre é meu." Para o Dia das Mães, elas organizaram uma passeata das meninas-mães. Em Amsterdã, fundaram uma Casa das Mulheres, com ensino técnico e cursos de karatê.

Na Bélgica, o início do feminismo radical ocorreu a partir de alguns homens. Estes, em contato com os militares insubmissos, tiveram a ideia de impulsionar grupos de estudo e de pesquisa femininos sobre os problemas da liberação, a partir de uma representação teatral de amadores: *Jornada de uma enfermeira*, de Armand Gatti. Durante a discussão que precedeu a iniciativa, integrantes do MLF de Paris convenceram esses camaradas bem-intencionados a não ceder à tentação da composição mista com o objetivo de ajudar as mulheres a se expressarem, já que a experiência provava que estas nunca o faziam sincera e livremente na presença de homens. Estes últimos consentiram então em dar o primeiro impulso e retirar-se em seguida. Desde então, começaram a funcionar círculos unicamente femininos, como o Partido Feminista Unificado e as Lésbicas Radicais, e grupos mistos, como as Marie Mineur [Maria Menor], que sempre foram mistos, e o FLF, que se tornou; ademais, um movimento "pela legalização do aborto" surgiu em Liège após o manifesto das 343 em Paris; surgiram creches não oficiais. Em fevereiro de 1973, ocorreu em Gante, a propósito do processo do doutor Peers,[125] uma grande passeata pelo "Abortus Vry", o aborto livre.

Finalmente, na França, o Movimento de Libertação das Mulheres nasceu quase simultaneamente em Paris, Lyon e Toulouse.[126] Na volta às aulas de 1968, estudantes universitárias contestatárias observaram que a questão das mulheres jamais havia sido inscrita na ordem do dia pelos agitadores do mês de maio[127] e decidiram fundar um movimento à semelhança do *Women's Lib*;[128] isso foi relatado por *L'idiot international*, n° 5.

> Nós somos apenas as servas de nossos maridos. Não podemos nos levantar orgulhosamente contra nossos mestres.[129]

A militante do MLF que assina "Actuelle" no número 4 de *Actuel* resume o início do movimento:

Até agora nós éramos consideradas empregadas domésticas, não tínhamos outro horizonte além daquele daquele que nos foi imposto. Chegou a hora das contestações radicais. Todos os casais são casais burgueses! Algumas aventureiras que não desfrutavam dessas delícias eram enviadas à fogueira. Virgens, elas eram consideradas velhas peles; apaixonadas, eram consideradas putas; concubinas, eram consideradas pássaros migratórios. Acima de trinta anos, seu valor de mercado chegava quase a zero. Se elas se aventuravam na política, eram avisadas de que deviam resolver seus problemas vaginais em outro lugar. As americanas se manifestaram em alto e bom som... A França, país do vinho barato e do cinturão de flanela, esperou até maio de 1968 para ultrapassar o limite institucional das revoltas permitidas. E, contudo, a liberação da mulher não aparece em nenhum lugar nas ordens do dia dos grupelho.

Quando, na volta às aulas, algumas intelectuais se encarregaram dessa questão, foi necessário criar creches não oficiais[130] para relançar o movimento que pôde alcançar, dessa forma, Censier, Nanterre, Vincennes e Beaux-Arts, o último reduto a cair após a minirrevolução de 1968.[131]

Foi graças à experiência dessas jovens mulheres da classe burguesa, graças aos seus contatos com as operárias e donas de casa da periferia, e não graças a Deus sabe qual preconceito intelectual, marcusiano ou outro, que em seu combate os objetivos puramente materiais – igualdade dos salários, solicitação de subsídio governamental etc. – foram pouco a pouco substituídos pela *contestação radical do casal e da família na sociedade*.

Os burgueses liberais, as pessoas de esquerda, os esquerdistas, em suma, tudo o que continuava sendo exterior a esse movimento pensava o seguinte: essa ressurgência inesperada do feminismo do tipo de 1848 se devia a uma ideia preconcebida de mulheres intelectuais fora dos problemas "reais" da classe trabalhadora; foi o contrário que ocorreu! Quando as moças do MLF cedem a uma tendência intelectualista de esquerda, elas tendem imediatamente a dar aos problemas que lhes foram submetidos uma tendência marxista clássica, e não aquilo que é chamado, injustamente, aliás, de "feminista pura". São as proletárias que, ao se expressarem diante delas, acabam trazendo à tona – às vezes sem perceber – a opressão específica vivida pelas mulheres.

Um bom exemplo foi citado por um panfleto recente: "uma funcionária do serviço de cheques postais[132] nos expôs a maneira específica como elas são tratadas por serem mulheres: método de intimidação, disciplina, infantilização, clima psicológico particular [...] problema que era sempre contornado para levá-la de volta às condições de exploração (muito duras, aliás). Por mais que ela insistisse naquilo que lhe interessava pessoalmente, ela não era escutada pelas moças, obcecadas em fazê-la dizer aquilo que desejavam ouvir." (*Para um grupo feminista revolucionário*.)

Pode-se ver: a ironia das especialistas diante daquilo que elas consideram uma extravagância de "pequenas burguesas intelectuais", a saber, a necessidade urgente de contestar não mais as estruturas econômicas capitalistas, mas sobretudo o sexismo, essa ironia fracassa. É por isso que o MLF, que partiu como uma fantasia, criticado, desprezado, se manteve e se desenvolveu vitoriosamente na França, alcançando a província, em meios que estão longe de ser unicamente os dos professores e intelectuais.

O primeiro movimento informal, baseado unicamente na pulsão de um despertar, havia sido lançado. Ele não tem nenhuma cúpula, nenhuma burocracia, funciona com base em assembleias gerais bimensais e em grupos muito diversificados, comissões de afinidades ou grupos de bairros que, em pouco tempo, completam as equipes de "tomada de consciência", ensinando pura e simplesmente um pequeno número de mulheres a se conhecerem como mulheres, a se apreciarem e a estabelecerem laços afetivos sólidos entre elas, conforme a palavra de ordem do cântico do MLF:

> Sozinhas em nossa infelicidade, as mulheres,
> Falemos umas com as outras, olhemos umas às outras![133]

Ou, ainda melhor, a imaginação toma o poder:

> Sequestrar Ménie Grégoire,[134] inventar Madame Soleil, deitar-se com o papa, disfarçar-nos de homens, ir ao banho turco para nos acariciar entre mulheres, dar uma bofetada em Isabelle (de Hara-Kiri), que é

realmente muito gay, rir com nossos amantes preferidos, fazer brotar flores azuis, para tudo isso, para todo o resto, para o prazer, nós nos organizamos. Salud![135]

O impacto da fantasia desenfreada sobre o real devia ser demonstrado. Ménie Grégoire não foi sequestrada, mas interromperam seu programa ao vivo em 10 de março de 1971, semearam as pequenas flores sobre os gramados de Reuilly para uma zombaria do Dia das Mães, com teatro de guerrilha e exposição de obras de arte ao ar livre, atrapalharam as declamações líricas e humanitárias do professor Lejeune – dotadas de tanta emoção quanto o olho de vidro de um SS – com golpes de salsichão seco[136] (depois de haver-lhe jogado pedaços de miúdos, com o grito: "tome aí, senhor, acabo de abortar") e, durante uma passeata internacional pelo aborto livre, um casamento foi interrompido na igreja de Saint-Ambroise em 1972. Sem contar a pré-história:

> Ações recentes que algumas vezes foram unânimes, algumas vezes obra de um grupo, sempre livre para empreender o que quiser contanto que não tenha sido desautorizado pela AG.[137] Manifestações diante da Petite Roquette: "Nós todas somos ladras, abortistas, putas em diversos congressos falsos e falsificados para semear um pouco a confusão, nos estados gerais de *Elle*, na Faculdade de Medicina (reunião dos médicos)." (*Actuelle*)

Podemos, desde então, acrescentar a essa lista: uma contradição trazida, com membros do FHAR, a uma mesa redonda presidida por Évelyne Sullerot sobre a "liberdade sexual", no centro Laënnec[138] assim como, seis meses antes, no debate dos conselheiros conjugais que apresentava o filme de Bertucelli sobre o *Women's Lib*, na sala da Unesco, em março de 1971; e, sobretudo, a expedição punitiva ao Congresso de Sexologia de Sanremo em 1972, que ocupou a imprensa e a televisão italianas e, por fim, o apoio às três Marias, em 1974.[139]

> Qual homem poderia ter tão pouca confiança a ponto de crer que a fecundidade legitimava o amor?[140]

A ação mais espetacular do MLF, como vimos, foi a ideia do manifesto das 343 e a campanha que o sustentou, até o processo de Bobigny.[141] O manifesto em si era de um tipo novo: ele se contentava em enunciar um fato social (o número de abortos por ano, o perigo de sua clandestinidade) e em apoiar a declaração de culpa por um ato condenado pela lei, transmitindo em seguida a simples reivindicação do aborto livre. Nenhuma palavra sobre as motivações, nenhum ruído, nenhuma explicação; nenhum grupo havia jamais parido, com intenção de protesto ou de demanda, um texto tão lapidário. Sua própria simplicidade foi considerada uma provocação enorme. Ousar assinar esse texto sem dizer quanto se ganha por ano, por qual razão se pode desejar interromper uma gravidez ou por que se fez isso, não mencionar nada sobre o parceiro (o que mais emocionou Oraison, como vimos anteriormente), que ultraje! As piores intenções foram imediatamente atribuídas a suas redatoras e signatárias, por exemplo, o desejo de publicidade! Isso é normal. Montherlant cita a reação de alguém a respeito do suicídio romântico de um pobre russo emigrado na França ao receber a notícia de que seu compatriota Gorguloff havia assassinado o presidente da República:[142] "Você acha que ele foi sincero?" (A França também é isso, Joe.)

Em sua cômica caricatura daquilo que pensa o francês médio que lê *L'Aurore* e joga *tiercé*,[143] o pasquim *Minute* nos propicia um surpreendente "A cruzada inacreditável das fazedoras de anjos", lido com prazer por aquelas que precisavam ainda se radicalizar a respeito disso. Esse caso extremo simbolizou muito bem o que existia de resistência global, abrupta, cavernícola, nesse país voltairiano tão fortemente descristianizado, e entre as pessoas que não pensariam em ler *Minute*, inclusive entre os simpatizantes, entre os liberais, entre os pronunciadores de *sim*, *mas*, *se*, *pois*, *contudo*, *então*.

> E dizer que essa passante poderia me dar minha
> fotografia: um filho! Duas moedas na ranhura,
> e em nove meses meu retrato resumido.[144]

Fourier, mais que nunca, tem razão. Essa livre disposição do corpo, na mulher, é um escândalo e questiona a sociedade inteira. Na sociedade burguesa, frustrada e obcecada, essa fórmula se traduzia até agora desta maneira: "Liberdade de se entregar aos seus instintos",[145] "permissão para se deitar com qualquer um." (Basta ter ouvido os amargos clichês de um professor Lejeune, nesse 5 de março de 1971, na *Mutualité*: "certo movimento que reivindica a emancipação da mulher, que na realidade visa somente a exigir O PRAZER..."). Hoje em dia, começamos a entender que a verdade não é tão simples; que essa "livre disposição" acarreta consequências bem diferentes, inclusive essa, é claro; e que pode ser perfeitamente aceitável na mais rigorosa das condutas morais deitar-se não "com qualquer um", mas com quem lhe agrade e não se *aproveite* de você, a fim de fazer do amor físico uma escolha, uma paixão, um consentimento, um interesse, uma experiência, não importa o quê, exceto uma fixação e uma situação social, exceto uma suposta fonte de rendimentos e uma real fonte de alienação e servidão. Mas fora dessa recusa *de se entregar à moral*, a livre disposição em questão compromete todas as outras condutas, que não dizem respeito somente às mulheres: liberdade de fecundação ou recusa de fecundação, liberdade do estilo de vida erótica que não se importa com todos os preconceitos contra os "desvios" e as "perversões" etc. Isso, de Fourier a Marcuse, consiste de fato na mais grave contestação, *do interior*, de nosso mundo, de suas estruturas de pensamento e de sua vivência.

Foi, portanto, sobre esse "ponto quente" que o MLF se mobilizou; tal como dissemos antes, esse combate o requereu de modo tão profundo, que certas militantes, repetimos, se inquietam hoje em dia ao ver se desvanecerem os objetivos de mais longo prazo em prol dessa reivindicação pelo aborto livre; certamente, essa exigência será satisfeita algum dia, assim como certamente existe um perigo real para o movimento de se fascinar por esse objetivo único, da mesma forma que o velho feminismo se concentrou sobre o direito à "cultura" e depois sobre o direito ao voto. O exemplo dos negros está aí para provar que essas reclamações legítimas podem se tornar ossos que se lançam para serem roídos pelo apetite revolucionário. E a estratégia exige que o conjunto de um front nunca seja negligenciado por causa de uma questão e nem que essa questão seja negligenciada em relação ao conjunto.

Foi em razão disso que, em novembro de 1971, algumas militantes redigiram um panfleto que parece especificar o problema das perspectivas do Movimento melhor que todas as discussões precedentes:

É preciso saber se o Movimento será um movimento de massa, ao qual pertencem potencialmente todas as mulheres como grupo especificamente explorado, ou se ele será mais um grupelho, já que a etiqueta esquerdista que algumas pessoas se esforçam em afixar ao Movimento nos separará imediatamente da massa das mulheres. Não estamos aqui para fazer a política dos homens e receber as diretrizes do PSU ou dos ML[146] por moças que são interpostas. As esquerdistas do Movimento, manipuladas pelos homens, tentam transformá-lo em um anexo dos grupos políticos; elas transmitem a concepção masculina da liberação das mulheres,que devem ser devolvidas "ao bom caminho". A luta das mulheres [...] contesta todos os aspectos da sociedade global (na qual se insere a exploração de classe) bem como o caráter privilegiado da luta anticapitalista.[147]

A Itália despertou, igualmente, para o feminismo radical. Tal como prevíamos, a contestação das leis sobre o aborto enfrentou uma agitação passional ainda mais violenta naquele país, bastião do catolicismo. O livro que Elvira Banotti dedicou a esse tema (em processo de tradução francesa)[148] foi qualificado pela crítica não apenas como pernicioso, mas como mentiroso: "É imaginário do início ao fim", foi dito sobre essa pesquisa que coleta uma série de fatos ainda mais inacreditáveis que os da França. Houve debates sobre a obra em Roma, onde ocorreram trocas de injúrias e até agressões físicas entre homens e mulheres.

Ao contrário da França, o movimento do novo feminismo na Itália está dividido, em vez de comportar um único grupo com correntes interiores diversas e mesmo opostas como a do "esquerdismo" e a do "feminismo revolucionário". (Sem contar a do lesbianismo, que, apesar de minoritária, é ainda mais importante porque questiona uma forma de sensibilidade, e não um pensamento ideológico.)

Os nomes desses grupos são: Movimento di Liberazione della Donna [Movimento de Liberação das Mulheres], que foi fundado em fevereiro de 1971 e não rejeita as alianças com a política masculina; o Fronte Italiano di Liberazione Femminile [Frente Italiana de Libertação Feminina], mais radical; e, na ponta extrema, a Rivolta Femminile [Revolta feminina], movimento de Elvira Banotti e de Carla Lonzi. Esta última expressou o ponto de vista dessas feministas radicais em uma espécie de manifesto intitulado *Cuspindo em Hegel*, que ainda não foi traduzido para o francês.[149]

As mulheres deveriam queimar seu barraco em lugar de passar o tempo arrumando-o estupidamente.[150]

Esse escrito de umas cinquenta páginas (como o *Scum Manifesto*) apresenta uma contestação fundamental dos problemas da mulher na sociedade patriarcal, tal como sua economia a *estrutura*, e tal como o pensamento ocidental a *reflete* – particularmente o de Hegel, que justifica o sexismo em nível ideológico e filosófico. Carla Lonzi demonstra como, nesse pensador, coexistem duas posições: uma que identifica o destino da mulher e o "princípio de feminilidade" (o que Freud, devemos acrescentar, confirma pela célebre expressão: "A anatomia é o destino"), e outra que considera que a servidão é "uma condição humana que realiza na História a máxima do Evangelho: 'os últimos serão os primeiros'".

Carla Lonzi tem a originalidade de destacar a aliança entre a mulher oprimida e o adolescente contra o falocrata. Essa concepção talvez esteja impregnada da mentalidade mediterrânea de cumplicidade entre a Mãe e o Filho contra o despotismo do Pai, cumplicidade que a Igreja transcendeu em nível teológico como uma intercessão da Mãe apoiando o sacrifício do Filho junto ao Pai. Mas a análise da autora se apoia sobre as possíveis fraternidades entre o movimento de liberação feminina e correntes da juventude contestatária. Ela não é, entretanto, um retorno indireto à sacrossanta Família:

Nos países comunistas, a socialização dos meios de produção nem sequer arranhou a instituição familiar tradicional; muito pelo contrário, ao reforçar o prestígio e o papel da figura patriarcal, ela também a reforçou. [...] A família é a pedra angular da ordem patriarcal: ela está fundada não apenas em interesses econômicos, mas também em mecanismos psíquicos próprios do homem, que sempre fez da mulher um objeto de dominação e um trampolim rumo aos seus mais altos empreendimentos.

Depois de ter relembrado os erros de Lênin em matéria sexual, segundo as citações de suas entrevistas com Clara Zetkin e de sua correspondência com Inès Armand (essas mesmas pobrezas que Claudie Broyelle invoca para justificar o puritanismo chinês!), Carla Lonzi declara: "Nenhuma ideologia revolucionária nunca mais poderá nos convencer de que as mulheres e os homens jovens encontrarão deveres e recursos que correspondam a eles na luta, no trabalho, na sublimação e no esporte." E, constatando que o culto das virtudes masculinas, todas as quais têm como centro a liberação de uma fundamental agressividade, fez do inconsciente masculino "um receptáculo de sangue e de medo" e que à mulher foi devolvido o papel de tranquilizar e de proteger, Carla Lonzi propõe: "Abandonemos o homem para que ele toque o fundo de sua solidão." O que se une a uma das declarações frequentemente ouvidas no MLF: a liberação das mulheres passa pela prova feita de modo concreto, em plena vivência, de que ela pode ficar sem o homem em todos os níveis.

> Querido tesouro, enquanto tu te deleitas com tuas preocupações domésticas, eu cedo ao prazer de resolver o enigma da estrutura do espírito.[151]

Na concepção Hegeliana, o mundo como história masculina nasce a partir destas duas fontes: o Trabalho e a Luta. Carla Lonzi cita exemplos da filiação patriarcal de uma comunidade com relação a seu chefe; em setembro de 1970, enquanto ela escrevia esse manifesto, os jornais intitulavam as notícias sobre a morte de Nasser: "Cem milhões de Árabes subitamente se sentiram órfãos." (E, em novembro, após o falecimento do general De Gaulle, poderíamos acrescentar estas palavras célebres: "A França está viúva.") A autora conclui: "Que não nos considerem mais as perpetuadoras da espécie. Nós não daremos filhos a ninguém, nem ao homem, nem ao Estado. Os daremos a eles mesmos e nós nos restituímos a mesmas."

Esse despertar italiano é ainda mais interessante e patético no país do falocratismo católico onde a livre disposição do corpo está muito mais distante ainda que em nossa pátria, sobretudo quando se trata da sacrossanta maternidade obrigatória. Uma pesquisa internacional sobre a mulher, publicada pelo Hachette há uns dez anos, observava que a italiana só é tão espalhafatosa, volúvel, manhosa e hipersensível devido a uma sobrecompensação de sua inexistência e de sua condição que a condena a existir, por toda a vida, somente em função de seus filhos, pai, marido. Estilizando de modo um pouco sumário, poderíamos dizer que a italiana de hoje corresponde aproximadamente ao que era a francesa dos anos 1930-1940. Dá para julgar o impacto produzido, em um contexto como este, por uma agitação feminista radical.

Um dos países mais sensíveis em sua reação a essa corrente universal é a Dinamarca, país com uma longa tradição feminista.

A presidenta do Conselho Nacional das Mulheres Dinamarquesas, Edele Kruchow, declarou ao jornalista Yves de Saint-Agnès: "Por mais que nossa sorte pareça invejável, a desigualdade entre os homens e as mulheres continua a existir na verdade."

Ela fala o seguinte, a respeito dos salários: "É nessa área que se constata a injustiça mais flagrante. A Dinamarca ratificou a convenção da Organização Internacional do Trabalho relativa à igualdade dos salários.[152] Entretanto, a média dos salários femininos continua a ser 20% inferior à dos salários masculinos."

É por isso que as Meias Vermelhas, organização feminista extremista, lançou uma operação original: pagar somente 80% do preço dos transportes públicos, o que foi chamado de "operação ônibus". O que não as impede de consagrar grandes debates à questão primordial do *Koensroll*, a saber, o papel respectivo dos sexos. Desfiles com cartazes, agressão pública contra homens, empurrões nos soldados da Guarda Real são outras ações dessas dinamarquesas de pernas vermelhas. Outro movimento menos expansivo sustenta suas reivindicações, a União das Mulheres Dinamarquesas. Este é impulsionado por uma feminista de vinte e 28, linda como um anjo de conto de Natal em um livro de Andersen, Grete Fenger Moeller; e ela se expressa da seguinte maneira:

Nós não queremos ser consideradas homens, mas seres humanos.
É necessário que a igualdade seja estabelecida em todos os níveis e que deixem de atribuir papéis específicos aos homens e às mulheres.[153]

(Em resposta a essas "pretensões", acaba de ser fundada De Enlige Faedre, a associação masculinista dos "Pais solitários", que corresponde a outro movimento sueco, Männens Rättsförening [União pelos direitos dos maridos], que declara, através de um de seus defensores, Bo Eriksson: "A situação do homem na Escandinávia não é mais invejável que a condição feminina na Espanha.")[154] Nenhuma relação com nosso MLH.[155]

Todos os movimentos de mulheres tiveram seu primeiro congresso internacional (ou seja, americano-europeu) em 12 de agosto de 1971. Este ocorreu em Estocolmo, em um vasto imóvel cujo décimo-primeiro andar parecia, por vezes, pequeno demais para conter as "fêmeas em cólera". As alemãs, até agora as mais tímidas, declararam seguir a campanha pelo aborto que as francesas haviam iniciado. Foram elaborados projetos, entre eles uma "passeata internacional pelo aborto livre e o acesso à contracepção", que ocorreu em 20 de novembro do mesmo ano.

"O movimento feminista não é internacional, mas planetário", afirma *Cuspindo em Hegel*. A fórmula é bonita. É preciso reconhecer que por ora ela só corresponde a um sonho. É a questão da mulher que é planetária; o movimento, até o momento, só engloba a maioria dos países europeus e o norte dos Estados Unidos. A mulher do terceiro mundo e a maioria das latino-americanas, exploradas do explorado, ainda não emergiram para a existência humana; será que em um próximo congresso veremos algumas argelinas protestando contra o bloqueio abrupto dos direitos das mulheres, tão esperados na resistência e nas masmorras pelas heroínas do FLN?

Nessa mesma bacia mediterrânea, berço de nossa mais sinistra opressão, como explicita Germaine Tillion em *Le harem et les cousins* [O harém e os primos],[156] acaba de nascer um tipo de feminismo selvagem, novo em folha e bastante imprevisto, em Portugal. Eis o que declara uma carta que recebemos muito antes do caso das "três Marias":

> Como organização, o feminismo não existe por enquanto. Contudo, existem, e isso é bem português, mulheres que estão particularmente sensibilizadas com o problema e que começam a se mostrar e a causar um pouco de confusão na bela ordem falocrática [...]. E elas já são tão representativas, que boicotaram a eleição de Miss Europa em Estoril [...]. As notícias nos jornais mencionavam isso. E não era somente a ilegitimidade de sua própria condição que elas questionavam, mas a de todo o

regime feudal português. Portanto, era muito politizado! Depois, fiquei sabendo também de muitas coisas interessantes e curiosas sobre as vendedoras de peixes, mulheres típicas entre nós, de vozes fortes, que se reúnem exclusivamente entre elas e decidem ir ao espetáculo que está na moda ou ao bar à noite sem avisar o marido ou o amante. Elas também têm um tipo de clube ou associação delas e cuidam das mulheres desempregadas, das doentes etc. Não há nenhuma intervenção do Estado: são elas que fazem um fundo comum com o próprio dinheiro e gerenciam a coisa toda. ISABEL D., 10 de agosto de 1972.

Então, o que é muito interessante, certa tomada de consciência popular, espontânea, selvagem, do feminismo necessário precedeu, aqui, o discurso dos intelectuais.

AS "TRÊS MARIAS" E PORTUGAL

No ano seguinte, estourava o escândalo das "Novas Cartas Portuguesas".[157] Tal como no processo de Bobigny, no qual a acusada, Marie-Claire Chevallier, foi denunciada por seu "cúmplice" (o menino que a havia estuprado), as três portuguesas foram denunciadas à justiça pelos tipógrafos que haviam colaborado com o "delito": a impressão desse livro coletivo[158] que acaba de conseguir um sucesso avassalador.

Por terem falado abertamente e com uma sinceridade raivosa sobre sua opressão, sua educação mistificadora, o obscurantismo religioso, os ultrajes sexuais e as maternidades alienantes, elas foram acusadas de ter violado os bons costumes e indiciadas pela justiça. Distribuíram-se panfletos: "Elas arriscam ir para a prisão por terem escrito uma obra-prima!" Difundiram-se notificações:

"Eu digo: em Portugal, a mulher não é apenas a escrava do homem, mas ela também desempenha com alegria e convicção seu papel de mulher-objeto. Eu digo: BASTA! É tempo de formar um bloco com nossos corpos."

O estrangeiro se emocionou; os intelectuais se mobilizaram. *Le Nouvel Observateur* realizou uma entrevista com elas. Abaixo-assinados partiram

143

de Roma, de Paris. O MLF, em 21 de outubro de 1973, organizou uma "Noite das mulheres" em benefício delas; três atrizes, entre as quais Delphine Seyrig, leram alternadamente longos trechos dessa obra subversiva. Em 30 de janeiro de 1974, foi realizada diante de Notre-Dame uma espécie de passeata com tochas para expressar o apoio feminista às "escritoras portuguesas", como Paris se habituou a chamá-las.

É assim que, mesmo nas regiões desse "*mare nostrum*"[59] onde se desenvolveu o sistema falocrático ocidental que Germaine Tillion resumiu e denunciou tão bem, se produziram explosões surpreendentes: Boumédiène deve sonhar com o controle dos nascimentos e, do outro lado do Mediterrâneo, em um país fascista, três mulheres escritoras veem se levantar, em prol de sua causa, uma multidão de pessoas estrangeiras que até então estavam muito acomodadas com respeito à ditadura do fantoche lusitano.

Para um manifesto feminista planetário

fim

FINS PRETENDIDOS

Antigamente, "o sexo" significava "a mulher". O sexo e a mulher constituem a face oculta da Terra. O continente negro. É por isso que a liberação da mulher é a mesma que a do sexo. (Nisso, o excelente professor Lejeune não estava errado, ele que incriminava o MLF por uma reivindicação do direito de gozar sem terror.) A liberação da mulher passa pela derrota do homem. Mas ela é a liberação do Homem, macho e fêmea.

A liberação das mulheres passa pela prova formal de que ela pode prescindir do homem em todos os níveis. Seria, contudo, infantil ou poético (à maneira da poeta Valerie Solanas) imaginar uma instituição da homossexualidade e reservar a uma minoria o cuidado de procriar e o gosto de fazê-lo. Sempre haverá heterossexuais dos dois sexos (inclusive os bissexuais, certamente!) e sempre mulheres grávidas que não abortarão, sempre mães, sempre crianças. A reprodução por ectogênese que só produza fêmeas não é um projeto. A procriação deverá ser seriamente e mesmo energicamente desacelerada. Não se trata de suprimi-la. Mesmo em sonho. Mesmo após a greve de nascimentos que eu desejo.

A liberação das mulheres terá como resultado a dos homens, se não os de hoje, ao menos os de amanhã. Terá como resultado *a restituição do espaço à espécie*. Terá como resultado a abolição dos mecanismos repressivos que fazem do inconsciente masculino "um receptáculo de sangue e medo". A liberação dos heterossexuais, como dos bissexuais e homossexuais. Em um caso extremo, essas etiquetas desaparecerão.

Mas isso é para amanhã. De modo imediato, nós não escaparemos da guerra dos sexos. Devemos nos preparar para isso. Os movimentos de liberação das mulheres deverão escolher, com atenção, as poucas minorias masculinas que podem formar alianças com elas, como o FHAR,[160] o IHR, o MLH, ou certos marginais, contra todos os outros homens: cúmplices da falocracia que eles negam, "revolucionários" que só contestam suas estruturas, e sobretudo "liberais" ainda mais perniciosos que os sexistas "autênticos" da espécie de Lejeune, Chauchard, Pierre Debray e Tillette. "Devemos persegui-los e destruí-los enquanto potência, até o silêncio da última de suas vozes. Devemos quebrar sua liderança e reduzi-la a nada. Não cessaremos até que tenhamos destruído a célula familiar, a norma heterossexual como base da sociedade e a discriminação sexista como participação no funcionamento do mundo", escreveu uma feminista revolucionária francesa.

> Para nós, os homens não são o inimigo. Eles são nossos legisladores, nossos empregadores, nossos maridos, nossos amantes.[161]

> Nosso inimigo é nosso Mestre,
> Eu vo-lo digo em bom francês.
> LA FONTAINE

No número de *Partisans* intitulado "Liberação das mulheres, ano zero",[162] várias análises definitivas foram publicadas sobre a exploração feminina que entrou nos costumes sob o nome de vida conjugal. Essas análises fazem ver que um fato de ordem planetária como esse não é, de nenhum modo, da alçada de uma reforma, mas só pode chamar uma revolução.

O ESTUDO DE CHRISTINE DUPONT

O mais importante, o mais irrefutável desses estudos foi assinado por Christine Dupont.[163] Graças a ela, pela primeira vez, podemos compreender a passagem entre o novo feminismo e essa crítica do capitalismo que os revolucionários marxistas de estilo tradicional o acusam de negligenciar.

Mesmo quando a selva não apresentava nenhum perigo, Adão trabalhava, Eva fiava e Deus Pai lhes fazia companhia se eles tivessem se comportado bem.[164]

A autora desse estudo escreve que a opressão das mulheres, nos lugares onde o capitalismo foi destruído como tal, é atribuída a causas puramente ideológicas; estas são denominadas "sobrevivências", do mesmo modo em que, para o grande espanto dos marxistas de tradição, a religião resistiu por cinquenta anos após a revolução de outubro. Mas a tese de "sobrevivências" não tem nada de marxista em si, já que se trata de atribuir um fenômeno qualquer, seja a religião ou a opressão das mulheres, a causas puramente ideológicas. A ideologia sobreviveria então às causas materiais que ela servia a tornar aceitáveis?

Essa questão, de uma teoria necessária para explicitar a opressão da mulher fora das estruturas econômicas dadas (necessária, já que percebemos esta opressão em todas as estruturas econômicas e em todas as épocas), suscitou artigos escritos por mulheres separadas por distâncias muito grandes e que não se conhecem entre si: Margaret Benston escreveu "Para uma economia política da liberação das mulheres"[165] e a cubana Isabel Larguia, talvez pouco satisfeita com os conselhos domésticos de Fidel Castro, "Contra o trabalho invisível".[166]

TRABALHO DOMÉSTICO, PLATAFORMA INVISÍVEL DE PRODUÇÃO

Christine Dupont definiu os dois setores da atividade feminina que servem de base à sociedade, base tão indispensável quanto o trabalho externo do homem: primeiramente a *reprodução*, que implica procriação e criação; e o trabalho doméstico, setor exclusivo, que serve de plataforma invisível à *produção*, ou seja, ao trabalho externo do homem. Sem a preparação de seus alimentos, o conserto de suas roupas, a lavagem de seus lençóis e toalhas, a organização de suas condições de vida segundo um mínimo de higiene e de beleza, nenhum proletário poderia vender sua força de trabalho; nenhum comerciante poderia continuar a vender e a comprar mercadorias; nenhum homem de profissão liberal, a seguir sua carreira.

Ora, quando tais serviços são solicitados a fornecedores externos, eles ocasionam uma despesa muito mais elevada para um simples trabalhador, quer ele pertença ao setor manual ou intelectual do mercado de trabalho, quer seja ele operário ou chefe. Nenhum salário ou remuneração pode suportar viver por muito tempo com um tal orçamento. O casamento, assim, dá ao homem a possibilidade de vender sua força de trabalho em condições infinitamente mais rentáveis, permitindo que ele economize com empregada doméstica, restaurante, grande parte ou a totalidade da lavanderia, sem contar a economia de tempo das aventuras sexuais. A esse serviço inapreciável que a esposa oferece ao sistema de compra do trabalho, ou seja, ao capitalismo moderno, soma-se um segundo, ainda mais precioso: a procriação, que significa trazer ao mundo novos futuros trabalhadores. Enfim, mais recentemente, a mulher acrescentou a essas duas contribuições sua parte pessoal da *produção direta*, ou seja, ao trabalho, a maior parte do tempo nos empregos mais difíceis de suprir, por serem mais mal retribuídos que os outros, ou em meio período (esse trabalho em meio período que os instrumentalizadores políticos se esforçam para que seja visto como uma conquista da mulher moderna e que é a melhor maneira de mantê-la nas zonas baixas da economia).

Por tantos serviços notáveis entregues ao mercado de trabalho, qual é a retribuição recebida pela mulher? Nos dois primeiros setores específicos, eles são quase zero. Christine Dupont demonstra que, em troca da procriação e do trabalho invisível das corveias domésticas que permitem o trabalho visível do homem, a mulher só pode contar com sua simples manutenção. Ela é alimentada, alojada, vestida, ISSO É TUDO. Não recebe nenhum aumento de vantagens materiais em troca de um trabalho maior. Não obtém mais benefícios por procriar e criar cinco filhos em lugar de um só, ou de manter um apartamento de dez cômodos em lugar de um único quarto para duas pessoas. Ao contrário, o aumento de trabalho provoca nela uma diminuição de vantagens: lazer, liberdade, bem-estar material. Sua situação de trabalho é a única que não é retribuída e que é tão capital para a sociedade.

Este paradoxo está tão bem implantado nos costumes, que a contabilidade do Estado, quando se preocupa com uma reforma, inscreve de forma suplementar um estatuto de ajuda familiar que somente considera o casal. O CASAL, base deste mundo, fundamento da célula familiar, átomo da sociedade. E os partidos de oposição, em suas reivindicações, só falam de exploração *familiar*! (O Modef[167] exige o equivalente a um salário.) "O fornecimento gratuito de trabalho no âmbito de uma relação global e pessoal como o casamento constitui precisamente uma relação de escravidão", conclui Christine Dupont, que se une assim a Ti-Grace Atkinson em seus julgamentos sobre a relação conjugal.

Como já expliquei em outro texto,[168] é fácil constatar, com base nesses dados, que a opressão feminina é, portanto, ao mesmo tempo *específica*, *comum* e *principal*; específica, porque esse tipo de obrigação não é imposto a ninguém do sexo masculino, e os costumes conduzem quase inelutavelmente uma mulher a aceitá-las, sob pena de ser condenada à insignificância social, à solidão, frequentemente à miséria; comum, em razão do que precede, já que a maioria das mulheres ou são casadas, ou se preparam para sê-lo, ou foram, ou vivem em estado marital; principal, porque ela incide sobre sua outra exploração eventual, a de quem trabalhadora fora do lar. A mulher do operário, do funcionário, do chefe, do comerciante, do professor, caso ela trabalhe, não será explorada da mesma forma ou no mesmo nível; na maioria dos casos, a própria escolha de seu emprego é determinada pela situação do marido, o meio onde ele evolui e onde ele frequentemente a introduziu; além disso, o número de filhos dos quais ela cuida orienta igualmente seu trabalho, por exemplo, incitando-a a se contentar com um meio período; por fim, os imperativos econômicos e o cansaço causado pelo trabalho doméstico, se ela é pobre, a obrigarão a se contentar com um trabalho irregular ou mal retribuído, sob diversos pretextos: absenteísmo, salário complementar etc.

Como não mencionar, além disso, esse ciclo infernal que tantas trabalhadoras conhecem: os ganhos do trabalho exterior são anulados pela empregada doméstica obrigatória. Porque somente o homem pode obter, através do casamento ou do concubinato, uma empregada doméstica gratuita. Se a mulher buscar essa mesma ajuda, esta sempre será paga. (Nós conhecemos pessoalmente uma mulher "perfeitamente heterossexual" que, em razão das acrobacias extenuantes de seu conflito entre trabalho e vida familiar de mãe solteira e de dona de casa, acabou aceitando uma relação homossexual para criar seu filho e viver em um ambiente normalmente confortável, pois ela não tinha recursos para pagar o salário de uma empregada doméstica. Uma solução como essa é rara.)

Consequência lógica: tal como defendem as feministas revolucionárias, o inimigo principal, para a mulher, é realmente a classe "patriarcal", antes da "capitalista". Deve-se acrescentar, inclusive, que a capitalista e a dirigente dos novos países socialistas são ainda menos o inimigo das mulheres do que o poder das sociedades que ainda não passaram ao capitalismo ou ao socialismo: estas, que são ilhas de subculturas, representam os últimos lugares onde a opressão familiar da mulher é duplicada por uma opressão social abertamente escravagista, a dos séculos passados. Essa é a condição do terceiro mundo.

"A falocracia é pura negatividade, que faz parte da ideologia patriarcal da sociedade capitalista", declara Anne-Marie Grélois em uma carta privada ao professor de filosofia e sexólogo Michel Bouhy Van Elzie, fundador do Círculo de Estudos e de Pesquisas Sexuais Internacionais, em Liège. Podemos acrescentar que a falocracia não é somente pura negatividade; ela teve, outrora, sua razão de ser, como a escravidão e a guerra; é graças a essa opressão da mulher que, como recorda Virginia Woolf, "as cidades puderam ser arrancadas da selva e dos pântanos".[169] Mas hoje em dia, ainda segundo Anne-Marie Grélois, "a burguesia precisa ser falocrática para manter-se, e se somente se ataca a sociedade em nível socioeconômico o resultado será um governo pseudo-socialista, dominado por uma burocracia totalitária e falocrata, sinal da derrota da revolução".

Esse tipo de verdade foi tratado por muito tempo como erro individualista e pequena-burguesia. Isso é óbvio.

> Fiquei muito surpresa, quando escrevi O segundo sexo, por ser muito mal-recebida pela esquerda. Eu me lembro de uma discussão com trotskistas, que me disseram: o problema da mulher é um falso problema. Ele não é colocado [...] Há também os comunistas, com os quais eu estava muito mal politicamente naquele momento, e que zombaram bastante de mim. Eles escreveram artigos que diziam que as operárias de Billancourt estavam se lixando para o problema feminino.[170]

O problema do combate antissexista é que a injustiça na qual a condição da mulher se enraíza é profundamente unívoca e, contudo, tão complexa, que toma por vezes a aparência de uma ambiguidade. Essa opressão multifacetada parece equívoca porque os brilhos que fervilham sobre a superfície nos ofuscam alternadamente; uma hora a opressão sexual, outra hora a opressão econômica; e quem tem os olhos queimados por um deles grita que só existe esse, que o outro é um "falso problema"; mas são apenas os aspectos diversos e não preferenciais da MESMA matéria adamantina, compacta, única e dura como um coração de falocrata: a supremacia masculina. É desse material que é construído o despotismo, o orgulho, a avidez que são as estruturas da sociedade masculina; é pelo do prisma deformador do fideísmo que a religião vê aí o "pecado original" que transmite a mesma tara a todas as sociedades humanas; e é como teólogo que Céline se expressa: "Sentado, de pé, deitado, o homem é sempre seu próprio tirano." Substituamos a palavra "homem" pela palavra "macho" e teremos um pensamento de Valerie Solanas. O pecado original é a supremacia masculina.

TRABALHO DOMÉSTICO GRATUITO E EROS LIVRE

Também é necessário nunca soltar uma das duas pontas da corda: quando se explica e se analisa economicamente, como Christine Dupont, as causas da escravidão feminina enquanto "trabalho invisível", não se deve nunca esquecer a opressão do Eros, a questão sexual, a mulher reificada e degradada em mercadoria ou em espetáculo, condenada a reproduzir-se, apesar de sua vontade. Quando se luta por sua liberdade sexual e pela livre disposição de seu corpo, é necessário ter presente sua condição de proletária superexplorada fora de casa e de "trabalhadora invisível" dentro dela.

É, então, impossível determinar onde se dá a passagem, a fim de estabelecer um ponto preciso ou exercer a força de luta?

Em nossa opinião, esse lugar de passagem, esse denominador comum é exatamente o fator sexual. Mas o que manteve o equívoco é que o sexual se liga, por um lado, ao *erótico* e, por outro, ao *econômico* e ao *político*.

Esse fator sexual não tem nada a ver com esta ou aquela taxa de estrogênio, como queriam nos fazer crer os sonhadores biologistas do tipo Gilbert-Dreyfus.[71] Ele somente é uma fatalidade em um tipo de sociedade patriarcal e falocrática, seja ela capitalista ou socialista, feudal ou "primitiva". Restringe-se, assim, à simples diferença entre as anatomias e aos seus atributos secundários: diferença de força física e, sobretudo, diferença no papel da procriação.

A primeira diferença se atenua cada vez mais na economia desenvolvida, quando a técnica substitui a força muscular; aliás, ela só apareceu, segundo todas as probabilidades, com o sexismo, que reservou às mulheres os trabalhos de interior e o artesanato. Muito mais importante é a diferenciação no papel procriador. É o que permanece identificado por todos os falocratas com a "vocação natural" da mulher, até mesmo "sua divina missão de maternidade", e que leva um reacionário como Norman Mailer a proclamar que a mulher não poderia alcançar uma real igualdade sem "renunciar à matriz".[72] A supressão da amamentação e o parto sem dor, além do controle da fecundação, transformaram consideravelmente a condição feminina hoje; eles permitiram que haja as condições verdadeiras da primeira luta das mulheres que, desde a instauração do falocratismo, pode esperar derrubá-lo; mas a origem da opressão e da inferiorização degradante continuou exatamente a mesma com a divisão dos papéis *segundo* essa diferenciação sexual. O fato de ser a única a poder carregar o bebê continua a predispor a fêmea humana a todas as alienações da maternidade; como o sistema patriarcal renunciaria a um instrumento tão magnífico de exploração? No máximo, no estado de capitalismo tardio, ele está obrigado a consentir ao segundo sexo um trabalho mais retribuído, uma liberdade um pouco maior, melhorias, reformas, até mesmo o controle crescente da fecundidade. Mas:

> Toda mulher que nasce neste momento, não importa em qual cultura e não importa em qual classe da sociedade, devido à sua anatomia (ausência de falo), está destinada, antes de qualquer outro papel, qualquer outra possibilidade, qualquer outro projeto, a se tornar a companheira de um macho e a reproduzir a espécie.

Essa é a única semelhança fundamental entre a selvagem do Ubangi, a filha do CEO americano ou europeu, a menina colcoziana ou a pequena israelense de kibutz, a caçula do operário da Simca, a herdeira de um casal de hippies ou a descendente de uma camponesa do Cotentin.

Se, pelo contrário, a criança é um macho, ele será acolhido, bem ou mal, como um ser com o destino indiferenciado; ele não é somente o macho, é o neutro da humanidade. A ideia de sua futura procriação é um detalhe evidente como possibilidade, probabilidade; isso não se parece em nada com um futuro fixado antecipadamente, um papel primordial e que o define enquanto tal, enquanto "macho". Essa potencialidade é, unicamente para a fêmea, um destino; dito de outro modo, uma fatalidade que pode ocasionar todas as condenações. Nesse sistema, ser mulher é, antes de tudo, isto: estar "condenada", como diz o infante de Inês de Castro.

Esse fator definitivo ocasiona duas consequências, que são os dois ramos da forquilha desenhada para agarrar o indivíduo feminino e não o soltar mais:

a) *Erótico*. O sexual é a saída natural no campo erótico. Aquela para quem, segundo a expressão de Freud, "a anatomia é o destino", será então sujeita a diferentes papéis subsidiários e estará proibida de ter outros, eroticamente. Segundo a moral de sua classe ou de seu país, sua religião, seu entorno, ela será mais ou menos castigada se deixa de cumprir estas condutas: virgindade até o casamento, fidelidade ao casamento, aceitação da liberdade sexual do homem e de sua própria frustração, maternidade involuntária ou somente no casamento, castidade fora do casamento, e até afastamento sexual durante as regras. Todos esses comportamentos são apenas obrigações entre outras, esparsas em diversas culturas humanas. Na economia desenvolvida e no capitalismo tardio, em época de ceticismo religioso, essas diferentes condutas podem ser observadas muito relativamente, com danos muito variáveis conforme a idade, a classe, o poder econômico; nem por isso elas são menos fundadas sobre princípios que sobrevivem fortemente no inconsciente, como o provam as condenações ao aborto sustentadas e aplicadas (às vezes, com uma ferocidade brutal) por pessoas que negam qualquer fé religiosa e que permanecem impregnadas pela ideologia que creem estar tão distante delas. Essas diversas sanções que atingem aqui e ali um ou outro comportamento desses, ou todos eles ao mesmo tempo, constituem a *repressão erótica*. Ela não atinge somente as mulheres; mas atinge sobretudo as mulheres. Quando ela se mantém em um *status quo* mais ou menos invisível, quando ela é latente e só comporta setores privados dos quais o indivíduo pode sair com maior ou menor facilidade, quando ela diz mais respeito aos costumes do que às leis, podemos batizá-la *opressão*; a opressão sexual afeta, do início e desde o seu nascimento, TODAS AS MULHERES, à parte raríssimas exceções; ela consiste nessa obrigação de identificar o destino primordial a um papel sexual e, na maioria dos casos, com obrigações secundárias que fazem dele um incômodo, um fardo, uma frustração ou uma degradação e subitamente uma alienação. Mas, mesmo quando o conjunto das possibilidades individuais e coletivas não faz dela um pesadelo, essa primazia do papel sexual no destino pessoal resulta em um pequeno assédio perpétuo e invisível, um alerta constante, um dever de observar sem descanso, seja um mandamento, seja uma proibição. A mais importante, a mais grave desse conjunto de condenações grandes e pequenas é a enorme pressão exercida com respeito ao casamento.

Essa pressão também existe no que diz respeito ao homem, já que a sociedade patriarcal necessita de células familiares assim como um organismo vivo necessita de células biológicas; ela se exerce em todos os níveis, no das leis, no dos costumes; se nenhum país ousou tornar o casamento obrigatório, é porque ele é obrigatório de fato, se não *de jure*. É aqui que se exerce uma pressão e mesmo uma repressão, uma única vez mais grave para o homem que para a mulher, no que diz respeito a uma dessas condutas antissociais que evitam o casamento ou que afastam dele: trata-se das duas atitudes gerais com relação à homossexualidade.

A da mulher resulta apenas em um aumento da opressão feminina como tal: não há grande diferença entre as opressões exercidas sobre a lésbica e sobre a mulher sozinha. A lésbica é menos sancionada como "desviante" que como mulher sozinha, mulher sem macho.[73] Para o homem, é totalmente diferente.

Já se proclamou com frequência, tanto no Frente Homossexual de Ação Revolucionária (FHAR) como no Internacional Homossexual Revolucionária (IHR):[74] "O homossexual é reprimido, a lésbica é oprimida."

Mas *toda* mulher é oprimida. A lésbica sofre uma opressão maior, como uma força invisível, que ela atribui normalmente a falhas do seu círculo mais próximo, a preconceitos e até mesmo a ela mesma; é difícil para ela, muitas vezes, fazer a diferenciação entre o que a sociedade chama de sua "solidão" (já que a outra mulher não conta como companheira) e sua opressão feminina (disparidade salarial, dificuldade de acesso aos trabalhos bem remunerados ou aos postos de comando, inferioridade das tarefas e das atividades, tanto sociais como políticas etc.). Para o homem, ao contrário, seja ele o mais obtuso ou o mais conciliador, é difícil negar sua repressão, visto que a polícia toma conta dele e de sua maneira de amar, que ele é objeto de congressos solenes que tratam de sua "doença", alvo de debochos e de perseguições, às vezes de agressões físicas. Entretanto, são essas vexações ou frustrações tão diferentes conforme o sexo que estabelecem a origem comum da iniquidade patriarcal: para as mulheres, a opressão sexual como mulheres, a opressão redobrada como lésbicas (já que lésbica = mulher sozinha, objeto de espetáculo); para os homens a repressão, e a pior delas: a erótica.

Concluiremos, assim, que todas as mulheres sofrem, em diversos graus, uma *opressão sexual* que pode se transformar em repressão segundo a sua forma de sexualidade; a *repressão erótica* age com rigor contra ela enquanto menina-mãe, mulher que abortou, adúltera, às vezes concubina ou "aventureira", talvez divorciada; a mesma repressão erótica atinge a mulher livre ou vítima de acidente, tão rapidamente tratada como puta, e o homem homossexual; para a mulher homossexual, trata-se sobretudo de uma pressão redobrada e com uma tendência repressiva; como para qualquer outra mulher sem homem, sua "conduta" seria irrepreensível diante da moral burguesa, ou "santa" diante da moral cristã.

A *opressão sexual* do falocratismo tem, portanto, três etapas; e seu ápice, a repressão erótica, diz respeito às mulheres revoltadas ou vítimas, assim como aos homossexuais masculinos; pois todos e todas estão em estado de transgressão.

b) *Econômico e social.* Esse fator sexual que o falocratismo torna determinante na vida das mulheres comporta uma segunda consequência: a opressão econômico-social.

COMO SE ARTICULA A OPRESSÃO SOBRE O ASPECTO ECONÔMICO

Essa opressão é exercida em dois âmbitos: o da *trabalhadora* ora superexplorada, ora reservada às tarefas subalternas, mesmo no topo, como prova a discrepância crescente dos salários e dos rendimentos à medida que elas sobem na hierarquia, e o da *dona de casa*, que produz o trabalho invisível.

É exatamente aí que se articula a passagem delicada da opressão sexual e da opressão social que os marxistas têm razão de ligar à luta de classes, mas da qual apenas viram uma parte (a da trabalhadora, não a da dona de casa) e que, acima de tudo, querem identificar com a totalidade da opressão, negando a opressão sexual enquanto tal, sendo que ela sobrevive, como vimos, em países socialistas.

É que os marxistas, até o momento, examinaram o aspecto mais espetacular dessa opressão: a exploração da trabalhadora, a mais-valia do trabalho feminino. Eles não discerniram o que Christine Dupont expôs no texto analisado anteriormente: a produção do trabalho invisível, não apenas gratuito e praticamente tornado obrigatório pela exigência de investir o fator sexual no casamento, mas ainda INDISPENSÁVEL ao trabalho proletário, liberal, comercial etc., ou seja, a todo trabalho que produz ou difunde mercadorias de consumo; em suma, indispensável ao sistema, capitalista ou outro.

É, portanto, deste modo que se apresenta o problema feminino: uma categoria humana assimilada ao sexo, identificada com a sexualidade enquanto função reprodutiva, ocasiona, por um lado, a frustração massiva de todos os recursos do Eros (*repressão erótica*) e, por outro, a obrigação sistemática de um tipo de trabalho além do visível e retribuído, mas indispensável a este, com o pior sacrifício daquela que suporta os custos dele, a dona de casa e a criadora de crianças (*repressão econômico-social*).

Assim, em todos os âmbitos, incluído o do trabalho exterior estudado pelos teóricos da luta de classes, a opressão específica da mulher é de origem sexual e depende da sociedade sexista e patriarcal.

Partida para uma longa caminhada

ONDE A LIBERDADE ERÓTICA E A CAUSA DAS MULHERES SE ENCONTRAM

Acabamos de ver, nas páginas precedentes, que a causa das mulheres estava estreitamente ligada à do Eros, e que o segundo sexo não se liberaria sem liberar a sexualidade completa, a saber: suas possibilidades de erotismo não identificáveis com a função reprodutiva.

"Eu descarto", diz Vivian Gornick[175] (após haver demonstrado como o homem oprimiu a si mesmo ao querer escravizar as mulheres), "o pensamento de que o sistema de papéis sexuais foi tão nocivo aos homens quanto às mulheres. Uma posição que permite controlar abertamente o mundo [...] não poderá jamais se comparar à impotência total que caracteriza a vida da mulher, ainda que, curiosamente, ela caracterize também, de modo predefinido, grande parte dessa sociedade dominada pelos homens."

Não poderíamos expressá-lo melhor. Isso não impede que, ao sacrificar um dos dois lados de sua bissexualidade original, a homossexualidade, o homem tenha se condenado a sofrer a mesma repressão erótica que as mulheres desafortunada ou as revoltadas contra a moral repressiva das fêmeas condenadas à continência ou à maternidade.

HOMOSSEXUALIDADE MASCULINA E REPRESSÃO

Não é que a repressão erótica desse tipo de mulher e a repressão erótica da homossexualidade masculina sejam iguais em todo lugar; falta muito para isso.

Em certas ilhas de subculturas, o homossexual pode ser perfeitamente tolerado por ser invisível, ou mesmo sacralizado em certos casos; já condição da mulher é sempre muito mais abertamente inferior. Por outro lado, nos países socialistas, o homossexual masculino é muito mais reprimido que no campo capitalista, enquanto a condição feminina é melhorada. Melhorada, mas não transformada em profundidade, como já repetimos; pode até ocorrer que, no plano sexual, esta tenha mais desvantagens à medida que o poder socialista tenha mais ou menos necessidade de crianças e se veja mais ou menos disposto a reforçar a estrutura familiar, o que sempre vem acompanhado de um incômodo puritanismo. Fazendo uma estilização um pouco grosseira, podemos dizer que a mulher é mais explorada economicamente no campo capitalista, mas que aí ela pode realizar de modo mais aberto sua luta pela liberdade sexual do que no campo socialista. Contudo em nenhum lugar ela é uma igual, econômica e sexualmente, do homem, pois em nenhum lugar a família foi abolida, mesmo se na China ela foi reduzida a formas muito mais restritas que em outros lugares, em prol da vida comunitária e em perfeito detrimento, além disso, da vida erótica.

Ora, não nos cansamos de dizer, a liberdade do sexo se identifica com a da mulher e com a Revolução; essa consequência provém do seguinte: *não se libera somente o sexo, mas o corpo, do qual o sexo faz parte*; e a livre disposição do corpo – e não somente do sexo – é capital para a mulher e questiona toda a sociedade; é a única e verdadeira revolução, que não pode ser feita sem abater todo o sistema econômico.

Xavière Gauthier ressaltou bastante, em *Surréalisme et sexualité*, esse aspecto da derrota dos surrealistas; e seu recuo aterrorizado de pequeno--burgueses diante de uma verdadeira liberação do sexo que teria ocasionado a liberação da mulher – da Mulher que eles erguiam tão alto – se assimila a outras derrotas de tipo político: "Toda submissão às normas sexuais da sociedade é acompanhada por uma submissão geral a essa sociedade, quaisquer que sejam as proclamações blasfematórias que acompanham tal submissão."[76]

"As militantes do MLF evacuam alegremente a delicada questão do amor." É necessário, padre Oraison, que o sofrimento da Igreja seja grande diante da perda crescente de sua clientela para ter que invocar seu inimigo de sempre, o Eros, ainda que majoritário? (A saber: o amor heterossexual.) Por que não se extasiar, antes, diante da "sede de pureza" revelada por essas "cristãs reprimidas" e essas "apaixonadas pelo absoluto" que manifestam seu distanciamento do "brutal abraço" masculino e daquilo que Santa Mônica chamava de "os ultrajes do leito conjugal"? Entre dois ridículos, era preferível escolher o tradicional; teria sido mais bem compreendido. É tão importante para a liberdade poder fazer amor quanto poder se recusar a fazê-lo.

Marianne. – E você, tudo bem?
Juliette. – Tudo bem. (Para si) *Não ser obrigada a fazer amor.*
Marianne. – Sabe, eu prefiro isso à fábrica.
Juliette. – Eu também não gostaria de trabalhar na fábrica. (Para si) *O que eu digo com palavras não é nunca o que eu digo.* (Voz interior) *Eu espero... eu olho.*[177]

A contestação das normas sexuais como insubmissão à sociedade não pertence especificamente aos surrealistas; diferentes derrotas marcaram esses variados métodos; mas sempre, no início e no final surge a terrível questão da livre disposição do corpo, ou seja, da disposição das mulheres por elas mesmas – e, portanto, da disposição da humanidade inteira por ela mesma.

Em certa medida, a derrota honorável de Wilhelm Reich se assemelha à da legislação Kollontai, que acreditou ser possível, nas primeiras eras do sovietismo, uma liberação total do Eros. Foi segundo a denúncia da "moral burguesa" por Marx, não segundo a de Freud, ao mesmo tempo menos limitada e muito menos exata no que dizia respeito à opressão das mulheres. A grande miséria das massas russas após a revolução de outubro, a alta mortalidade infantil e a impossibilidade de exigir um esforço suplementar de frustração dos jovens e das camadas populares a quem faltavam os bens de consumo fizeram com que a liberação total do Eros fosse vivida por algum tempo na desordem e no caos, mas, bem ou mal, de modo satisfatório. A partir do primeiro sinal de retorno a uma possibilidade de consumo, tudo isso acabou; o sexo havia exercido, para o russo daquela época, o papel da poesia escrita para os franceses dos anos 1940-1944: *um substituto da comida.* A moral de tradição triunfou, assim, na Rússia soviética com o retorno do sexo à casa, ou seja, à célula familiar. A mulher conservou seu papel de produtora, o que era uma emancipação com relação ao passado, mas sem poder deixar o antigo papel de *reprodutora* não paga e de fornecedora de trabalho invisível e doméstico que se encontra em todo lugar, em todos os países do mundo; sua maior participação no mundo do trabalho fora de casa lhe conferiu uma dignidade que ela até então desconhecia, mas a obrigava a uma exaustiva multiplicação de atividades, ao mesmo tempo que lhe retirava, pela proibição do aborto, qualquer possibilidade de realização erótica, já que a contracepção era inexistente. Foi o começo do desviacionismo revisionista; a revolução transformaria tudo, exceto a vida. Por razões edificantes – razões de *edificação* –, o princípio de prazer era mais uma vez sacrificado em prol do princípio de realidade.[78]

A teoria freudiana, tal como Wilhelm Reich leva até suas consequências lógicas, desejáveis, encontra na realização a barreira que limita qualquer teoria à frente de seu tempo, e ainda mais: é a derrota da psicanálise terapêutica reduzida às suas próprias forças. A análise mais bem conduzida, a ab-reação mais bem-sucedida de um doente só resulta, no melhor dos casos, em entregar ao indivíduo tratado uma carteira de motorista, não um carro; somente a revolução pode lhe entregar um carro. O livro capital de Freud, *O mal-estar na civilização*, que serve de base aos trabalhos de Marcuse, foi capaz de designar, de modo genial, as chagas do mundo ocidental; um poder revolucionário que se esforçasse, sobre essas bases, para mudar ou abolir uma moral reconhecida como mistificadora sem transformar de modo profundo, radicalmente, não só as *condições* de vida, mas *a origem real dessas condições* – esse poder sofreria a mesma derrota que um psicanalista competente que tivesse curado um doente (traumatizado pela injustiça social até o ponto da neurose, suponhamos) sem ter mudado nada na injustiça social; portanto, sem ter feito a revolução. Nos dois casos, encontraremos a mistificação da licença de motorista sem carro. E o governo revolucionário será obrigado a retornar, deploravelmente (e, o que é mais grave, com justificativas hipócritas), à mesma moral mistificadora, a dos antigos exploradores: glorificação do casamento monogâmico, fortalecimento da célula familiar, imposição da estabilidade sexual, da monossexualidade etc.

Não é porque eles eram maus, insinceros e corruptos que os chefes revolucionários barraram o caminho, na Rússia, à liberação de Kollontai; nem Fidel Castro, quando exorta as mulheres a voltar para as suas panelas; nem

Boumédiène, que viu os atentados sexuais se multiplicarem no território argelino graças ao seu puritanismo corânico exacerbado, sua legislação de repressão absoluta do Eros e a interrupção notória da emancipação feminina. É que, com todas as nuanças que a diferença das situações comporta, em todos os lugares onde o poder do povo se apropria de uma sociedade economicamente subdesenvolvida para realizar seu desenvolvimento, todas as forças instintuais do indivíduo são empregadas para um esforço coletivo que o frustra e, em grande parte, o castra. Nessa exploração, a mulher é superexplorada no mesmo momento em que o reconhecimento de seus direitos e de sua igualdade é proclamado com mais força.

"A mulher deve ser duas vezes revolucionária", diz Castro. Mas quem preparará a refeição da criança não escolarizada? Não existe aí uma hipocrisia, mas uma contradição insolúvel. Insolúvel em um estado, por mais revolucionário que seja, de poder masculino: ou seja, que implica um certo tipo de pensamento, de crença no poder e na tecnologia como desenvolvimento social e vital, de liderança necessária e de manutenção do sexismo.

Esse labor frustrante ao qual se condena o homem das sociedades subdesenvolvidas que quer desenvolver um poder revolucionário aparece como necessário para produzir, o mais rápido possível, bens de consumo. (E para, o mais rápido possível, acelerar o massacre da natureza e a poluição dos ares e das águas.) Portanto, o trabalho doméstico, plataforma invisível do trabalho produtivo masculino, deve receber um encorajamento paralelo, ou uma obrigação reforçada. Eis, portanto, o princípio do prazer sacrificado ao da realidade e do desempenho, com o "adiamento da satisfação" descrito por Marcuse.[179]

MORAL REPRESSIVA E PRINCÍPIO DE DESEMPENHO

A denúncia odiosa da "inutilidade do sexo feminino" que caracteriza o mundo grego antigo durou muito, sem surtir o efeito esperado; entretanto, sua origem pode esclarecer a reflexão de Marcuse: "A beleza da mulher e a felicidade que ela promete são fatais no mundo do trabalho, que é o de nossa civilização" –[180] observação que se aproxima de algum modo à

161

de Theodor W. Adorno, segundo a qual o amor deveria prefigurar uma sociedade melhor. Nesse caso, encontraríamos uma explicação satisfatória para essa surpreendente interrupção brutal de um início de liberação sexual – ao menos em teoria e nos costumes da alta sociedade – com que o Concílio de Trento respondeu às contestações da Renascença, pois o início dos tempos modernos e da industrialização é contemporâneo desse mesmo concílio, que fez do casamento um sacramento, sob a pressão dos devotos. E se o sexo feminino, o mais oprimido e o mais mistificado no desenvolvimento dessa civilização, se mostrou aqui, e frequentemente em outros lugares, cúmplice de sua própria alienação, não é tanto porque o segundo sexo é o mais doutrinado, o mais conservador, o mais abundante em "pais Tomás" que colaboram com o escravagismo; é também porque as mulheres, essas famosas "tentadoras" vilipendiadas pela moral antiga, depois pela Igreja cristã, sabiam por instinto e por experiência que elas seriam as primeiras vítimas do não menos famoso "entregar-se aos instintos" tão temido pela Igreja, posteriormente pela moral burguesa com o princípio de desempenho; e que, condenadas a representar todo o Eros para o homem que havia escolhido negar sua homossexualidade de outrora, elas prefeririam as durezas seguras de sua opressão tradicional aos acasos espantosos de um retrocesso pela "entrega aos instintos". É por isso que, lentamente tranquilizada, a moral burguesa, que havia retomado em tantos aspectos a misoginia antiga, mudou radicalmente de visão sobre um ponto preciso: a mulher, outrora acusada de ser "insaciável" como o fogo, de ser uma Messalina em potência que deve ser neutralizada por um estrito despotismo conjugal, subitamente viu ser atribuída a ela uma libido inexistente e ser acusada até mesmo de "esquivar a sexualidade" (Freud). Entre dois males, não se deve escolher o menor deles?

Enquanto o casamento ou, no máximo, o amor heterossexual monogâmico for representado como a única ligação ao mesmo tempo privada e social, a sociedade, mesmo que alcance uma relativa abundância, não poderá ser muito diferente do modelo de antigamente. Super-repressiva, dedicada ao princípio de desempenho e de realidade, ela só pode oferecer atenuações apressadas e às escondidas e reformas morais no curto prazo, uma feira do sexo de Copenhague em lugar de uma contestação radical do estilo de vida. Ora, enquanto o poder masculino subsistir, é evidente que nada pode mudar nesse aspecto, e que *a própria origem das condições de vida*, das quais falamos anteriormente, não tem nenhuma razão de ser reexaminada. A moral está condenada, entre essas mãos milenares, a conservar como pulsões primordiais a agressividade, o instinto de destruição e de violência, a marca deixada à força sobre a carne e a natureza, sendo o único freio desse "dinamismo" uma culpa autopunitiva. É impossível que, sem um triunfo absoluto do Feminino, esses elementos que chegam até nós, vindos da mais alta antiguidade, possam dar lugar a ideais de ontem, tornados agora necessidades fundamentais: beleza, paz e felicidade, ligados à criação artística incessante e espontânea e à reativação de todas as zonas eróticas do corpo, reprimidas desde a infância no esquecimento devido à sobrerrepressão.

Como isso poderia ser vislumbrado em uma sociedade que não é realmente de consumo, como a nossa, que se confere falsamente esse título? O fim da necessidade vital de um conflito entre os princípios de prazer e de desempenho é o que permitiria satisfazer todas as necessidades humanas, em um ambiente curado de suas chagas, se a produtividade a qualquer preço fosse substituída por uma que correspondesse ao simples necessário (dentro dos limites do descanso e do prazer indispensável ao ser humano) e, sobretudo, graças à supressão das *falsas* necessidades que mascaram os *verdadeiros* desejos. Nenhuma revolução jamais visou a esse propósito, porque todas elas transportavam consigo, como uma tara, o princípio masculino que os novos governantes acreditavam ser uma "sobrevivência" das estruturas abolidas; mas ele se enraizava em um nível muito mais profundo: o do sexismo que identifica o homem com o Masculino agressivo, criador, edificador, ordenador, e a mulher com o Feminino conservador, passivo, emotivo, sentimental e, sobretudo, eternamente fecundável e nutridor. Daí vem a incrível confusão na qual nos debatemos hoje em dia, graças a essa dicotomia falocrática.[81]

UM CASAMENTO, DOIS PERDEDORES

No casamento, tanto a mulher como o homem são perdedores, mas a mulher é ao mesmo tempo mais alienada e mais protegida. As vantagens econômicas da liberdade e da participação direta na produção para ela são neutralizadas, no celibato, pelo deserto afetivo e sexual que ela teme por tradição, e sobretudo pela eterna contestação do modo de vida conforme o companheiro transitório que a ajudará a fugir desse deserto, sem contar os perigos da fecundação em uma sociedade na qual o aborto continua sendo um delito. Para a mulher, é preciso que haja condições econômicas particularmente vantajosas ou um gosto pela independência e uma intrepidez a toda prova, para afrontar esses problemas em lugar do relativo conforto oferecido pelo casamento: a pequena fortaleza-gueto onde um único macho a preserva das agressões, das violências, dos desprezos, das injúrias, das mistificações e das más atitudes de todos os outros. É por essa razão que ela aceitará, de modo quase universal, a condição de "*fille au pair*",[182] que só se extenua em um trabalho não produtivo e gratuito em troca, unicamente, de sua manutenção, ou então ficará à beira da loucura tentando conciliar esse trabalho (e a criação dos filhos) com outro trabalho fora de casa, sub-remunerado em 90% dos casos.

As feministas revolucionárias exigem a formação de um grupo de estudos sobre esse problema: "Isso nos permitiria examinar a política ambígua do capitalismo e as relações entre o patriarcado e o capitalismo", elas dizem. Porque o trabalho invisível da dona de casa "é obtido pela opressão e pela ideologia patriarcal", que traz consigo "o casamento; a exigência da maternidade; a [ideia da] 'natureza' da mulher". Sobre esses aspectos, a opressão capitalista insere a "dependência econômica com relação ao marido; barreiras ao trabalho assalariado; sub-remuneração ou dupla jornada".

O problema capital dessa coerção se encontra na repressão sexual do homem e, consequentemente, ainda mais da mulher. A questão da exploração doméstica confirma a da liberação do Eros.

OBJETIVO DE NOSSA LONGA CAMINHADA

Se seguimos um desses dois vetores, seja o problema das relações sexuais que se situa, no nosso caso, entre a "prisão sob palavra"[83] do casamento ou a liberdade vigiada do celibato, seja o problema da exploração econômica específica da mulher pelo trabalho gratuito doméstico, um certamente confirmará o outro. A liberdade sexual, não mais sob condições, mas plena, suprimiria qualquer obrigação social de se casar tanto para o homem como para a mulher. Ao mesmo tempo, desapareceria a heterossexualidade como norma imposta e estrutura de base da sociedade, o sexismo, o trabalho gratuito da mulher no lar; seria a morte do patriarcado falocrático.

Seria, ao mesmo tempo, o triunfo do Feminino como segunda pulsão reprimida sem cessar pelo devir histórico masculino.

Seria, enfim, a interrupção massiva da demografia galopante e da produtividade intensiva para satisfazer falsas necessidades a fim de se desviar dos verdadeiros desejos; a interrupção, portanto, do massacre da natureza, da poluição apocalíptica e da destruição do meio ambiente, retomado pelas mãos das únicas detentoras das fontes de vida, as mulheres.

O espírito revolucionário será superado pela exigência número um do mundo moderno: a *mutação*.

Esse é o objetivo de nossa longa caminhada.

O TEMPO DO ECOFEMINISMO

Novas perspectivas

Em setembro de 1973, nasceu na França um movimento mais próximo ao Partido Feminista Unificado belga que ao MLF francês: Front Féministe [Frente Feminista], formado por algumas mulheres provenientes de um grupo do MLF, por outras do grupúsculo Évolution [Evolução] (fundado em 1970 após os Estados gerais da Mulher e em reação contra estes) e, sobretudo, por mulheres independentes de qualquer partido e de qualquer movimento. Os estatutos foram feitos conforme a lei das associações de 1901: quer dizer que se trata de uma tendência mais legalista e mesmo reformista.

    Contrariamente ao movimento italiano, que permanece bastante dividido, não existe antagonismo entre essa nova Frente e o MLF, cujas ações ela apoiou na ocasião e as quais convida. Seu sonho (ainda bastante utópico, é preciso admitir, considerando a idade média, o espírito envelhecido e a classe burguesa de seus membros atuais, sem supor um sangue mais novo, que sempre é possível) seria servir como ligação entre todos os movimentos e associações de mulheres com o propósito de uma "sororidade" (as americanas dizem *sisterhood*) massiva que favorizaria de modo determinante a causa das mulheres e sua liberação. Os meios nos quais a Frente acredita continuam sendo tão moderados quanto os de Betty Friedan: representatividade parlamentar, ensino de tarefas domésticas obrigatoriamente dividido com os meninos, promoção profissional e igualdade salarial. A reivindicação do aborto é apoiada sem reservas, a defesa do divórcio é considerada, contra certos projetos reacionários; mas a questão da revolução sexual ainda causa grande incômodo entre essas prudentes – ou essas pudicas.

    Outro movimento surgiu ainda mais recentemente, nascido do grupo Feministas Revolucionárias e conforme, igualmente, os estatutos da lei de 1901: a Liga do Direito das Mulheres, mas muito mais radical, ainda que, da mesma forma, firmemente legalista. Seu propósito é combater no terreno da lei, confinando a sociedade masculina em suas próprias contradições, com a ajuda de um coletivo de advogadas e de mulheres juristas, a fim de poder considerar as mulheres com um grupo suscetível a sofrer racismo e, portanto, de protestar constitucionalmente contra este.

Não se sabe o que poderiam entregar, no futuro, grupos surgidos tão subitamente e depois de tão pouco tempo, após três anos de MLF, mas é graças ao primeiro que pôde nascer uma tentativa de síntese entre dois combates que haviam sido vistos como separados até então, o do feminismo e o da ecologia.

Apesar de Shulamith Firestone já ter aludido ao conteúdo ecológico do feminismo em *A dialética do sexo*,[1] essa ideia havia permanecido em estado latente até 1973. Ela foi retomada por certas integrantes da Frente Feminista, que primeiramente a inscreveu em seu manifesto, renunciando a ela depois; suas autoras se separaram após um novo movimento tão pusilânime e fundaram um centro de informação, Écologie-Féminisme Centre [Centro Ecologia-Feminismo,[2] destinado a se tornar mais tarde, em seu projeto de cadinho de uma análise e início de uma nova ação, o *ecofeminismo*.

No que diz respeito a essa questão, nós nos somamos à fórmula "da revolução à mutação", que deu título a uma parte do nosso trabalho. Também não é supérfluo relembrar uma das interrogações feitas outrora pelas Feministas Revolucionárias, grupo do MLF: "É preciso saber, de toda maneira, se o movimento será *um movimento de massa, ao qual pertencerão potencialmente todas as mulheres como grupo especificamente explorado, ou se ele será mais um grupúsculo.*"

É em fidelidade a esse espírito que as militantes, tanto da Frente Feminista quanto da Liga do Direito das Mulheres se dedicam a mobilizar e sensibilizar a maior quantidade possível de suas "irmãs" sobre objetivos relativamente limitados e imediatos, para propósitos razoáveis e que podem parecer "seguros" (fora da sigla, que já se tornou "assustadora" para muitos, do MLF), sem que devam, apesar disso (ao menos para a Liga, mais jovem e mais dinâmica que a FF), esquecer o que é que se busca – ao longo prazo: o desaparecimento do assalariado, além da igualdade de salários; o desaparecimento das hierarquias competitivas, além do acesso às promoções; o desaparecimento da família, além do controle da procriação. Mas acima de tudo, além de tudo isso, um *novo humanismo* nascido com o fim irreversível da sociedade masculina e que só pode passar pela solução do problema – ou melhor, do extremo perigo – ecológico.

169

Até o momento, sem dúvida, a mobilização das mulheres em torno dos aspectos "especificamente femininos" pode assumir, mesmo em um âmbito legalista, um tom de exigência que ultrapassa grandemente a antiga reivindicação dos "direitos":

> Nós queremos, dizem essas adeptas do mais recente feminismo, sair daquilo que certos grupos subversivos alemães chamam de "pântano antiautoritário", sem contudo afundar na burocracia nem no elitismo; queremos também atingir as classes trabalhadoras e lançar bases nas províncias; mas, por mais imediatos e concretos que sejam esses projetos, sabemos sobretudo que nossa urgência é refazer o planeta de um modo absolutamente novo; não é uma ambição, é uma necessidade; ele está em perigo de morte, e nós juntamente com ele.

Exceto os socialistas autoritários e os esquerdistas de todo tipo, cujos resmungos sobre "luta principal e luta secundária" inclusive citamos aqui, existem analistas ou agitadores, possíveis companheiros de luta muito mais evoluídos que esses neostalinistas; eles não param de convocar à "totalização" do combate e de protestar que tudo aquilo que é "fragmentado" compromete o objetivo final, destruir a Cartago do Sistema. Eles não se colocam sobre o terreno arquiminado da "luta de classes", mas da necessidade de uma tomada de consciência global; não se trata de abandonar sua própria reivindicação, mas de introduzir nela novos campos de consciência:

> É logico que os indivíduos partam da experiência real de sua alienação para definir o movimento de sua revolta; mas uma vez que este é definido, nada mais é possível para eles do que integrar-se ao firmamento cultural do sistema [...] Normais, deixem de se limitar à sua normalidade; homossexuais, deixem de se limitar aos seus guetos. Mulheres, deixem de se limitar à sua feminilidade ou à sua contrafeminilidade. Invadam o mundo, esgotem os seus sonhos.[3]

Essa exortação contém grande parte de verdade: limitar-se à sua suposta "contrafeminilidade", a saber, à reivindicação desse ou daquele direito, é o que elas pensaram que transformaria magicamente sua feminitude; assim as feministas de ontem se aniquilaram ao não ganhar praticamente nada.

Nós realmente concordamos que o combate das mulheres deve ser global, totalitário mesmo quando se apresenta sob um aspecto modestamente reformista – ou não ser nada. Mas os autores do *Grand soir* cometem aqui o mesmo erro que a sociedade que eles combatem ao confundir, com os "homossexuais", os "loucos"[4] e as outras minorias em revolta contra sua alienação, a categoria "mulheres". Eles esquecem que não se trata aqui de uma minoria qualquer, mas de uma maioria reduzida ao *status* de minoria, e a única a sê-lo; e, além disso, o único dos dois sexos em vias de poder, amanhã, para aceitar, recusar, retardar ou acelerar a reprodução da espécie; a saber, a categoria humana sobre a qual atualmente repousa, mesmo se ela ainda não tem total consciência disso, a condenação à morte ou a salvação da humanidade inteira.

O único combate totalitário capaz de derrubar o Sistema, em lugar de trocá-lo mais uma vez por outro, e de finalmente passar da "revolução", desgastada até a trama, à mutação pela qual nosso mundo clama, tal combate só pode ser o das mulheres, de todas as mulheres; e não apenas porque elas foram postas na situação que as páginas precedentes descrevem, porque a iniquidade e o absurdo revoltam o coração e exigem a derrubada de um excesso insustentável. Isso é legítimo, mas continua sendo sentimental. A questão é que, pura e simplesmente, não se trata mais de bem-estar, mas de necessidade; não de uma vida melhor, mas de escapar à morte; e não de um "futuro mais justo", mas da única possibilidade, para a espécie inteira, de AINDA TER UM FUTURO.

U Thant, os sábios franceses do Museu de História Natural, o Conselho da Europa e o *Correio da UNESCO* repetem isso em todas as instâncias mais elevadas internacionalmente; Konrad Lorenz resume: "Pela primeira vez na história humana, nenhuma sociedade poderá fazer a substituição"[5] (Evidentemente, já que ele pensa, como todo mundo, em sociedade masculina; a saber, sociedade de representação, competição e industrialização, em suma, de agressão e hierarquia sexual.) O congresso dos futurólogos, que ocorreu há alguns meses em Roma, repetiu isso e teve direito às manchetes, mais que a guerra do Oriente Médio, se a França não disse nada.[6]

171

O que anunciavam essas Cassandras? Pura e simplesmente que o ponto de não retorno havia sido praticamente atingido, que não se pode parar um veículo lançado a cem por hora contra um muro de concreto quando se está a vinte metros, e que tudo isso podia ser concluído por um muito viril: "Salve-se quem puder, o futuro está nas mãos de Deus!" Ou ainda: "Fujam das zonas industrializadas!"

Por que essa derrota? Em que nível essa colossal constatação de fracasso se une então à ambição feminina de arrancar das mãos da sociedade masculina a direção do veículo enlouquecido, não para dirigi-lo no lugar dela, mas para pular do veículo?

Essas novas perspectivas do feminismo não se separam do MLF, mas se distinguem dele, menos pela linguagem mais clássica e não *underground*, pela aceitação de um embrião de organização e a preocupação com as "massas" femininas que por seu objetivo global, resposta à repreensão de *fragmentação* citada acima e que seria, em circunstâncias extremas, um novo humanismo: *o ecofeminismo*.

O raciocínio é simples. Todo mundo, praticamente, sabe que hoje as duas ameaças de morte mais imediatas são a superpopulação e a destruição dos recursos; menos pessoas conhecem a inteira responsabilidade do Sistema masculino, enquanto masculino (e não capitalista ou socialista), por esses dois perigos; mas ainda muito poucas descobriram que cada uma dessas duas ameaças é o resultado lógico de uma das duas descobertas paralelas que deram o poder aos homens há cinquenta séculos: sua possibilidade de semear a terra como as mulheres e sua participação no ato da reprodução.

Até então, somente as mulheres tinham o monopólio da agricultura e o macho acreditava que elas eram fecundadas pelos deuses. A partir do momento em que descobriu, ao mesmo tempo, suas duas possibilidades de agricultor e procriador, ele instaurou o que Lederer chamou "a grande inversão" em proveito próprio. Ao se apropriar do solo, logo da *fertilidade* (mais tarde da indústria) e do ventre da mulher (logo da *fecundidade*), era lógico que a sobre-exploração de uma e da outra resultasse nesse duplo perigo ameaçador e paralelo: a superpopulação, excesso de nascimentos, e a destruição do meio ambiente, excesso de produtos.

A única mutação que poderia, portanto, salvar o mundo hoje é a da "grande inversão" do poder masculino traduzida, após a sobre-exploração agrícola, pela mortal expansão industrial. Não o "matriarcado", certamente, ou o "poder para as mulheres", mas a destruição do poder pelas mulheres. E finalmente a saída do túnel: a gestão igualitária de um mundo a *renascer* (e não mais a "proteger" como ainda acreditam os doces ecologistas da primeira onda).

Feminismo ou morte.

Ecologia e feminismo

Já havíamos defendido esse ponto de vista, antes do nascimento da Frente Feminista e antes de ter lido Shulamith Firestone, em 1972, em uma carta ao *Nouvel Observateur*, após um congresso ecologista onde as mulheres brilhavam por sua ausência. Essa declaração nos rendeu uma grande e inesperada quantidade de cartas. Algumas pessoas acreditaram na reivindicação de um *women's power* e nos acusaram de sexismo reverso. Pierre Samuel, em seu livro *Écologie: détente ou infernal* [Ecologia, relaxamento ou ciclo infernal],[7] que quanto ao resto é justo e honesto, disse a nosso respeito que era um "exagero perigoso", para finalmente unir-se a essa concepção que deveria se tornar a do Écologie-Féminisme Centre, fundado pelas dissidentes da Frente Feminista.

Mas a catástrofe mundial está realmente às nossas portas? Sem chegar ao nível sublime de um Lartéguy,[8] que, diante dos números que eu citava na televisão, deu de ombros: "Bah! Os especialistas sempre se enganam em suas previsões...",[9] muitos dizem que "vamos dar algum jeito". Isso permite colocar num aquário, como um peixinho dourado, o cavalo do Apocalipse.

Contudo: "A ecologia vai substituir o Vietnã nas preocupações essenciais dos estudantes."

Quem se expressa assim, e quando? O *New York Times*... em 1970. Foi nesse ano que o filho da doutora Weill-Hallé, fundadora do "planejamento familiar", chegava aos Estados Unidos, com a preocupação de lutar contra esse suicídio coletivo, tendo compreendido perfeitamente a sua correlação com o problema contra o qual sua mãe lutava.

A ecologia, essa "ciência que estuda as relações dos seres vivos entre eles e o meio físico onde estes evoluem", compreende, por definição, a relação dos sexos e a natalidade que dela deriva; sua fascinação se orienta principalmente, em razão dos horrores que nos ameaçam, no sentido do esgotamento dos recursos e da destruição do meio ambiente; é por isso que é tempo de recordar esse outro elemento, que cruza de modo tão próximo a questão das mulheres e de seu combate.

Querem alguns detalhes técnicos?

O despertar ocorreu na América desde abril de 1970 com a juventude contestatária dos Earth Day[10] que, imediatamente, passa ao ecoterrorismo: eles enterram os carros e lutam fisicamente contra os desflorestadores. Cellestine Ware, em seu livro feminista *Women Power* [Poder das mulheres],[11] diz que eles "querem respirar de acordo com o ciclo do cosmos". Não: simplesmente respirar. Julgue-se então:

A cada ano, informa Irène Chédeaux,[12] a América deve eliminar 142 milhões de toneladas de fumaça, 7 milhões de automóveis velhos, 30 milhões de toneladas de papel, 28 bilhões de garrafas, 48 bilhões de latas de conserva. "Cada um dos 8 milhões de novaiorquinos aspirem a cada dia a mesma quantidade de matérias nocivas quanto se ele fumasse 37 cigarros, e sabe-se agora que há mais ratos nos depósitos de lixo que humanos em sua cidade."

Desejam outros detalhes sobre o estado das coisas? Os peixes estão morrendo em massa no rio Delaware (oh, *westerns* e Fenimore Cooper!), porque a Sun Oil, a Scott Paper e a DuPont de Nemours lançam nele os seus dejetos; isso não é nada, talvez, comparado com o fato de que o lago de Zurique está morto, sufocado pelos detritos humanos, e que o lago Léman não vai resistir muito tempo; menos, ainda, comparado com o fato de que o Mediterrâneo, o "Grande Puro" dos clássicos gregos, se tornou uma lixeira tão grande que em Marselha, neste verão, esta que vos escreve percorreu muitos quilômetros ao longo da costa para encontrar uma praia um pouco limpa. Nos Estados Unidos, hoje em dia, diversas empresas declaram que 10% dos seus investimentos são absorvidos pelo controle da poluição. Um esforço irrisório tendo em vista a dimensão catastrófica dos danos. Esse modesto resultado, e o outro mais surpreendente, da proibição de um oleoduto de treze metros de diâmetro que devia atravessar o Saara, se devem à luta dos "conservacionistas" de diversos grupos, dentre os quais o mais célebre por seu radicalismo se chama Sierra Club. A partir de janeiro de 1970, Nixon consagrou à questão ecológica uma grande parte de seu "Discurso sobre o estado da União". Pouco depois, foi aprovada uma lei que notificava as companhias aéreas para que encontrassem, até 1972, um dispositivo destinado a reduzir em três quartos os resíduos de combustão. Jean-François Revel[13] relatou como, nos Estados Unidos, essas tentativas foram consideradas por certos fanáticos "manobras comunistas" em razão de seu anti-industrialismo. É a mais bela consagração de um profeta: Kornbluth, autor de *Os mercadores do espaço*.[14]

Acaba de nascer um tipo de contestação totalmente nova: a ecoguerrilha. Estudantes serram, à noite, placas de trânsito que obstruem a paisagem. O jornal *Actuel* relembra que, em 1967, jovens engenheiros haviam fundado em Berkeley o Ecology Action. Eles se pretendiam "apolíticos"; é possível imaginar quais interesses políticos puderam reagir ao programa deles:

> Suprimir as práticas absurdas: novos modelos de automóvel a cada ano [...]. Controlar as práticas necessárias, mas potencialmente perigosas: tratamento e distribuição dos alimentos, construção e organização de moradias, produção e distribuição da energia; eliminar as práticas destrutivas: a arregimentação social, o revestimento do solo pelo concreto, o asfalto e as construções, a disseminação do lixo, as *guerras*.

"Isso se chama pura e simplesmente fazer a revolução", comentam os signatários de um artigo. Mas *qual revolução?*...

Enquanto se espera, a abominação aumenta a cada dia. O ar está carregado por 10% a mais de gás carbônico desde o início dessa era tão recente que é chamada industrial. "Doze micróbios por cm³ no Ballon d'Alsace,[15] 88 mil nos Champs-Élysées e 4 milhões em uma loja de departamentos".[16] Um rato colocado na place de la Concorde morre depois de dez a quinze minutos, na Paris de 1971. Pode-se pensar que, em pouco tempo, já que a poluição do ar aumenta verticalmente, uma criança de três anos deverá circular com uma máscara de gás.

Já vimos do que se trata a inflação demográfica; voltemos a esse assunto. Se entre 1800 e 1950, segundo os cálculos de Édouard Bonnefous,[17] a população mundial se multiplicou por 2,6, mas a população total das cidades de mais de 100 mil habitantes cresceu 8 vezes mais rápido, houve um salto demencial de 1950 a 1960: dessa vez, a população urbana mundial teve um crescimento... de 35%. O desmatamento acompanha o progresso da tecnologia: a edição dominical do *New York Times* engole 77 hectares de florestas! Na minha infância, o Garona e o Sena eram considerados os dois únicos rios realmente sujos da França. Hoje em dia, 6 milhões de toneladas de dejetos corrompem a rede hidrográfica de nosso adorável país, e a taxa não para de aumentar. Dito de outro modo: tantos quilos de detritos quanto o número de seres humanos que haverá no planeta no ano 2000. Isso é pior que todos os filmes de terror. *Le Figaro* chegou a chamar o Reno de "um grande esgoto", e depois, mais prudente, de "um grande coletor"; as palavras não mudam em nada a coisa (utilizemos a palavra "coisa" como um eufemismo pudico da palavra "merda"). Mas evitemos acusar demasiado rápido o campo do Capital: se nossos lagos agonizam ou se tornaram mares mortos fechados (na Suíça o lago Léman, o lago Annecy; na América o lago Michigan, o lago Erie e o lago Superior), saboreemos essa constatação consoladora: 360 mil quilômetros de cursos de água, na União Soviética, não estão em estado melhor. Os lençóis subterrâneos de água doce? É um capital sobre o qual não podemos emitir cheques infinitamente; ora, com o crescimento da população, as necessidades de água aumentam. Isso foi, outrora, o tema de um romance de ficção científica de Jacques Sternberg:[18] a água das torneiras, no mundo inteiro, foi substituída por um fluxo de insetos repugnantes; um produto perigoso havia aumentado monstruosamente o tamanho de cada micróbio ou bactéria! Comparado com essa imaginação, o que é o Drácula? Um espantalho de jardim. E é tão verdadeiro, essa ameaça é tão precisa que, tendo em vista a iminente falta de água doce, todas as indústrias pesquisam o desenvolvimento da dessalinização da água do mar. (Mas e se também for preciso despoluí-la?) Infelizmente, onde está o espírito do imperador Juliano que dizia, em 358: "a água do Sena é muito agradável para beber"? Ele não era um "tecno-lógico".[19]

Vamos ao Sul do nosso país. A Sociedade Nacional dos Petróleos da Aquitânia degradou a tal ponto os cultivos circundantes com seu gás sulfuroso, que foi recentemente condenada a indenizar por perdas e danos os agricultores do Béarn que haviam levado à justiça. Essa não era a única preocupação deles; também deviam se defender contra a implantação de uma grande usina de alumínio que, instalada juntamente com os Petróleos da Aquitânia em um pequeno vale, duplicava os riscos de poluição atmosférica.[20]

Já se conhece em todo lugar a situação catastrófica das aglomerações urbanas; Paris bate o recorde por metro quadrado de poluição do ar; a cada dia, ela recebe esse maná celeste: 100 mil m³ de ácido sulfuroso e uma dezena de toneladas de ácido sulfúrico. Existe, contudo, uma cidade mais fedorenta; Tóquio, cujos sábios formularam esta profecia engraçadinha: em 1980, o senhor Todo-Mundo japonês deverá usar uma máscara de gás para realizar suas tarefas; veremos o samurai retirá-la em vez de realizar haraquiri.

Aqui, mais uma vez, se juntam a poluição propriamente dita e a destruição do meio ambiente natural. O ar não passa de uma camada de sujeira nas grandes cidades, mas seus dejetos aumentam a agressão contra a saúde humana; pensamos estar sonhando ao ler que Nova Iorque joga fora, a cada ano, 250 milhões de toneladas de dejetos não nucleares: latas velhas, carcaças de carros, matérias plásticas, gás queimado, imundícies de todo tipo; é com o sadismo habitual dessa heroína de história em quadrinhos que Pravda, la Survireuse,[21] contempla do alto de sua moto um tonel repleto de um cemitério de automóveis e diz, como uma beleza romântica debruçada sobre um dos lagos de outrora: "Que lindo!" Lixo do ar, portanto, aproximando-se do teto atmosférico; lixo no solo, cada vez mais elevado; nós vivemos entre duas faixas de dejetos, como o homem das cavernas entre as estalactites e as estalagmites.

Qual saída poderá haver em um pesadelo tão absurdo?
Revolução? Sim, mas não "a do papai". O verso mais ultrapassado da *Internacional* é certamente:

Sob os selos, quem então mantém a Natureza?[22]

Ele deveria ser substituído por:

Em infecção, quem muda a Natureza?

A resposta se escuta aos gritos: "É você, somos nós, sou eu!" Mas eu, mas você, mas nós somos irresponsáveis; nós não podemos proceder de outra forma, além de ínfimas modalidades de comportamento; a primeira das responsáveis é a civilização tecnológica, superurbana e superindustrial, corrida louca que lançou rumo ao Lucro sua roda impossível de parar, assim como os gauleses faziam uma roda de ferro descer as encostas das colinas; contudo, isso era para fertilizar os campos por meio de ecolimpeza, enquanto nossa cultura arruína e assassina, sob o fogo de sua roda, o solo que nos alimenta. Ao crescimento do crime corresponde também o da loucura: a superpopulação dos carrascos que geram nesse momento as futuras vítimas de seu enorme crime coletivo.

No fim do Império Romano, calcula-se a população do planeta em aproximadamente 250 milhões a 300 milhões de habitantes, menos que a população da China atual. Com exceção dela e da Índia, que sempre foi o segundo grande reservatório de nascimentos, o resto da espécie humana se repartia principalmente ao redor do Mediterrâneo. A epidemia, a fome e as catástrofes naturais variaram as taxas demográficas, e os crescimentos globais permaneceram insignificantes. Foram necessários dezesseis séculos para que, durante o século XVII, a população mundial alcançasse 500 milhões a 550 milhões. Podemos, portanto, avaliar *grosso modo* a taxa de aumento da seguinte forma: 250 milhões em dezesseis séculos (ou seja, o dobro do número original). Em 1750, passamos a 700 milhões. Portanto: 200 milhões em somente um século.

Em seguida, a aceleração aumentou. As descobertas da civilização, a defesa contra a mortalidade e o aumento da longevidade nos deram, em 1950, 2,5 bilhões de habitantes. Nova taxa: 1,8 bilhões de habitantes em dois séculos, ou seja, 900 milhões por século em vez dos 200 milhões precedentes.

"A situação se mostrou demasiado dramática para exigir previsões", diz Elizabeth Draper em *Conscience et contrôle des naissances* [Consciência e controle dos nascimentos].[23] Mas o crescimento não deixa de se acentuar: já não se deve contar por séculos, mas por décadas; em 1960, já temos 3 bilhões (vinte anos antes da data prevista, já que os especialistas prediziam 3 bilhões a 3,6 bilhões para 1980!). E eis a taxa: 500 milhões em dez anos: em dez anos, entre 1950 e 1960, a população mundial aumentou a mesma quantidade que a representava no século XVII!...

179

Os 3,6 bilhões previstos para 1980 foram provavelmente ultrapassados em 1969. O que aterra é que anunciam o dobro da população atual daqui a 35 anos! Mas a superpopulação não ocorre em todos os lugares com a mesma velocidade. São as cidades de mais de 100 mil habitantes que encabeçam a lista: elas aumentam *oito vezes mais rápido* que as outras. O salto assustador de 1950-1960 se inscreve de modo ainda mais forte na população urbana; ela aumentou em 35%.

Colette Saint-Cyr e Henri Gougeaud explicam:

> É preciso construir rápido, não importa o que, não importa onde, não importa como... Os lucros são fabulosos e imediatos. Para fazer funcionar novas fábricas, é preciso ter os operários no local onde elas se encontram. Constroem-se cidades que só são cidades no nome: conjuntos habitacionais populares, lojas, farmácias, supermercado e cinema. Publicidade em toda parte: é preciso que o operário consuma. Se ele não consumir, a produção vai diminuir. Se a produção diminuir, ele ficará desempregado. Se ele ficar desempregado, ele não poderá pagar as prestações do apartamento, da máquina de lavar etc.

Estamos de volta ao universo demente de *Os mercadores do espaço*.

Retomemos o exemplo americano; vejamos o que diz Robin Clarke, especialista na UNESCO:

> Um bebê americano consumirá, durante sua vida:
> 100 milhões de litros d'água, 28 toneladas de ferro e de aço,
> 25 toneladas de papel,
> 50 toneladas de comida,
> 10 mil garrafas, 17 mil latas de conserva, 27 mil cápsulas,
> (talvez) 2 ou 3 carros, 35 pneus,
> *queimará* 1.200 barris de petróleo,
> *jogará fora* 126 toneladas de lixo
> e *produzirá* 10 toneladas de partículas radiantes.

Nesse sentido, conclui o especialista, "o nascimento do bebê americano tem 25 vezes mais importância na ecologia que o do bebê hindu".[24] Falta avaliar, o que Robin Clarke não pensou em fazer, as chances de sobrevivência de uma economia mundial tão alucinante na qual, conforme a região, um indivíduo humano consumirá, durante sessenta ou setenta anos, 25 vezes mais que outro; pois pode ser que a rebelião do terceiro mundo, estando farto de ser a Buchenwald[25] do planeta, mude os cálculos dos estatísticos.

E, mesmo que não aconteça nada, como se prevê tranquilamente que daqui a vinte ou trinta anos a Terra se tornará um deserto, nesse ritmo, onde então esse bebê americano, quando se tornar adulto, encontrará o que consumir, queimar e jogar fora como prediz Robin Clarke? ("Em 1985", anuncia o professor René Dubos,[26] "a terra inteira não passará de um deserto inexplorável.") Será a morte massiva por desnutrição que colocará um fim à taxa exponencial do crescimento demográfico? E da concentração urbana?

Foi o Marquês de Sade, um dos maiores gênios científicos de todos os tempos, que, às vésperas da Revolução, havia declarado em *Justine*[27] que a concentração de pessoas nas cidades contribuía para acelerar os problemas de saúde mental e as obsessões do sexo. Nós vimos que essa hiperconcentração se deve à superpopulação, cujos perigos Malthus devia assinalar, bem mais tarde. (De modo mais confuso, Restif de la Bretonne diz a mesma coisa em *O camponês pervertido*.)

Nós citamos anteriormente "o *stress* do rato branco", e é agora necessário voltar com calma a esse assunto.

John B. Calhou, pesquisador, num belo dia de 1958 teve a ideia de instalar uma colônia de ratos noruegueses em uma granja de Maryland que ele havia adaptado para eles. Primeira etapa da observação: em um espaço de 900 m^2, 5 mil ratos viviam em um estado de bem-estar; mas a população não ultrapassava 150 novos nascimentos. Segunda etapa da observação: o aumento do número dos ratos adultos em parques fechados teve como consequência aberrações de comportamento, tanto sexual como social. Os ratos jovens começaram a praticar violações coletivas das fêmeas isoladas, como vulgares delinquentes de Sarcelles ou Billancourt.[28] Observou-se que outros desenvolveram um comportamento hipersexual, praticando todas as formas possíveis do instinto, como para superar a angústia da superpopulação. Finalmente, outros se tornaram perfeitos *gangsters*, ou um tipo de foras da lei, que se isolavam do contato tanto sexual como social para se dedicar a assassinatos noturnos. As guerras comuns pela conquista do poder se multiplicaram em níveis absurdos. Por fim as fêmeas, como ressaltamos, deixaram de construir seu ninho e conheceram um *stress da fertilidade*.

É preciso, certamente, desconfiar de analogias apressadas demais. Aos adversários do parto sem dor, que argumentaram que as corças se desinteressavam de suas crias após um parto sob anestesia, Simone de Beauvoir respondeu de modo decisivo e, contudo, bastante simples: "Mas as mulheres não são corças."[29] Se as ratas brancas da Noruega não distinguem mais suas crias após uma concentração intensiva de hábitat "urbano", não poderíamos comparar esse fato ao da jovem mãe israelita que se acostumou a amamentar não somente seu bebê, mas o de suas camaradas, na creche do kibutz, com um objetivo interessante de desalienação do laço filial. O que acontece nos coletivos animais não pode nunca ser transposto diretamente ao humano sem um exame atento das diferenças de estrutura; é a ausência desse princípio que torna tão fútil o ensaio sociológico de um Lionel Tiger, *Entre hommes* [Entre homens].[30] Mas aqui, sem cair no mecanicismo, podemos vislumbrar uma relação certa entre a experiência dos ratos da Noruega e a das nossas concentrações urbanas. O etologista alemão Paul Leyhausen é da mesma opinião. Como Sade, ele considera que a urbanização é um fator importante do aumento das doenças mentais. O número de suicídios sobe, assim como o alcoolismo, a debilidade mental, a delinquência juvenil, o colapso nervoso. A dificuldade crescente do isolamento e a exaustão causada pela aglomeração e pelos transportes contribuem para um declínio da resistência nervosa, que, ao parecer, poderia ser transmissível. Sabemos tudo isso? Sim, mas o que era considerado incômodo, preocupação, imperfeição da vida moderna nunca havia atingido essas dimensões paroxísticas; a dor latejante da cárie dental se tornou um câncer de mandíbula. Os crimes sexuais recomeçaram em Londres; crimes horrendos, desconhecidos em nossos costumes – sequestro, estupro coletivo – aparecem em Paris; Nova Iorque, para citar apenas essa cidade, se defende contra a loucura *imitando-a* por uma série de "pequenos assassinatos sem importância".[31] À destruição do meio ambiente corresponde, nesse ritmo de natalidade, a destruição do homem interior. E também – finalmente um raio de sol entre as nuvens – o *stress* da rata branca.

No artigo intitulado "Por que abortamos, uma mulher que assina Christiane diz:

> Os ratos, nos casos de superpopulação, têm um *stress* da fecundidade. Os homens perderam um pouco o contato com seus instintos e, de forma total, o poder do controle espiritual sobre seus corpos. As mulheres, graças ao seu subdesenvolvimento, bastante menos. Talvez elas começassem um tipo de stress. E a reivindicação do aborto livre seria, além disso, um grito de alarme profundamente intuitivo? Talvez fosse preciso prestar atenção.[32]

Não é mais "prestar atenção" o que é preciso fazer: é dar um grito. O mundo começa a aceitar o aborto por outras razões que fazem as mulheres reivindicarem violentamente seu direito a dispor de seus corpos, de seu futuro, de sua procriação; é graças à inquietação da taxa exponencial descrita e analisada anteriormente que a sociedade masculina experimenta certa tendência a contestar a si mesma e a aceitar reivindicações que são ditadas por motivos completamente diferentes. Ao menos uma vez, o interesse dos opressores e dos oprimidos coincide. Mas o que chama a atenção é que esse interesse, caso seja satisfeito, fará com que ocorra uma situação mais favorável à casta oprimida – as mulheres – que à casta dos opressores; e estes o sabem bem. É isso que os faz hesitar em conceder o que eles mesmos só podem desejar: a suspensão do aumento demencial dos nascimentos que, paralelamente à destruição do meio ambiente, dita a sentença de morte de todo o mundo. Ao mesmo tempo, obter essa bem-aventurada interrupção graças a uma liberdade de anticoncepção e de aborto dada às mulheres seria, para os homens, a certeza de que *elas não se deterão aí* e começarão a dispor de si mesmas; o que é, relembremos ainda Fourier, um escândalo de uma violência capaz de minar as bases da sociedade. Daí vêm as hesitações, as contradições, as reformas e os embaraços, os passos para a frente, os saltos para trás; essa mímica dos poderes traduz a extrema oposição interior que rasga a sociedade masculina, em todos os níveis, em todos os países.

Fazer dinheiro, se enriquecer, explorar o homem e a natureza para escalar aos lugares mais caros da escala social [...] Enquanto uma sociedade organizar sua produção com o propósito de converter os recursos do homem e da natureza em lucros, nenhum sistema equitativo e planificado da balança ecológica poderá existir.[33]

É a própria evidência. Na base do problema ecológico, se encontram as estruturas de *certo poder*. Tal como o da superpopulação, é um problema de *homens*; não somente porque são os homens que detêm o poder mundial e já poderiam ter aplicado a contracepção radical há um século; mas porque o poder, no nível inferior, está repartido de modo a ser exercido pelos homens sobre as mulheres; tanto na área da ecologia como na da superpopulação, vemos que se enfrentam de modo mais agudo os puxões contraditórios do capitalismo, ainda que esses problemas ultrapassem em grande medida o âmbito do capitalismo e que o campo socialista os conheça da mesma maneira, pela simples razão de que, tanto lá como aqui, reina ainda o sexismo. Nessas condições, onde diabos encontrar – mesmo em caso de coexistência pacífica prolongada dos dois campos econômicos – uma possibilidade de desenvolver um sistema "equitativo e planejado" em escala planetária, seja ele ecológico ou demográfico? Lorenz tem razão: nenhuma sociedade (masculina) poderá fazer a substituição.

Primeiro problema: a interrupção dos nascimentos. A sociedade masculina começou a sentir medo, e uma a uma a Polônia, a Romênia, a Hungria adotaram a solução de "liberalizar" o aborto; no campo capitalista, a Inglaterra fez o mesmo, em 24 de outubro de 1967; o Japão penaliza o excesso de nascimentos. Quatro estados americanos, incluindo o de Nova Iorque, "seguiram o caminho do 'sim' franco e massivo" (*Guérir*, agosto de 1971). Por outro lado, nos países católicos latinos, uma única abertura tímida na França; na Espanha, até mesmo o aborto terapêutico é proibido, a mãe morre, contanto que o feto viva, mesmo que ele só tenha uma chance ínfima de não morrer com a mãe. Eis algumas das principais contradições de uma civilização que ficou maluca ante a necessidade de consentir com aquilo que prolonga a humanidade, mas é aí que se anuncia o fim de suas velhas formas patriarcais apodrecidas.

Se esses problemas são problemas de homens, é porque sua origem é masculina: é a sociedade dos machos, construída pelos machos e *para* eles, repetimos sem cansar.

Seria ridículo jogar o joguinho dos "se" históricos, ou isso entraria no campo de um encantador romance de ficção científica sobre os universos paralelos. O que teria acontecido "se" as mulheres não tivessem perdido a guerra dos sexos no momento distante em que o falocratismo nasceu – graças à entrega da agricultura ao sexo masculino? Sem aquilo que Bebel chama de "derrota do sexo feminino", e o moderno dr. Lederer, autor de *Gynophobia* [Ginofobia],[34] "a grande inversão", o que teria acontecido? Evitaremos entrar nessa fantasia mais adiante. "Ah! Se o céu caísse, daria para pegar muitas cotovias", dizia minha avó. Uma única resposta negativa permanece: talvez a humanidade tivesse vegetado em um estágio infantil, talvez não conhecêssemos nem a juke-box, nem o foguete lunar, mas o meio ambiente jamais teria conhecido o massacre contemporâneo, e a própria palavra *ecologia* teria permanecido na pequena caixa cervical do *Homo sapiens*, assim como a palavra "rim" ou "fígado" não chega aos lábios nem à ponta da pena, se não se sente nenhum sofrimento ou ameaça desses órgãos.

"Poluição", "destruição do meio ambiente", "demografia galopante" são palavras de homens que correspondem a problemas de homem: os de uma cultura masculina. Tais palavras não teriam razão de ser em uma cultura feminina, ligada diretamente à ascendência antiga das Grandes Mães. Essa cultura poderia não ter passado de um miserável caos, como aquelas de um Oriente que, por mais falocrático que seja, depende muito mais de *Anima* que de *Animus*; parece que nenhuma das duas culturas poderia ter sido satisfatória, considerando que ela também teria sido sexista; mas a negatividade final de uma cultura de mulheres jamais teria sido isso, essa exterminação da natureza, essa destruição sistemática – em busca do lucro máximo – de todos os recursos que nos alimentam.

185

A respeito do famoso *stress* do rato branco, é interessante constatar que, no reino animal como no reino humano, é a fêmea que tem a tendência a recusar a procriação, e não o macho, enquanto o instinto de conservação deveria se estender a toda a espécie.

Se consideramos o comportamento dos machos no poder, o que vemos? Conscientes do perigo da superpopulação, eles se esforçam em fazer acreditar que "se trata de um problema do terceiro mundo" e de dirigir seus esforços de limitação sobre o ponto mais desfavorecido do planeta, o que consome menos, portanto. Pierre Samuel, em *Écologie: détente ou cycle infernal*,[35] recorda que somente os Estados Unidos, com 6% da população mundial, consomem 45% dos recursos do planeta!

O interesse mais material explica a atitude do Ocidente: a casta dos senhores tem todo o benefício em crescer e em limitar a expansão da classe dos desfavorecidos, seus futuros Spartacus; nós o vimos recentemente, quando Aimé Césaire se levantou contra um projeto de lei que visava a favorecer ainda mais a contracepção (já amplamente acessível) na Martinica; o deputado negro reprovava as intenções manipulatórias desse texto; a questão era: "Por que a Martinica, e não a França?" Certamente, as martinicanas estariam totalmente em seu direito de responder a Aimé Césaire que deveriam ser elas, e não um homem, a decidir isso, como ocorreu no Harlem há alguns anos;[36] mas a atitude do líder político martinicano era lógica. O terceiro mundo já sabe há muito tempo que a superpopulação não é fator de riqueza, de garantia da velhice dos pais etc., mas, ao contrário, elemento de miséria e de mortalidade. Ele continua a superprocriar por ignorância, penúria material, opressão aumentada das mulheres; compreendemos, em resumo, que para os evoluídos haja uma desconfiança legítima com relação às dádivas do planejamento familiar europeu, enquanto que estes poderiam ser recebidos de modo entusiasta se o Ocidente começasse a se beneficiar grandemente de suas próprias descobertas a esse respeito.

Os heterofiscais católicos de *Laissez-les vivre*[37] ou os ministros de "ordem moral" Royer e Foyer não podem fazer nada contra esta evidência: a revolta escandalosa das mulheres com relação ao seu ventre vai no sentido do interesse mais imediato da humanidade, do futuro, da procriação em si.

Quanto aos verdadeiros detentores do poder, que não são nem a favor de Jesus Cristo nem de Jeová, mas a favor do poder, eles também o sabem; para eles é uma dor, mas eles o sabem. O neomaltusianismo começou a ser uma necessidade muito antes daquilo que motivou a revolta das mulheres e o manifesto das 343. Quando as artérias do capitalismo envelhecem a tal ponto que precisam de uma dose crescente de planejamento como se fosse novocaína – ó planejamento blasfematório, ó antiliberalismo econômico! – o fim dos tempos está próximo.

O planeta vai transbordar.[38]

Antes do capitalismo, o último a surgir, envelhecido e resistente, antes do feudalismo, antes do falocratismo, o poder feminino, que jamais atingiu a dimensão ou o *status* de matriarcado, fundava-se sobre a posse da agricultura; mas se tratava de uma posse autônoma, acompanhada de uma segregação sexual, pelo que tudo indica; e é por isso que nunca existiu um verdadeiro matriarcado. Para os homens, o pastoreio e a caça; para as mulheres, a agricultura; cada um dos dois grupos armados afrontava o outro; essa é a origem da suposta "lenda" das Amazonas.[39] Quando surgiu a família, a mulher ainda podia negociar de igual para igual, enquanto as funções agrícolas continuassem a sacralizá-la; a descoberta do processo de fecundação – a do ventre e a do solo – anunciou o seu fim. Assim começou a idade de ferro do segundo sexo. Esta, certamente, não terminou hoje em dia. Mas a terra, símbolo e antigo feudo do ventre das Grandes Mães, teve a vida mais dura e resistiu muito mais; hoje em dia, seu vencedor a reduziu à agonia. Eis o balanço do falocratismo.

Em um mundo ou simplesmente em um país onde as mulheres (e não, como pode ser o caso, uma mulher) realmente tivessem chegado ao poder, seu primeiro ato teria sido limitar e espaçar os nascimentos. Já há muito tempo, *muito antes da superpopulação*, é o que elas sempre tentaram fazer.

A prova disso é esse abundante folclore anticoncepcional que já citamos ou os procedimentos mais terrivelmente perigosos que se aproximam da pura superstição. (Observação: não apenas para não ter filhos, mas *para que o marido se afaste da cama*, ó Freud e a "tendência feminina a esquivar a sexualidade"!) Esses ritos conjuratórios, evidentemente, nunca eram citados pelos eruditos machos, enquanto em todo lugar existem listas dos ritos inversos, os da fertilidade. É somente em escala planetária (nem sequer nacional) que o homem ousa se dar conta da superpopulação; a mulher percebe, em nível familiar, a semelhança com os coelhos. De que meios elas disporiam para fazê-lo saber?

O egoísmo das genitoras, tão fortemente denunciado pelo genial Henry Bordeaux e os romancistas católicos do entreguerras, cuja tocha a corja do *Laissez-les vivre* retomou para o bem da publicidade da Nestlé-Guigoz,[40] esse egoísmo das mães francesas, que pretendiam arriscar suas vida duas ou três vezes tendo crias, podemos hoje bendizer o seu freio muito, muito fraco; onde estaríamos em um mundo povoado trinta anos mais cedo e mais rápido pelas heroicas devotas, leitoras da *Bonne Presse* do abade Bethléem?[41]

Sim, repitamos até a obsessão, gritemos, difundamos: *assim como a luta de classes, a demografia é um assunto de homens.*[42] Nas regiões do "misoginismo" católico, é, inclusive, de modo duplo: a correia de transmissão entre o poder masculino, que está no topo, e nós; são obrigatoriamente homens que dispõem da exploração de nossa fecundidade: o marido a quem se deve submeter, certamente, mas também o padre, que só pode ser homem, o médico ou o magistrado, dentre os quais nove a cada dez são homens; todos esses funcionários do poder masculino são machos.

Resumamos, portanto. Se a luta de classes, a demografia, a ecologia são problemas e assuntos de homens, é em razão da "grande derrota do sexo feminino", ocorrida por volta de 3000 a.C. em todo o planeta. Após o fim do "amazonado" e com a agricultura, garantia de poder, dividida por certo tempo entre os sexos nas civilizações hitita, cretense e egípcia, as riquezas da terra se tornaram pouco a pouco masculinas no momento em que a mulher, ligada à família, não podia mais recorrer ao "amazonado" que não mais existia. O poder patriarcal e masculino culminou na idade do bronze, com a descoberta daquilo que viria a se tornar a indústria. As mulheres foram então submetidas a uma rígida supervisão pelo sexo vencedor, que sempre conservou algo do temor e da desconfiança em relação a elas; elas foram expulsas de tudo o que não era seu gueto familiar: não apenas do poder e do trabalho externo ao lar, mas também das zonas onde o homem parecia não ter nenhuma concorrência a temer: os exercícios físicos do esporte (Grécia antiga, exceto Lacedemônia),[43] o teatro (Inglaterra feudal, Japão), a cultura e a arte, o estudo superior (quase o mundo inteiro, salvo as exceções sempre citadas). Pária destinada à união para procriação excessiva, ou no melhor dos casos ao papel de o ornamento luxuoso dos vencedores, encontrando como único refúgio, em todas as culturas, o enclausuramento religioso para escapar ao homem dedicando-se às fantasias da divindade, elas sabem hoje em dia, de modo cada vez mais profundo e em lugares cada vez mais numerosos, que são os homens que fazem a "revolução" e que se beneficiam dela, por maior que seja a ajuda que elas lhes forneçam na esperança de escapar a uma opressão que elas creem que se deve a um sistema econômico e *que só se deve ao caráter masculino desse sistema*. Após a vitória de uma classe ou de uma categoria, elas só obtêm, no máximo, suavizações, reformas, vantagens, moedinhas que caem da gaveta da caixa-registradora da grande agitação, caso estejam do lado certo; mas o poder só muda de mãos, nunca de estruturas; nunca, como já vimos, se questiona profundamente a *relação entre os sexos*, questão humanista e questão ecológica entre todas.

"Sentado, de pé, deitado, o homem é sempre seu próprio tirano." Céline teria se surpreendido de se unir ao pensamento de Marx: a relação do homem com respeito ao homem é medida pela relação do homem com respeito à mulher. Se alguns homens, sempre e em todo lugar, acabam se tornando os que mais tiram proveito máximo de uma mudança revolucionária, é precisamente porque aplicam aos demais as relações de força que todos os homens tomados em bloco aplicam às mulheres, *todas* as mulheres tomadas em bloco – mesmo que, em alguma ocasião, aconteça que um ou outro se curve diante da sua.

Como, portanto, o problema do lucro máximo que sacrifica o interesse coletivo pelo interesse privado, ou da corrida pelo poder que substitui esse interesse coletivo em caso de revolução, poderia ser resolvido enquanto as estruturas mentais permanecerem como elas são: moldadas por cinquenta séculos de civilização masculina planetária, superexploradora e destruidora dos recursos?

A prova de que qualquer revolução dirigida e realizada por homens não pode atingir a mutação que se torna necessário assumir é que nenhuma delas vai além de substituir um regime por outro, um sistema por outro, em razão das estruturas acima mencionadas, e que nenhuma delas visa à *única possibilidade de ir mais longe*: sair do ciclo infernal "produção-consumo", que é o álibi dessa enorme massa de trabalho inútil, alienante, mistificada e mistificadora, a própria base da sociedade masculina onde quer que ela esteja.

Não, a imaginação nunca está no poder. Caímos nos mesmos esquemas, nos mesmos estereótipos mortais; assim dizia o povo quando o caçador de passarinhos favorito de Luís XIII substituiu o chefe supremo do exército Concini: "Só mudou a rolha; o vinho tem o mesmo sabor."

Há alguns anos, em uma coletânea de histórias de ficção científica intitulado *Après*,[44] somente um desses contos escritos sobre o mesmo tema – a mudança profunda após uma catástrofe –[45] considerava este conjunto: a produção industrial interrompida, a pesquisa científica limitada a um pequeno número de laboratórios bem localizados, o esforço coletivo dirigido às áreas de reflexão, de arte, de atividades não produtivas. Astronautas que voltavam após longos anos de ausência entravam em desespero ao encontrar a Terra entregue ao que eles acreditavam ser uma derrota irremediável. Até o dia que eles se davam conta de que todas as descobertas do passado haviam sido cuidadosamente conservadas e transmitidas a um número restrito de depositários, mas só eram utilizadas excepcionalmente: por exemplo, um remédio muito raro era fabricado e um avião supersônico ia buscá-lo em caso de urgência para curar uma criança enferma; no resto do tempo, os transportes eram realizados a cavalo ou em bicicleta. A importância havia mudado, portanto, da rapidez do transporte à sua motivação. A civilização-*gadget* havia desaparecido e deixado espaço para um humanismo que não era, contudo, retrógrado ao renunciar a uma técnica vazia de sentido. A autora dessa "utopia" era uma mulher. A única mulher dessa coletânea de histórias: Marion Zimmer.[46]

Em 1972, Gébé, desenhista que parece não ter tomado conhecimento desse conto traduzido do inglês, produziu sua "utopia" filmada: *O ano 01*.[47] O trabalho geral se detém; os operários deixam a fábrica; os burocratas, o escritório; os propagandistas cantam sob as janelas: "Abra sua janela e jogue sua chave na rua." Depois se retoma o trabalho a uma cadência consideravelmente desacelerada, só para prover as necessidades imediatas das pessoas; é inútil matar os capitalistas, eles mesmos se encarregam disso; o ar está escuro por causa dos CEO que se jogam dos arranha-céus. À pergunta inevitável: "Mas o que fazer com tanto tempo livre?", a resposta é dada com simplicidade: "Nós refletimos, *e isso não é triste*." Enquanto o ser humano tremer ante a ideia de tal infelicidade, a possibilidade de pensar em si, ele estará ainda no tempo de Pascal: a competitividade, a agressão e todos os horrores da sociedade masculina triunfarão.

Talvez, do ponto de vista feminista imediato, esse novo *O adivinho da aldeia*[48] que nos oferece Jean-Jacques Rousseau-Gébé não seja nada satisfatório; nele, tudo mudou em profundidade, exceto a relação entre os sexos; a mulher continua sendo o único campo do desejo erótico; ela é sempre essa branca que conserta a calça do ex-redator-chefe, essa negra que pila a mandioca enquanto os homens discutem sobre o ano 01 na África; outra acha que não ganhou muito por tirar o leite das vacas em lugar de datilografar. Isso não impede que, pela primeira vez, e sem sequer o conhecimento de seu autor, uma concepção *realmente antimasculina* do mundo tenha sido oferecida à nossa visão, sob a forma de um produto público, um filme; a "utopia" (no sentido clássico: utopia de ontem, verdade de amanhã) que somente o Feminino pode aplicar. A saber, as mulheres antes de tudo, mas não somente as mulheres: seus aliados objetivos e naturais, os jovens, essa juventude dos dois sexos que carregará mais profundamente em si a contestação contra o mundo de papai, assim que se livrar das sequelas de seu macho-esquerdismo.

Aquelas que exigem a aliança da criança e da mulher têm razão: o Feminino é essa parte separada do mundo, posta à parte, entre parênteses, que sofre a ditadura econômica e cultural do Pai; o primeiro tabu mais intransponível, o anátema mais severo lançado sobre o incesto é aquele que sanciona a relação amorosa da mãe e do filho; as outras proibições são secundárias. Por quê? Porque aí está a muralha de defesa que o falocratismo se viu obrigado a elevar contra o poder das mulheres. Além das histórias de ciúme sexual nascidas do triângulo freudiano, a antropologia moderna soube discernir, na exogamia obrigatória, a ditadura da sociedade patriarcal e seu temor às mulheres, sua misoginia que chega até a ginofobia perante esta terrível ameaça: que a Mãe e o Filho se unam contra o Pai.[49]

A detenção massiva do trabalho produtivo não é uma utopia; já foi demonstrado que 7% a 10% do trabalho atual seriam mais que suficientes para prover às necessidades de comer, de se vestir, de possuir um teto. Ainda que *o ano 01* não enfatize a necessidade ecológica dessa solução, uma sequência relaciona a poluição à inflação demencial da indústria; é aquela onde um pescador, gaguejando de emoção, vem gritar ao telefone: "Consegui, peguei um peixe!" É uma festa: "Bem-vindo, primeiro peixe do ano 01!" Quando descobrimos, graças às nossas Cassandras pregando no deserto futurólogo, que em trinta anos desapareceram mais espécies marinhas que *em todo o período geológico que seguiu o pleistoceno*, podemos nos perguntar: o que vale mais, o peixe ou o *gadget*?[50]

O ciclo consumo-produção atual, ligado inevitavelmente à expansão industrial, fruto das estruturas mentais do falocratismo, pode ser desmontado desta maneira: 80% de produtos supérfluos, dos quais 20% são perfeitamente inúteis, devem ser lançados no mercado ao preço da poluição e da destruição do patrimônio em curva ascendente; para fazê-lo, é preciso dispor de um tempo de trabalho equivalente em média a 80% de uma vida humana, ou seja, uma alienação praticamente total. Isso não é tudo: esses objetos supérfluos ou inúteis devem ser efêmeros e renováveis, o que aumenta a poluição e a destruição. Enfim, alienação suprema: já que eles devem ser consumidos, é necessário inspirar o desejo por eles por meio de um circuito tecnocrático-publicitário, ou seja, criá-lo do zero. Como o produtor é igualmente um consumidor, ele será, assim, alienado e mistificado em todos os níveis, na altura, na largura e na profundidade, diria Gébé. Uma trapaça sobre o tempo que é a trama da vida, sobre a sensibilidade que é seu valor, uma frustração gigantesca, planetária, monstruosa; esse é o resultado do ciclo que nasceu há 5 mil anos, a partir do enjaulamento do segundo sexo e da apropriação da terra pelos machos: o "Progresso".

A raiz do problema permanece totalmente desapercebida, em 1974, pelos movimentos revolucionários modernos.[51] Mesmo para os anticonformistas do marxismo, o problema ecológico se reduz a um dos males devidos ao capitalismo (e, certamente, no sistema de lucro, eles se relacionam estreitamente, mas sua presença no sistema socialista prova com clareza que ele não se identifica só com isso), assim como o problema das relações entre os sexos é definida como uma superestrutura que deve ser alterada pela substituição de um regime econômico por outro. Na medida em que os jovens só se engajam nesse movimento de contestação através dessa ou daquela etiqueta política, eles são recuperados pelo Sistema que combatem, sem se dar conta, já que ignoram, além do aspecto econômico-social, sua motivação profunda e primordial de guerra dos sexos. Mas, uma vez que a sensibilidade dos jovens pertence a esse Feminino ultrajado, oprimido e recalcado na ordem mundial do Pai, ou mesmo porque sua posição econômica os situa, de modo geral, no mesmo plano que as mulheres – ser mantido pelo pai em vista de um rendimento, portanto de um serviço –, os jovens dos dois sexos podem ter cada vez mais acesso à consciência de que a causa deles é não apenas a da Mãe, mas a de todas as mulheres do mundo inteiro. No dia que suas opções masculinas de macho-esquerdistas (incluindo, repetimos, as moças) forem aniquiladas pela consciência de uma urgência, de uma necessidade candente – fazer saltar o ciclo consumo-produção em lugar de dar a ele uma nova forma, fadada ao mesmo fracasso e que levará à mesma morte –, o feminismo terá vencido, porque o Feminino terá triunfado.

É claro que não defendemos de nenhuma maneira uma ilusória superioridade sobre os homens, nem a soberania dos "valores" do Feminino, que só existem em um plano cultural e de modo algum metafísico; o que dizemos é: Vocês querem viver ou morrer? Se vocês recusam a morte planetária, é preciso aceitar a revanche das mulheres; pois seus interesses pessoais, enquanto sexo, se cruzam com os da comunidade humana, já que os dos machos, a título individual, se distinguem destes. Isso ocorre mesmo no Sistema masculino atual; basta ver a contradição entre as instâncias supremas de seu poder, que quer empurrar as mulheres para a produção (e nos anuncia: "Ano de 1975: ano das mulheres"), e os interesses privados dos machos que vivem sob esse mesmo Poder, que resistem furiosamente contra a perspectiva de se verem privados de sua trabalhadora doméstica! Basta ver a contradição entre o esforço do chamado Poder para difundir e apoiar a contracepção com o propósito de dispor, para sua produção, do tempo feminino tomado pela função alimentadora, e a mesma resistência indignada dos indivíduos machos contra o fato de que suas fêmeas possam controlar sua procriação! Etc. etc.

Voltamos ao início deste trabalho: a tomada de consciência da feminitude, da infelicidade de ser mulher, se realiza hoje em dia em uma contradição e uma ambiguidade que anunciam o fim da mesma infelicidade. Parte de algo vivido, de uma subjetividade radical, sua experiência de espécie tratada como minoria, separada, reificada, *olhada*, uma mulher da minha geração descobre que seu "probleminha", sua "questão secundária", esse detalhe tão mínimo da frente subversiva, talvez até de sua "luta fragmentada" não se contenta mais em entrecruzar, mas se identifica com a Questão Número 1, com o Problema Original; a própria base da necessidade indispensável de mudar o mundo, nem sequer para melhorá-lo, mas *para que ainda possa existir um mundo*.

Que revanche, para a única maioria humana, ser tratada como minoria! Até o momento, era difícil para ela compreender de onde vinha a infelicidade de sua feminitude; ela se contentava em reivindicar "fragmentos" de gestão do mundo antes de chegar à sua raiz, a livre disposição sexual, que subitamente revelou a ela o sentido de uma totalidade. Aquela que foi até aqui não a "companheira" do homem, mas ao mesmo tempo o cadinho alquímico de sua reprodução, seu burro de carga, sua escarradeira e a vítima de seus maus-tratos, que ele às vezes se divertia em incrustar de pedrarias e a proclamar como seu santo Graal, aquela que sempre lhe inspirou, em virtude de uma vitória sempre ameaçada, essa desconfiança hostil que chegou, em certas culturas, até o ódio que engendra a mutilação ritual (África) e a morte (sexocídio[52] das feiticeiras da Idade Média, das "libertinas" da região mediterrânea ou do Oriente), em uma verdadeira "ginofobia", como diz Wolfgang Lederer, eis que agora de direito e em possibilidade, se não de fato, ela volta a se tornar, como nos tempos pré-falocráticos, a única controladora da procriação; é dela que dependerá, assim que esse direito puder ser livremente exercido por meio da contracepção massiva e pelo aborto sem problema, que a metade do pesadelo humano desapareça, aplicando o "*stress* da rata branca".

Esse poder imenso que lhe será entregue novamente, que já toca suas mãos, não tem comparação com o de organizar, representar e oprimir, que continua sendo do macho; é justamente aí que ele pode derrotá-lo de modo mais eficaz e anunciar a sentença de morte da antiga opressão;

em palavras curtas, segundo um slogan do Écologie-Féminisme Centre, trata-se de arrancar o planeta das mãos do macho de hoje para restituí-lo à humanidade de amanhã. É a única alternativa; pois, se a sociedade masculina perdurar, não haverá mais humanidade.

Ameaçada em sua própria vida, mas também naquela que ela transmite (que ela *escolhe* ou não transmitir), ela, que é a detentora dessa fonte, ela, em quem se realizam e passam as forças do futuro, a mulher se vê assim envolvida de duas maneiras pela solução muito rápida do problema ecológico. E, além disso, ela representa, do modo mais marxista do mundo, essa classe produtora frustrada com sua produção pela distribuição masculina, já que essa fonte de riqueza coletiva (a procriação) é possuída por uma minoria, a dos machos, sendo que a espécie feminina é a maioria humana.

Os próprios especialistas reconhecem; assim como Edgar Morin no colóquio ecológico do *Nouvel Observateur* onde não vimos aparecer nenhuma mulher, eles confessam que "começamos a compreender que a abolição do capitalismo e a liquidação da burguesia somente dão lugar a uma nova estrutura opressiva". É o que Reimut Reiche já havia exposto e explicado em *Sexualidade e luta de classes*,[53] a respeito do "núcleo" que resiste a todas as reformulações desse tipo. Esse núcleo, como já declaramos aqui, é o falocratismo. Ele está na própria base de uma ordem que é capaz apenas de assassinar a natureza em nome do lucro, se ele é capitalista, e em nome do progresso, se ele é socialista. O problema das mulheres é, em primeiro lugar, o da demografia, em seguida o da natureza, portanto do mundo; seu problema urgente, que é o mesmo da juventude, é a autonomia e o controle de seu destino. Se a humanidade quiser sobreviver, ela deverá aceitar essa evidência.

Então, com uma sociedade finalmente no feminino, que será o não poder (e não o poder-às-mulheres), será provado que nenhuma outra categoria humana poderia ter realizado a revolução ecológica; pois nenhuma estava tão diretamente interessada nela em todos os níveis. E as duas fontes de riquezas desviadas para o benefício do macho se tornarão novamente expressão de vida, e não mais elaboração de morte; e o ser humano será finalmente tratado como pessoa, e não, antes de tudo, como macho ou fêmea.

E o planeta colocado no feminino reverdecerá para todos.

1971-1974

notas

A FEMINITUDE OU A SUBJETIVIDADE RADICAL

1   F. d'Eaubonne, *Le féminisme: histoire et actualité*, 1972 (N.A). Assim são indicadas todas as notas, revistas em alguns casos, que aparecem na primeira edição deste texto publicado pelas éditions Pierre Horay (1974).

2   R. Ballorain, *Le nouveau féminisme américain. Étude historique et sociologique du Women's Liberation Movement*, 1972. (N.A.)

3   S. Moscovici (1972), *La société contre nature*, 1994. [Ed. bras.: *Sociedade contra a natureza*, Rio de Janeiro: Vozes, 1975]. Pensador da ecologia política, Moscovici (1925-2014) define a natureza como uma construção histórica, com a qual o ser humano renegocia permanentemente sua relação. Segundo ele, a natureza não carrega em si, portanto, as desigualdades sociais, mas é a sociedade que está na origem das desigualdades "entre homens e mulheres, entre gerações e entre sociedades". (N.E.)

1   *Féminitude* é um neologismo que Françoise d'Eaubonne usa para se contrapor a *féminité*, esta última sendo traduzida em português como "feminilidade". Encontrei a definição do termo *féminitude* em várias páginas francesas, geralmente com conotação feminista, mas não encontrei uma tradução corroborada em português. (N.T.)

2   A maioria das citações presentes nesta obra passaram por um processo de verificação e em alguns casos foram revisadas, já que a autora tinha a tendência de truncar ou reformular sem mencioná-lo. Optamos, na presente edição, por respeitar o uso de maiúsculas conforme utilizadas por Françoise d'Eaubonne. (N.E.)

3   "*N'y a-t-il donc pas de Juifs heureux? [...] Des Juifs heureux malgré leur judéité, peut-être. À cause d'elle, en liaison avec elle, non. On ne peut faire qu'on n'y trouve en même temps le goût intime du malheur [...] comme c'est un malheur d'être colonisé [...] COMME C'EST UN MALHEUR D'ÊTRE FEMME, nègre ou prolétaire.*" Albert Memmi (1962), *Portrait d'un Juif*, 2003. (N.T.)

4   Na edição original, esses intertítulos haviam sido colocados como início de capítulo. Nós os reestabelecemos, aqui, ao longo do texto, para melhor legibilidade. (N.E.)

5   *Feminismo ou morte* inicia com uma análise da palavra "mulher" ao mesmo tempo terrível e provocante. Mesmo que ela se defenda de qualquer essencialismo e o critique algumas páginas mais adiante, Françoise d'Eaubonne pensa em termos dicotômicos quando opõe frontalmente as "mulheres" aos "machos". Mesmo assim, essa dualidade será dissipada quando ela preferir, em seu lugar, o termo de "feminitude". Reafirmemos de uma vez por todas, as mulheres cisgênero, enquanto categoria social, não são os sujeitos principais do feminismo! Aliás, d'Eaubonne mobiliza com frequência as opressões perpetradas contra os "homossexuais" e, de modo muito mais desconcertante e abusivo, contra os "judeus", talvez para mostrar que o patriarcado extrapola a "simples" categoria de sexo e que se trata, antes, de um paradigma de violência sistêmica. Também é necessário lembrar que em 1974 a utilização da palavra "mulher" não tinha a mesma significação que hoje e que esta deveria ter um sentido muito mais subversivo. A afirmação segundo a qual a atribuição ao gênero "mulher" é uma "maldição" que suscita ódio, desprezo, desejo constante de posse, violação e destruição causava bastante barulho naquela época, portanto. Isso, contudo, não permite opor a "falocracia masculina" à

"maldição de ser mulher", que nos parecem estar subordinadas a uma lógica insuficiente. Hoje em dia, sabemos que o patriarcado não se abate apenas sobre elas, o que é, aliás, uma das premissas do ecofeminismo. (N.E.)

6   Os itálicos – típicos dos escritos de Françoise d'Eaubonne, que, tanto em seus ensaios quanto nos panfletos e artigos assinados por ela, multiplica o uso destes, bem como o do sublinhado, das maiúsculas, do bold – são reproduzidos de modo idêntico ao da primeira. (N.E.)

7   A autora faz referência à obra do médico alemão Georg Groddeck, *Au fond de l'homme, cela (Le livre du ça)*, Bibliothèque des idées, Paris: Editions Gallimard, 1963 [Ed. bras.: *O livro disso*, tradução José Teixeira Coelho Netto, São Paulo: Perspectiva, 2008. (N.T.)

8   No original, a autora usa a expressão "goï d'honneur". "Goï", em português "gói", é o termo hebraico que se refere a "povo" ou "nação" e é habitualmente usado para se referir aos não judeus, ou os gentios, membros de outra nação. Por outro lado, o termo francês "gouine", que d'Eaubonne também usa nesta obra e originalmente significava "prostituta", "mulher de maus costumes", posteriormente passou também a significar "lésbica". Segundo o *Dictionnaire Érotique Moderne*, de Alfred Delvau (1867), a etimologia de "gouine" provém justamente do hebraico "gōyīm", plural de "gōy". Não se deve confundir com o termo g0y (com um zero no meio da palavra), de criação mais recente, que se refere a pessoas do sexo masculino que não se identificam com a homossexualidade, mas que também não se identificam com a norma heterossexual. De todo modo, a expressão parece enfatizar particularidades elencadas pela autora acerca das mulheres enquanto figuras de opressão neste parágrafo. (N.T.)

9   Essas "briguinhas bobas" custaram a razão de Lina e lançaram Michèle, heroína da guerra, à autodestruição. (N.A.)

10 A autora faz referência aqui ao indefensável Cesare Lombroso (1835-1909) e à sua teoria – muito controversa, e com razão – do "criminoso nato", exposta em *L'homme criminel* (1876) [Ed. bras.: *O homem delinquente*, tradução Sebastião José Roque, São Paulo: Ícone, 2013], segundo a qual existiria um "tipo criminoso" que cometeria crimes por "necessidade biológica" e que seria identificável por certas características físicas. (N.E.)

11 Do original: "*prudent, sage, calme ennemi, n'exagérant jamais [sa] victoire à demi.*" (N.T.) Esses versos foram tomados emprestados de Paul Verlaine (1884), "Amour", in *Parallèlement*, Paris: Le Livre de Poche, 2018. (N.A.)

12 Françoise d'Eaubonne usa "*phallocratisme*" em vez de "*phallocratie*"; assim, optou-se por "falocratismo" em vez de "falocracia". (N.T.)

13 Filme de Harry Kümel exibido nos cinemas em 1971 e adaptado do romance fantástico epônimo de Jean Ray. (N.E.)

14 Nos dias 13 e 14 de maio de 1972, foram realizadas no *Palais de la Mutualité* as "Jornadas de denúncia dos crimes contra as mulheres", organizadas especialmente pelo Movimento de Liberação das Mulheres (MLF), o Movimento pela Liberdade do Aborto e pela Contracepção (MLAC) e as militantes do planejamento familiar. Sobre as jornadas, ler o capítulo que a historiadora e militante Françoise Picq lhes dedicou em *Libération des femmes: les années-mouvement*, Paris: Le Seuil, 1993, p. 135-146. Para uma cronologia do MLF, ver também: Anne Tristan, Annie de Pisan, *Histoires du MLF*, Paris: Calmann-Lévy, 1977. (N.E.)

15 A autora faz referência ao texto bíblico de Jo 6:60: "Muitos dos seus discípulos, tendo ouvido tais palavras, disseram: Duro é este discurso; quem o pode ouvir?" (*Bíblia Sagrada*, tradução João Ferreira de Almeida, edição revista e atualizada) (N.T.)

16 Pauline Réage (1954), *Histoire d'O*, Paris: Le Livre de Poche, 2008. [Ed. bras.: *História de O*, Rio de Janeiro: Ediouro, 2007]. (N.E.)

17 Maître de Roissy, administrador do castelo para onde o amante de O a leva para submetê-la a relações sadomasoquistas no romance *Histoire d'O*. (N.T.)

18 Escritor, jornalista, mas sobretudo polemista, Jean Cau (1925-1993) foi secretário de Sartre antes de se tornar um detrator do esquerdismo, do anticolonialismo e do feminismo – ele é autor de *Ma misogynie* (Julliard, 1972). Stephen Hecquet (1919-1960), advogado que defendia frequentemente a causa dos personagens secundários da colaboração, é também autor de um violento panfleto contra as mulheres, *Faut-il réduire les femmes en esclavage?* (La table ronde, 1955), reeditado em 2003. Jornalista, escritor e filósofo, ao mesmo tempo gaullista, católico e maoísta, Maurice Clavel (1920-1979) colaborava regularmente com o *Nouvel Observateur*, mas colocou sua notoriedade especialmente a serviço do jornal *Libération*, ao qual entregava uma parte de seus direitos autorais, sempre condenando o aborto, a contracepção e a "revolução sexual." (N.E.)

19 A autora faz referência ao livro de Simone de Beauvoir, *La femme rompue*, Paris: Gallimard, 1967. [Ed. bras.: *A mulher desiludida*, tradução Helena Silveira e Maryan A. Bon Barbosa, Rio de Janeiro: Nova Fronteira, 2019.] (N.T.)

20 A citação completa é a seguinte: "É estúpido querer convencer outrem, mediante todo tipo de raciocínio, de nossa identidade intelectual e espiritual com ele. Porque a própria base de seu comportamento não é obtida pela mesma camada cerebral". EINSTEIN, Albert. "Antissemitismo e juventude acadêmica", in: *Como vejo o mundo*, tradução de H. P. de Andrade, Rio de Janeiro: Nova Fronteira, 1981 (N.T.)

21 F. d'Eaubonne, *Y a-t-il encore des hommes?*, 1964.

22 "*Et certes je ne veux point d'autre paradis.*" A citação feita pela autora em francês parece ser uma referência, com pequenas modificações, dos versos de Paul Verlaine no poema "La bonne chanson": "*Et vraiment je ne veux pas d'autre paradis.*" (N.T.)

23 Referência figurada aos corsários ingleses do século XVI que, com o consentimento da rainha Elisabeth I, perseguiam e pilhavam os navios espanhóis. O mais famoso deles foi Sir Francis Drake, cuja vida foi retratada na série *Corsaire de la reine* de 1961 e no filme homônimo de 1962. (N.T.)

24 Personagem barroco, François-Timoléon de Choisy (1644-1724) desafiou seu tempo pela liberdade de seus costumes. Escritor, acadêmico, diplomata e padre, ele passou uma parte de sua vida vestido de mulher, como testemunham suas memórias elogiadas por Saint-Simon. Abbé de Choisy (1966), *Mémoires de l'abbé de Choisy habillé en femme*, Paris: Mercure de France, 2000.

25 A citação se refere a dois trechos distintos de Charles Baudelaire, *Mon coeur mis à nu: journal intime*, 1887. "*La femme est naturelle, c'est-à-dire abominable. Aussi est-elle toujours vulgaire, c'est-à-dire le contraire du Dandy.*" [A mulher é natural, ou seja, abominável. Além disso, ela é sempre vulgar, ou seja, o contrário do Dandy]; "*La jeune fille, ce qu'elle est en réalité. Une petite sotte et une petite salope; la plus grande imbécile unie à la plus grande dépravation*" [A moça, o que ela é na realidade. Uma pequena tola e uma pequena vagabunda; a maior imbecil unida à maior depravação.] (N.T.)

26 O trecho bíblico original não indica um desejo do autor, mas uma ordem: "Como em todas as igrejas dos santos, as mulheres estejam caladas nas igrejas; porque lhes não é permitido falar; mas estejam submissas como também ordena a lei. E, se querem aprender alguma coisa, perguntem em casa a seus próprios maridos; porque é indecoroso para a mulher o falar na igreja." (I Co 14:33-35) (N.T.)

27 Ef. 5:22.

28 *"Se faire avoir."* A expressão em francês com dois verbos no infinitivo, *"faire"* (fazer) e *"avoir"* (ter), significa ser enganado, ser passado para trás. Se traduzimos literalmente, se faire avoir resultaria em algo como "se fazer ter", "ser possuído" ou "deixar-se possuir". A expressão permite, neste contexto, um jogo de palavras entre "possuir" e "ser enganado" que não pode ser perfeitamente traduzido em português. O mesmo acontece com a expressão vulgar utilizada pela autora na frase seguinte, *"se faire baiser"*, que pode significar "deixar-se enganar", "ser enganado", "ser ferrado" ou mesmo "ser fodido por alguém", mas também "ser possuído sexualmente", já que *"baiser"* é um sinônimo muito vulgar para "ter relações sexuais". (N.T.)

29 A autora usa aqui o termo *"nègres"*, no masculino, palavra pejorativa, com conotação racista, diferente de "noires", usado para se referir aos Panteras Negras. (N.T.)

30 A lenda de Lorelei retrata uma jovem que, sentada sobre o rochedo do mesmo nome às margens do Reno, canta magnificamente. Enfeitiçados com seu canto, os marinheiros perdem o controle do barco e naufragam. A personagem foi criada pelo poeta renano Clemens Brentano na balada *Zu Bacharach am Rheine* (1801), onde a jovem Lore Lay se dirige ao convento, após ter sido enganada por seu amante. Ao olhar pela última vez para o rio do alto do rochedo, pensando ver o barco de seu amante, ela cai e se afoga (N.T.)

31 Referência ao filme francês *Série noire* (1979), dirigido por Alain Corneau, em que o protagonista, após cometer vários crimes, termina estrangulando sua esposa. (N.T.)

32 E ainda mais porque este é negado! Hoje, a recusa de procriação por parte das mulheres lúcidas corresponde mais à resistência sã a esse genocídio por asfixia que a demografia galopante comporta. É impossível se preocupar com as gerações futuras sem buscar limitá-las ao máximo pela simples possibilidade de existir. (N.A.)

33 A citação exata – *"La femme mère est l'histoire, l'homme guerrier et politique fait l'histoire"* [A mulher mãe é a história, o homem guerreiro e político faz a história] – foi retirada de Oswald Spengler (1923), *Le déclin de l'Occident. Esquisse d'une morphologie de l'histoire universelle*, Paris: Gallimard, 1948.

34 V. Solanas (1967), *Scum Manifesto*, Paris: Mille et une Nuits, 2005.

35 Poema de Louis Aragon. (N.A.) *"J'entends leurs pas, j'entends leurs voix/ Qui dissent des choses banales/ Comme on en lit sur le journal/ Comme on en dit le soir chez soi"* (tradução nossa). Trata-se do poema "J'entends, j'entends", de Aragon, publicado na antologia *Les poètes*, Paris: Gallimard, 1960. (N.T.)

36 "Que se cumpra em mim conforme a tua palavra." (N.A.) lC 1:38. (N.T.)

37 No original, grafado *"Roy"* em vez de *"roi"*, indicando a ortografia antiga da palavra. Fizemos o mesmo em português, grafando "Rey" em vez de "rei". (N.T.)

38 Marceline Desborde-Valmore (1786-1859), poeta francesa, conseguiu, mesmo assim, um lugar na história literária, mas pela voz de seus pares masculinos, meio admirativos, meio condescendentes, mas que sobretudo a remetiam inevitavelmente a seu *status* de mulher: "Uma inocência, uma arte sem arte" (Stefan Zweig); "Um canto que guarda sempre o acento delicioso da mulher." (Baudelaire) (N.E.)

39 *"Les Précieuses"* eram mulheres aristocratas do século XVII que frequentavam salões literários franceses. O movimento literário ali surgido foi denominado *"Preciosité"*. (N.T.)

40 *"Bachot"* é uma forma coloquial para *"baccalauréat"*, o exame de validação do ensino médio (*lycée*) e de admissão às universidades francesas. Deixamos a expressão francesa, já que o exame é diferente dos processos seletivos brasileiros. (N.T.)

41 Eugène Tisserant (1884-1972), cardeal francês. (N.T.)

42 Referência ao governo colaboracionista da França durante o período da ocupação nazista, com sede na cidade de Vichy. (N.T.)
43 O termo "*bicot*" designa um homem de origem magrebina (feminino "*bicotte*"), com conotação racista e ofensiva. (N.T.)
44 B. Friedan (1963), *La femme mystifiée*, 2020. [Ed. bras.: *A mística feminina*, Tradução Carla Bitelli, Rio de Janeiro: Rosa dos Tempos, 2020.]
45 Fanny Deschamps, *Ils parlent d'elles*, Paris: Grasset, 1968 (N.A.). Citado por Pierrette Sartin, *La femme liberée?*, Paris: Stock, 1968.
46 Nós acrescentamos aqui o imperador dos misóginos e mesmo dos ginófobos, Proudhon, que primeiro declarou que uma mulher, se não fosse bonita, não tinha nem sequer valor perante Deus (e mais tarde avaliou que a verdadeira feminilidade era se matar de trabalho doméstico e, se possível, revirar estrume calçando sapatos duros e o mais malvestida possível). E esta observação de Diderot se revela ainda mais próxima: "O elogio do caráter e do espírito de uma mulher quase sempre é uma prova de feiura." Velharias fora de moda? Releiamos Jean Cau que, em *Ma misogynie*, 1972 retoma exatamente os mesmos insultos antigos, sem ter medo de passar uma vergonha que não mata (um Cau sempre encontra um ainda mais Cau que o admira). (N.A.)
47 *Le traité des passions*, livro de René Descartes. (N.T.) P. Sartin, op. cit. Eu senti os efeitos da mesma reação em minha avó quando, ao me preparar para meu exame de *baccalauréat*, li a *Vie de Verlaine* (A vida de Verlaine) de François Porché, que mencionava as relações sexuais do poeta com Rimbaud. Apesar de ser uma grande viajante, partidária da Fronda e voltairiana, minha avó disse ter uma congestão sanguínea e teve que ficar de cama. (N.A.)
48 André Pierre, em *Les femmes en Union Soviétique. Leur rôle dans la vie nationale*, Paris: Spes, 1960, relata que as moças de lá sonham cada vez mais com um marido que ganhe o suficiente para se tornarem "donas de casa". É significativo saber que, no subúrbio de Paris: "sempre que se trate de um trabalho particularmente triste e repetitivo, dizem: esse trabalho é para uma mulher ou para um homem de cor." (Enquete de *Elle*, 4 de outubro de 1973, Hôtel Méridien). (N.A.)
49 O que serve de argumento a Stephen Hecquet (op. cit.) para provar que a mulher é o sexo forte e resistente e deve ser tratada como tal, para o maior bem do homem, sexo de luxo. (N.A.)
50 "A mulher dele está nas galeras, e todo mundo sabe que foi ele que roubou", escreve Flaubert em uma carta a Maxime Ducamp, tratando de um doméstico suspeito. (N.A.)
51 Jean Fréville, Jeanne Vermeersch (coord.), *La femme et le communisme. Anthologie des grands textes du marxisme*, Paris: Éditions sociales, 1950. Fréville faz referência aqui à visão de Proudhon sobre a mulher, o qual "só a imagina como dona de casa ou cortesã – besta de carga ou besta de luxo". (N.E.)
52 Helmut Schelsky (1955), *Sociologie de la sexualité*, Paris: Gallimard, 1966. Os exemplos citados são muito poucos em comparação com todos aqueles que levantei em minha contribuição: *Le feminisme: histoire et actualité*, sem contar as exceções simétricas do sexo masculino (cf. *Éros minoritaire*). O importante é notar essa clara tomada de posição em um autor que, além do mais, declara que, se víssemos uma perfeita igualdade dos sexos se realizar, "para nós, seria impossível conservar nossa herança cultural". (*Sociologie de la sexualité*, p. 92). (N.A.)
53 N. Mailer (1971), *Prisonnier du sexe*, 2019 (N.A.). Esse panfleto antifeminista é uma resposta ao livro *Política sexual* de Kate Millett, publicado em 1970, e tinha a vocação de "demonstrar o absurdo das posições mais extremas [dos movimentos feministas]" (apresentação do editor da recente reedição em língua francesa).

54 Ibid. (N.A.)
55 "O hábito é uma segunda natureza ou a natureza é primeiro um costume?", é a pergunta de Pascal. É cômico ver hoje em dia tantos espíritos liberados se obstinarem com o essencialismo, ao lado desse fideísta de três séculos atrás. (N.A.)
56 "*Le premier homme qu'elle rencontre/ Lui demande sa vertu;/ Elle lui donne;/ "Tu n'as pas honte!"/ Lui dit-il quand il l'a eue*." Uma *complainte* é um tipo de canção popular antiga que relata os infortúnios de um personagem, em forma de lamento. (N.T.) *La complainte*: Letra e música de Christiane Rochefort, 1970. (N.A.) O verso seguinte: "E como ela estava grávida/ Ele a mandou embora" e o refrão "Uma mulher é feita para sofrer". Conforme a tradição popular, essa *complainte* narra o destino de uma mulher "rejeitada" por aquele a quem ela "deu" sua virgindade e que, após ter cometido um infanticídio (a criança é uma menina), se suicida por enforcamento.
57 P. Sartin, op. cit. (N.A.)
58 Ibid. (N.A.)
59 Tribunal de Contas. Instituição máxima de auditoria fiscal da França, independente dos poderes executivo e legislativo. (N.T.)
60 Um *préfet* na França é um alto funcionário do Estado, responsável por uma região ou um departamento. Os *préfets* costumam ser escolhidos entre os *sous-préfets* e são nomeados por decreto do presidente da República. O cargo não deve ser confundido com o de prefeito em português, que se traduz como *maire*. (N.T.)
61 P. Sartin, op. cit. (N.A.)
62 Alexander Soljenitzyne (1968). *Le pavillon des cancereux*. Paris: Robert Laffont, 2016. [Ed. bras.: Alexander Soljenitzine, Pavilhão de cancerosos, Rio de Janeiro: Expressão e Cultura, 1969.]
63 Abreviação de "*Certificat d'Aptitude Professionnelle*" (Certificado de aptidão profissional). (N.T.)
64 Abreviação de "Salaire Minimum Interprofessionnel Garanti" (Salário-mínimo interprofissional garantido), um piso salarial referente à remuneração por hora. (N.T.)
65 Pierrette Sartin, *La femme libérée?*, op. cit. "Indignados, dois outros membros do grupo, também chefes de empresa, saíram então discretamente da usina, renunciando a continuar a visita." (N.A.)
66 Évelyne Sullerot, *La femme dans le monde moderne*, Paris: Hachette, 1970 (N.A.). Em 1968, devido ao seu relatório sobre "O emprego das mulheres e seus problemas na CEE", a socióloga e militante feminista Évelyne Sullerot (1924-2017) esteve na origem da diretiva europeia "sobre a igualdade de tratamento entre homens e mulheres".
67 Ela se refere ao século XIX, já que o livro foi escrito em 1974. (N.T.)
68 Citado por Pierrette Sartin junto a uma comissão interministerial. (N.A.)
69 Marcelle Ségal, 1955 e outros anos (N.A.). Marcelle Ségal manteve durante mais de quarenta anos a coluna "Courrier du cœur" [Correio sentimental ou, literalmente, Correio do coração] da revista *Elle*, da qual ela era também cofundadora.
70 *Institut national de la statistique et des études économiques*, instituição encarregada de produzir as estatísticas oficiais na França. (N.T.)
71 Estamos usando a palavra "funcionária" (*employée*, no original), neste livro, para identificar as trabalhadoras que não são operárias, mas também não são supervisoras ou chefes. Não confundir com "*fonctionnaire*", que indica uma funcionária pública. (N.T.)
72 Andrée Michel, Geneviève Texier, *La condition de la Française aujourd'hui; I. Mythes et réalités. II. Les groupes de pression*, Genebra, Gonthier, 1964.

201

73 Madeleine Guilbert, *Les fonctions des femmes dans l'industrie*, Paris: Mouton, 1966. (N.A.)
74 Pierrette Sartin, *La femme libérée?*, op. cit. (N.A.).
75 Noël Lamare, *Connaissance sensuelle de l'homme*, Paris: Buchet-Chastel, 1964. Noël Lamare colaborou com o *Livre noir du divorce* (Chaville, Didhem, 1973), onde está citado; essa passagem é uma das mais saborosas desse livro consagrado a demonstrar "o feminismo insidioso e demagógico (sic)" da... magistratura francesa! (N.A.)
76 Gênero de cinema documental que busca captar diretamente o real e transmitir a sua verdade. Neste gênero, costuma-se usar uma câmera apoiada no ombro. (N.T.)
77 *Le livre de l'oppression des femmes*. Paris: Pierre Belfond, 1972. (N.A.)
78 Ibid. isso foi relatado por uma moça de 1972. Quando, em 1930, eu estava em uma classe mista no curso Hattmer, eu ouvi o mesmo discurso da boca de nosso diretor, envergonhando os meninos porque eu me encontrava entre os primeiros lugares. Minha mãe assistia a esse curso, ela que foi aluna de Madame Curie, que teve que sair no braço para poder ter um lugar na Faculdade de Ciências, onde os estudantes faziam barreira contra elas (em Medicina, eles queimavam a imagem das primeiras estudantes). Continuidade e permanência histórica do discurso misógino. (N.A.)
79 Trata-se, possivelmente, de uma referência ao *Concours général des lycées et des métiers* (Concurso geral dos liceus e dos ofícios) do Ministério de Educação da França, criado em 1744, que distingue os melhores alunos de ensino médio dos liceus de ensino geral, tecnológico e profissional. (N.T.)
80 Em um máximo de 20 pontos. (N.T.)
81 *Le livre de l'oppression des femmes*, op. cit. Aqui, podemos admirar de que modo a repressão sexual se une ao antifeminismo. (N.A.)
82 Pelo contexto do parágrafo, subentende-se que foi reprovado no *baccalauréat*, ou *bac*, o exame que se aplica aos estudantes que concluem o ensino médio, na França, para ter acesso à universidade (N.T.).
83 As *Écoles normales* (escolas normais) são estabelecimentos de ensino dedicados a formar os futuros professores de ensino básico. (N.T.)
84 *Le livre de l'oppression des femmes*, op. cit. (N.A.)
85 Por exemplo Edmond Haracourt, um dos poucos a apoiar Oscar Wilde, que desprezava as "putas". (N.A.)
86 Grafado conforme original. (N.E.)
87 *Le livre de l'oppression des femmes*, op. cit.
88 "*la femme s'avance la représentation commence/sur le miroir se pressent les araignées/je ne peux plus me voir/je ne peux pas voir si je suis une femme si je n'en suis pas*". (N.T.)
89 Ibid.
90 Ibid.: Variante: "Então, quando *sua bunda* vai bem, *você* vai bem." Notemos que o mesmo falocrata, em caso contrário, haveria censurado sua amante por sua frigidez. (N.A.)
91 H. Marcuse (1955), *Éros et civilization*, 1963. (N.A.)
92 Helmut Schelsky (1955), *Sociologie de la sexualité*, op. cit. (N.A.)
93 Kate Millett (1972), *La prostitution. Quatuor pour voix féminines*, Paris: Denoël, coleção "Femme", 1972. (N.A.) Sobre este tema, assistir ao vídeo do encontro entre Kate Millet, Monique Wittig e Christine Delphy em junho de 1975, após a ocupação da igreja de Saint-Nizier por uma centena de trabalhadoras do sexo para protestar contra a repressão policial. Disponível em cutt.ly/moleptj. Acesso em 17 jan. 2025. (N.E.)

94 "[...] si c'est au tutoiement que commence la torture, c'est au respect du système que commence la putain." Em francês, "tutoiement", que é o ato de chamar alguém de "tu", muito mais íntimo e informal que "vous" (vós). O uso do "tutoiement" é, assim, uma quebra da barreira de formalidade, na sociedade francesa e é considerado desrespeitoso se usado com pessoas desconhecidas ou em contextos que exigem formalidade. (N.T.)

95 Sartre, J. P., A prostituta respeitosa, tradução Miroel Silveira, Rio de Janeiro: Civilização Brasileira, 1961 (N.T.).

96 De modo bastante previsível, Françoise d'Eaubonne revela ser uma feminista abolicionista, provavelmente em ligação com sua posição universalista (ver posfácio). Como ela pensa a libertação feminista de maneira global, para ela é impossível conceber um esforço de resistência ou talvez de subversão no interior do trabalho do sexo. Hoje em dia, as feministas institucionais ainda consideram as prostitutas "vítimas" que devem ser salvas, não tomando em conta a imensidão de vivências próprias ao trabalho do sexo. Entretanto, d'Eaubonne discerne bem o que Paola Tabet chamará o "continuum da troca econômico-sexual": as mulheres, durante toda a sua vida, devem fazer concessões a certa forma de prostituição invisível, através das negociações heterossexuais cotidianas – dar um sorriso para o fiscal no ônibus para escapar da multa, deixar que lhe paguem um drinque... –, até o casal hétero e monogâmico para o qual o sexo é entendido como um fato "natural" desinteressado, evidente e gratuito. As trabalhadoras do sexo retrucarão que elas, ao contrário das mulheres casadas respeitáveis, oferecem um serviço por tempo limitado e abertamente tarifado, o que finalmente confere um caráter social ao sexo. Nos Estados Unidos, esses debates acalorados se cristalizaram durante as sex wars dos anos 1980, que opunham duas visões do sexo, uma como escravização e outra como potencial margem de resistência feminista. Evidentemente, esta nota não pretende ser exaustiva e trata-se aqui de uma simplificação que visa muito mais a buscar aberturas que a criticar negativamente todas as posições da autora. Para concluir, o trabalho do sexo pode ser um lugar de emancipação feminista no que diz respeito à performance de gênero que lhe é própria, sem falar das masculinidades que oferece ao estudo ou ainda das lutas políticas que ele gerou, como em Lyon durante a ocupação da igreja Saint-Dizier, um ano após a publicação deste livro – 1975. Para uma visão mais global do trabalho do sexo na França, do abolicionismo do Estado francês e do alcance político do TDS [trabalho do sexo], ver: Thierry Schaffauser, Les luttes des putes, Paris: La Fabrique, 2014. (N.E.)

97 A própria ortografia da frase que acabo de escrever é reveladora. O efeito cômico dos particípios "violado" e "engravidado" vem de seu masculino. Nós o sabemos: a palavra "être", em francês [como o substantivo "ser", em português] é masculina, quer seja aplicada ao macho ou à fêmea. Essa língua que detesta o neutro o substituiu pelo masculino, enquanto as observações mais atuais dos biólogos estejam em concordância em demonstrar que é a mulher que é a espécie, e que o homem se diferencia dela muito mais que ela se diferencia do homem. (N.A.)

98 Declarações que fazem eco à obra de Valérie Rey-Robert, que lembra – quase cinquenta anos após Françoise d'Eaubonne – que é igualmente tempo de terminar com a figura do estuprador, ainda e sempre assimilado ao outro, "o estrangeiro, à margem da sociedade, em sentido estrito no subúrbio, quer dizer, ao redor de nós, na periferia, mas nunca no centro, no coração daquilo que nós reconhecemos como um nós coletivo aceitável." Cf.: Valérie Rey-Robert (2019), Une culture du viol à la française. Du troussage de domestique à la liberté d'importuner, Paris: Libertalia, 2020. (N.E.)

99 "Le viol", Le torchon brûle, nº 4, ago. 1972. (N.A.)
100 Ibid. (N.A.)

101   Panaït Istrati (1926), *Domnitza de Snagov*, Paris: Gallimard, 1983.
102   *Le livre de l'oppression des femmes*, op. cit. (N.A.)
103   "Le viol", in *Le torchon brûle*, op. cit. (N.A.)
104   Certos católicos, durante a Resistência, defenderam o direito ao suicídio para escapar à tortura, baseando-se no direito que a Igreja concede às mulheres de se suicidarem para escapar ao estupro. (N.A.)
105   O "direito da primeira noite" ou "direito de pernada" ("*droit de cuissage*", em francês) é um mito segundo o qual o senhor feudal teria direito a desvirginar as esposas de seus vassalos na noite de núpcias. (N.T.)
106   Um bom exemplo foi dado em dezembro de 1973 pelo assunto do estupro de uma jovem militante do Comitê de Auxílio aos Imigrantes por um antilhano, relatado no jornal *Libération* por Annie Cohen. Os esquerdistas suplicaram às moças que não fizessem o antirracismo cair em descrédito ao divulgar esse fato, com muitos exemplos de argumentos sobre "a miséria sexual dos pobres imigrantes". (N.A.)
107   *Tout!*, nº 12, 23 de abr. de 1971 (N.A.).
108   Expressão típica. *Le livre de l'oppression des femmes*, op. cit. (N.A.)
109   O nome desse grupo feminista (literalmente "Mina, a louca") é uma homenagem a uma operária, Wilhelmina Drucker (1847-1925), que sugeriu que o movimento feminista havia errado o caminho, priorizando o direito ao voto em lugar das situações cotidianas vividas pelas mulheres. Inspirado pelo movimento Provo, esse grupo se caracteriza por intervenções públicas e um certo senso de provocação.
110   "Le viol", *Le torchon brûle*, op. cit. (N.A.)
111   Ibid. (N.A.)
112   F. d'Eaubonne, op. cit. (N.A.)
113   Trata-se de uma frase do romance francês *Zazie dans le métro* (1959) de Raymond Queneau, no qual a personagem Zazie, de 11 anos, vinda do interior, usa uma linguagem não convencional, um "neofrancês" com tons cômicos. Na frase citada por d'Eaubonne, ela repete "*faut sméfier*", o que seria uma versão oralizada de "*il faut se méfier*" (é preciso desconfiar). Mantivemos no corpo do texto a grafia usada por d'Eaubonne, ainda que não seja exatamente a mesma do romance. (N.T.)
114   A ideia de que a mulher "consente por natureza" e nutre um "desejo secreto" se desfaz diante de uma realidade amplamente conhecida: o número expressivo de jovens que buscam tratamento por medo do ato sexual, aquelas que escrevem a colunas sentimentais angustiadas – "Será que sou um monstro?" – e as tantas que se apaixonam por figuras como padres, médicos ou homens homossexuais, ou seja, aqueles que lhes oferecem uma porta de entrada no universo masculino sem submetê-las diretamente à sua ordem. Freud, de maneira ingênua, chamou isso de "tendência feminina a evitar a sexualidade" (N.A.). Trecho de um texto coletivo de mulheres do grupo Política e Psicanálise, escrito para as "Jornadas de denúncia dos crimes contra as mulheres" (13 e 14 de maio de 1972), publicado na edição nº 4 de *Le torchon brûle* (junho de 1972). (N.E.)
115   Há alguns anos, participei em Toulouse de pesquisas sobre o estupro conjugal, particularmente grave nos meios proletários e de imigrantes. As médicas que fizeram parte desse grupo chegaram o ponto de hospitalizar uma esposa cujo marido foi buscá-la e estuprá-la em sua cama de hospital, enquanto ela estava em estado de hemorragia. (N.A.)

DA REVOLUÇÃO À MUTAÇÃO

1. Do original "*Ah! Race d'Abel, ta charogne/ Engraissera le sol fumant!*" Charles Baudelaire, *As flores do mal.*, tradução Ivan Junqueira, Rio de Janeiro: Nova Fronteira, 2015.

2. Do original: "*Aucune femme n'est tenue de construire le monde en se détruisant elle-même.*" (N.T.)

3. Elizabeth Draper (1965), *Conscience et contrôle des naissances. Le rôle de l'individu dans le problème de l'explosion démographique*, Paris: Robert Laffont, 1971.

4. Desde então, estabeleceu-se o cálculo matematicamente verificável da população no ano 2020, se a taxa se mantiver tal como está: 10 bilhões! Naturalmente isso é impossível. Qual catástrofe mundial reestabelecerá a possibilidade de ser? (N.A.)

5. Rio da África central que percorre a República Democrática do Congo, a República Centro-Africana e a República do Congo. (N.T.)

6. *Little murders*, 1971. (N.T.)

7. Marquês de Sade, *História de Juliette ou As prosperidades do vício*, tradução Brito Santana Rui, Lisboa: Guerra e Paz Editores, 2022.

8. Etologista americano, John Bumpass Calhoun (1917-1995) estudou os efeitos da superpopulação por meio de experiências com animais, especialmente camundongos. Sua experiência (denominada Universo 25) foi levada a cabo não "em uma granja", mas em instalações do Instituto Nacional da Saúde Mental (NIMH) de Bethesda, e durou cinco anos. Calhoun publicou os resultados de sua experiência em *Population Density and Social Pathology* (1962), que obteve um certo sucesso e influenciou sociólogos do urbano, arquitetos, urbanistas e psicólogos.

9. Do original "*Race d'Abel, ame et pullule!/ Ton or aussi fait des petits./ Race de Caïn, coeur qui brûle,/ Prends garde à ces grands appétits.*" C. Baudelaire, tradução Ivan Junqueira. op. cit. (N.T.).

10. Vice-presidente da União das Mulheres Francesas, Jeannette Vermeersch (1910-2001) se expressou em 1956 contra o "controle dos nascimentos", considerado "um engodo para as massas populares, mas uma arma entre as mãos da burguesia contra as leis sociais." (*L'Humanité*, 10 abr. 1956)

11. Editorial, *Guérir*, nov. 1971.

12. Dr. Peyret, *Guérir*, nov. 1971.

13. "Le livre blanc de l'avortement" [O livro branco do aborto], *Le Nouvel Observateur*, 1971.

14. Fundada em 1971 por Geneviève Poullot e Paul Chauchard (presidente), *Laissez-les vivre* (Deixem que eles vivam) é a mais antiga associação antiaborto francesa. Ainda existente, a associação teve um período de forte atividade nos anos 1970 e 1980, em especial na oposição aos diversos projetos de lei que liberavam o aborto. Ela desenvolve uma propaganda muito virulenta, comumente assimilando a liberdade de aborto a uma "liberdade de assassinato".

15. Sobre a história da contracepção, ver: Angus Mc Laren (1992), *Histoire de la contraception de l'Antiquité à nos jours*, Paris: Noêsis, 1996. (N.E.)

16. Cartão humorístico americano (N.A.)

17. Essas linhas já haviam sido escritas quando foi publicado *O anti-Édipo*, de Gilles Deleuze e Félix Guattari, que sustentam a mesma tese. (N.A.)

18. C. Lonzi, *Cuspindo em Hegel – e outros escritos*, 2025.

19   Carla Lonzi (1974), *Crachons sur Hegel*, 2017. [Ed. Bras.: *Cuspindo em Hegel – e outros escritos*. Belo Horizonte: Âyiné, 2025.]

20   Mas não se deve exagerar. Fanática pela virgindade e pela fidelidade conjugal, a fiel se torna cética ante a proibição das práticas que evitam a fecundação. "Boa quantidade de mães cristãs tem somente dois ou três filhos", observa Simone de Beauvoir. (*O segundo sexo*, 1949) (N.A.)

O método Ogino, também conhecido como método do calendário, tem esse nome em referência ao ginecologista japonês Kysaku Ogino, que o propôs em 1924. No Brasil, é conhecido como *tabelinha*. (N.T.)

21   A proporção feminina dessas profissões é ainda tão pequena, que é negligenciável. (N.A.)

22   C. Lonzi, op. cit.

23   Em 5 de abril de 1971, com a concordância de diversas participantes do Movimento de Libertação das Mulheres (*Mouvement de Libération des Femmes* ou MLF, por sua sigla em francês), *Le Nouvel Observateur* (apelidado de *Nouvel Obs*, ou simplesmente *Obs*) publicou um manifesto em que 343 signatárias, famosas ou desconhecidas, confessaram ter praticado aborto clandestino, expondo-se, assim, a penalidades judiciais. Esse manifesto foi um marco na mobilização popular que levou, em 1975, à promulgação da chamada lei Veil e à descriminalização do aborto na França. (N.T.)

24   Em 26 de abril de 1971, o clube do *Obs* teve a surpresa de ver as delegadas do MLF que participavam do debate descer do palanque, anunciando que elas deixavam o lugar para as mulheres da sala, cuja voz preferiam ouvir no lugar das "especialistas" que compunham o areópago. (N.A.)

Em 26 de abril de 1971, para responder às inúmeras reações suscitadas pela publicação do "Manifesto das 343", *Le Nouvel Observateur* organizou um debate público na sala Pleyel sobre o tema do aborto. A reunião, que agrupou médicos, ginecologistas, juristas, teólogos, "perturbada" por militantes decididas a dar a palavra às principais interessadas, foi interrompida. As intervenções previstas foram publicadas em "Le livre blanc de l'avortement" [O livro branco do aborto], *Le Nouvel Observateur*, 1971, seguidas por longos trechos de cartas dos leitores e por diversos anexos.

25   E membro muito ativo e conselheiro científico da associação *Laissez-les vivre* (Deixem que eles vivam) até 1985.

26   Clara referência a um verso da *Marsellaise*, cântico revolucionário composto durante a Revolução Francesa e atualmente hino nacional da França: "*Ils viennent jusque dans nos bras/ Égorger nos filles, nos compagnes!*" [Eles vêm até os nossos braços/ Degolar nossas filhas, nossas companheiras!] (N.T.)

27   Conforme a correspondência de Claudel e Gide, onde o primeiro explica ao segundo que, se começarmos a admitir desculpas para a homossexualidade, logo as encontraremos para o onanismo, a antropofagia e a violação de crianças. (N.A.)

28   Évelyne Sullerot é a cofundadora da associação A Maternidade Feliz, que em 1960 se tornará o Movimento Francês para o Planejamento Familiar. Suas posições evoluirão nos anos 1980. Ela chegará até a dizer que o aborto "se tornou uma nova contracepção e até um direito de destruir" e se oporá ao útero de substituição (*Pilule, sexe et ADN, trois révolutions qui ont bouleversé la famille*, Paris: Fayard, 2006). (N.E.)

29   Em francês, "donner le Jour c'est donner la Lumière". (N.T.)

30   Simone de Beauvoir (1963), *La force des choses*, Paris: Gallimard, 1977. [Ed. Bras.: *A força das coisas*, Rio de Janeiro: Nova Fronteira, 2009.]

31   Na mitologia grega, Cassandra era uma princesa de Troia, com dom da profecia, que advertiu os troianos do que aconteceria se trouxessem o cavalo para dentro dos muros da cidade, mas ninguém lhe deu crédito. (N.T.)

32   Homem político birmanês, U Thant (1909-1974) foi o terceiro secretário geral das Nações Unidas, de 1961 a 1971.

33   É considerado crime contra a humanidade "o dano grave à integridade física ou mental de membros do grupo", imediatamente ao lado de "medidas que visam a impedir os nascimentos no seio do grupo"! Essas são as belezas da lógica masculina: ignorar a contradição entre esses dois termos, na medida em que o único meio de respeitar "a integridade física e mental de um dos membros do grupo" (uma mulher) é precisamente tomar medidas para "impedir" um nascimento indesejável. (N.A.)

34   O termo que a autora usa é "hétéroflic", que indica aqueles que desprezavam e até negavam a existência da homossexualidade. A palavra é um neologismo, composto por hétéro+flic (flic sendo um termo popular para designar um policial). Durante os anos 1970, o conceito de "hétéroflic" era muito difundido no âmbito da comunidade homossexual, indicando tanto a vergonha de ser homo quanto a admiração pelos héteros (com o sonho de entrar na "normalidade"). Os chamados "hétéroflics" consideravam a heterossexualidade a única forma "normal" de amor e recriminavam os que agiam de outra forma. Informações retiradas de Bi'Cause: Association Bi Pan et +, disponível em: <https://bicause.fr/bicauserie-les-heteros/>. Acesso em 19 jan. 2025. Criamos o neologismo "heterofiscal" para traduzir este termo. (N.T.)

35   Provável referência ao escritor e político social-democrata alemão August Bebel, autor de A mulher e o socialismo (1879), entre outras obras. (N.T.)

36   Não se trata de voltar à crença do "matriarcado" de Bachofen. Mas a própria Simone de Beauvoir reconhece a "situação muito elevada" da qual a mulher desfrutava na Antiguidade muito distante. Em A crise da psicanálise, Erich Fromm declara que a tese de Bachofen, ainda que falsa, mostrou uma incomparável fecundidade para o pensamento do século XIX e que tê-la ignorado explica em grande parte as aberrações de um inovador como Freud quando este aborda o problema feminino. Minhas pesquisas me levam a crer que é a defesa, com armas na mão, das riquezas agrícolas, que está na origem das supostas "lendas" das amazonas e de seus combates contra os homens caçadores e pastores, quando a segregação sexual era requerida pelos tabus masculinos contra a sexualidade feminina: Le complexe de Diana (1950) e Le féminisme: histoire et actualité (1971). Recordemos que, assim que esse livro foi publicado, a revista Times trouxe uma impactante confirmação da minha tese por um comunicado de Von Puttkamer, etnologista alemão, que acaba de descobrir no Brasil os traços dessa civilização supostamente lendária de amazonas. (N.A.)

Sobre esse assunto, ler: Adrienne Mayor (2017), Les Amazones. Quand les femmes étaient les égales des hommes, Paris: La Découverte, 2020. (N.E.)

37   A autora faz um jogo de palavras entre "accoutré" (vestido de modo ridículo) e "coutre" (o ferro do arado). (N.T.)

38   Grand Ferré foi um camponês da região da Picardia que participou da Guerra dos Cem Anos em uma batalha em Longueil-Sainte-Marie em 1359. Posteriormente, sua figura foi retratada em histórias e imagens, fazendo dele o símbolo do herói camponês. (N.T.)

39   Cf. B. Friedan, op. cit. (N.E.)

40   Virginia Woolf (1929), 2020. [Ed. bras.: Um quarto só seu, Rio de Janeiro: Bazar do Tempo, 2021.]

41   D. H. Lawrence (1928), L'amant de lady Chatterley, Paris: Le Livre de poche, 2008. [Ed. Bras.: O amante de lady Chatterley, Rio de Janeiro: Antofágica, 2022.]

42   Senhorita Julie (Fröken Julie), dirigido por Alf Sjöberg em 1951.
43   Leon Tolstói (1889), *A sonata a Kreutzer*, Paris: Gallimard, 1974.
44   *Natura naturans* (natureza naturante) e *natura naturata* (natureza naturada) são conceitos da filosofia clássica que formam uma oposição, tendo sido trabalhados especialmente pelo filósofo Baruch Spinoza (N.T.).
45   Jean Genet (1943), *Notre-Dame-des-Fleurs*, Paris: Gallimard, 1976. [Ed. Bras.: *Nossa Senhora das Flores*, Rio de Janeiro: Nova Fronteira, 1983.]
46   F. d'Eaubonne, *Éros minoritaire*, 1970. (N.A.)
47   Wilhelm Stekel, *Bi-sexual Love. The Homosexual Neurosis*, Boston: R. G. Badger, 1922.
48   Ver nota da página 33, página 229.
49   Relembremos uma exceção: os períodos de governo militar e o estado de guerra. Assim, Luís XIV, devoto e heterofiscal, aceitava a homossexualidade guerreira de seus generais com base na representação de Louvois de que a homossexualidade "era muito boa para retirar as mulheres e fazer campanha alegremente com seus amantes"; e Napoleão, corso fanático pelo sexismo e pela opressão familiar das mulheres, se importava muito pouco com os costumes de seu jurista Cambacérès e de seus soldados em campanha. (N.A.)
50   Massimo Consoli, *Appunti per una rivoluzione morale*, Ragusa: La Fiaccola, 1971. (N.E.)
51   K. Millet (1970), *Sexual Politics: la politique du mâle*, 2020.
52   *L'Humanité* é um jornal ligado à esquerda francesa, fundado por Jean Jaurès em 1904. (N.T.)
53   Union de Femmes Françaises. (N.T.)
54   As soviéticas obtiveram grandes sucessos nas ciências aplicadas e participam da vida militar, sendo as únicas a fazê-lo junto com as israelitas e as vietnamitas; entretanto, elas só invadiram a carreira médica porque esta é uma das mais mal pagas na URSS; denunciou-se, com frequência, sua pouca participação nos postos de comando político; e a vida cotidiana as liga estreitamente à sua família, quase tanto quanto qualquer outra ocidental. Outro exemplo: segundo *Women in the Soviet Economy*, as mulheres operárias da construção não recebem formação profissional nem máquinas-ferramentas. Além disso, uma amiga que voltou da URSS no verão de 1972 me confirmou a observação, já citada, de que a jovem soviética aspira cada vez mais a se casar com um marido com boa situação econômica, que lhe permita permanecer em casa. Nesse país, as mulheres são mais protegidas contra o estupro; ele é punido com quinze anos de prisão, e simples gestos inconvenientes podem fazer um homem perder imediatamente o trabalho, ou até ser excluído do Partido ou impedido de entrar nele. Mas a prostituição se propaga muito abertamente já há alguns anos e parece estar em vias de crescimento. Os longos discursos sobre a inferioridade intelectual das mulheres ou sua inferioridade biológica não têm nada de raro nem de escandaloso, inclusive nos meios altamente intelectuais. Em 12 de setembro de 1967, uma sessão da União dos Escritores que fazia uma acusação a Soljenítsin o comparou a Svetlana Stalin, ressaltando que quem corria perigo era "o homem de talento"; quanto ao livro de Svetlana, não passava de "tagarelices de mulheres" (*Les droits de l'écrivain*, Paris: Le Seuil, 1969). Último detalhe: a contracepção continua sendo unicamente masculina, é impossível encontrar a pílula, e as turistas ocidentais arriscam fortemente que as delas sejam roubadas. (N.A.)
55   R. Reiche, *Sexualité et lutte des classes*, 1971. (N.E.)
56   Guy A. Smal, Joseph W. Mbuyi, *Femme africaine, réveille-toi!*, Paris: La Pensée universelle, 1973. (N.A.) A citação é extraída da quarta capa.

57 Não é necessário ir até a Líbia para deleitar-se com as "pérolas" do sexismo; nossa vizinha, a Bélgica, é suficiente. "Estão reservadas aos candidatos do sexo masculino os postos de inspeção de gêneros alimentícios no serviço do leite... A exclusão de candidatos femininos da inspeção dos gêneros alimentícios está fundada sobre (o fato de que) esses agentes se expõem ocasionalmente a situações difíceis, a gracejos e até a ameaças e golpes" (sic), diz a legislação do trabalho. Da mesma forma, os inspetores dos serviços agrícolas devem ser homens, porque eles devem "percorrer os campos em qualquer estação e assistir aos trabalhos das máquinas agrícolas" (sic), e os desenhistas da comissão de monumentos e sítios porque eles têm "a obrigação de visitar torres e estruturas de difícil acesso". Quanto às aduanas, "não se coloca a questão da admissão das mulheres, pois estas diversas funções não se prestam à *utilização da pessoa feminina*" (*Sexualité et morale d'aujourd'hui*, n° 45, Bruxelas). Como fica a carta, assinada por 52 nações, sobre a proibição de recusar um emprego ou uma profissão a qualquer pessoa por razão de raça, de religião *ou de sexo*? (N.A.)

58 Frantz Fanon, *L'an V de la révolution algérienne*, Paris: Maspero, 195..9 (N.A.) Incessantemente reeditado desde então (uma das edições em 1966 pelo mesmo editor, com o título *Sociologie d'une révolution*), este texto se tornou um clássico da descolonização. Ele constitui a primeira análise sistemática das mutações de uma sociedade argelina em luta por sua liberdade. (N.E.)

59 Sheila Rowbotham (1973), *Féminisme et revolution*, Paris: Payot, 1973. (N.A.)

60 Discurso às mulheres de Cuba. Fidel Castro, "*Les femmes doivent être doublement révolutionnaires*", *Cahier du Cercle d'éducation populaire*, 1967.

61 Ensaísta, jornalista, universitária e militante feminista australiana, Germaine Greer (1939-) é autora, entre outros, de *A mulher eunuco* (1970), no qual ela reconsidera a liberdade sexual das mulheres e preconiza a liberação das mulheres com respeito aos modelos e ao poder masculino, mais que a busca pela igualdade. Ela é igualmente conhecida por ter enfrentado o autor americano Norman Mailer sobre essas questões na prefeitura de Nova Iorque em abril de 1971, debate que se tornou tema de um documentário, *Town Bloody Hall* (1979).

62 Germaine Greer (1970), *La femme eunuque*, 1998. [Ed. bras.: *A mulher eunuco*, tradução Vera Ribeiro, São Paulo: Círculo do Livro, 1970.]

63 Elizabeth Sutherland, *The Youngest Revolution: A personal Report on Cuba*, Nova York: Dial Press, 1969. (N.E.)

64 S. Rowbotham (1973), op. cit., p. 275. (N.A.)

65 Marie-Thérèse Guinchard, *Le macho et les Sud-Américaines*, Paris: Denoël-Gonthier, collection "Femme", 1971. (N.A.)

66 Nesta e em outras ocorrências da palavra "*indien*" em francês, optamos por traduzi-la como "índio", mantendo a mentalidade vigente na época, mesmo que hoje em dia se prefira o termo "indígena". (N.T.)

67 Não poderíamos terminar o assunto da brasileira sem evocar as abominações das torturas infligidas às militantes revolucionárias desse país, com um toque sexual bem particular, que só existia para elas ou para os meninos muito jovens presos pelos torturadores. (Existe até, nesta ocasião, um termo especial do jargão policial que designa uma espécie de "show" ignóbil, uma série espetacular de abusos sexuais: a curra!)

Maria Barcellos, presa em 21 de novembro de 1969, em São Paulo (estudante de Medicina). Eles a desnudaram, bateram nela durante seis horas, "fizeram que ela visse as mais monstruosas obscenidades, os gestos acompanhando as palavras", forçaram Chaël, um de seus companheiros de torturas, a "beijar todo o corpo dela", empurraram sobre o seu corpo nu o corpo nu de seu marido Antônio Roberto, que havia tido um dos testículos arrebentado pelos militares; "não satisfeitos ainda, eles a empurraram contra a parede e, colocando um cassetete sobre seus órgãos genitais, eles simularam o ato do bom pênis, como dizem na linguagem dos torturadores", depois "na presença dos soldados que guardavam as janelas e as portas", cobriram-na de golpes, sacudindo os seus seios, a esmurraram até arrebentar os seus lábios, lançaram baldes d'água sobre ela e a submeteram ao suplício da eletricidade.

Mara Alvarenga, artesã, trinta e quatro anos, presa em Porto Alegre em 1º de julho de 1970, "golpes de karatê, estrangulamento e torturas morais de caráter sexual". Na prisão, ela encontrou Emily Vareira, que ficou inválida devido aos golpes e aos choques elétricos nas mãos, assim como uma nobre, Efigênia de Oliveira, hospitalizada por dois meses após receber choques elétricos na vagina.

Sônia Regina Yessin Ramos, estudante de Direito, presa em 21 de abril de 1970, no bairro de Mesquita. Torturada durante todo o período de encarceramento (banhos elétricos, entre outros), até janeiro de 1971, quando ela foi solta.

Imaculada de Oliveira, 24 anos, secretária do Sindicato dos Metalúrgicos, de abril a setembro de 1969, choques elétricos e golpes em todo o corpo, obrigada a assistir às torturas sexuais dos rapazes (por exemplo, seu camarada José Adão, sodomizado com um cabo de vassoura); e as mulheres: Delcy Gonçalves e Gilse Maria, "obrigadas a desfilar nuas diante de inumeráveis soldados" e depois torturadas.

Carmela Pezzuti, quarenta e quatro anos, funcionária pública, presa em 30 de abril de 1970, recebe o tratamento habitual, golpes, choques elétricos etc. e testemunha que "Sônia Lacerda Macedo e Vânia Abrantes foram torturadas de maneira indescritível". Quanto à camarada Dulce: "amarrada pelos tornozelos e os punhos, totalmente nua, colocaram um jacaré sobre ela".

Estes são somente alguns exemplos escolhidos aleatoriamente na brochura publicada em Bruxelas, *Dossier Brésil* [Dossiê Brasil], pela Associação Internacional dos Juristas Democratas. Todos estes testemunhos de tortura emanam de prisioneiros escolhidos entre os 70 exilados no Chile em janeiro de 71, compilados por Annina Alcântara de Carvalho, advogada perante a auditoria de São Paulo (cujo personagem pode ser facilmente reconhecido no papel de deputada de esquerda no filme *Estado de Sítio*, que denuncia a escola de torturas aplicada na América Latina fascista, com transmissões de técnicas de um Estado a outro). (N.A.)

68 Escritora e poetisa boliviana, Olga Bruzzone de Bloch (1909-1955) foi diretora da revista feminina *Superación* e porta-voz da *Confederación Nacional de Instituciones Femeninas*. Seus textos não foram traduzidos para a língua francesa. (N.E.)

69 Olga Bruzzone de Bloch, *El poema del hijo sin padre*, disponível em <https://www.bibliotecanacionaldigital.gob.cl/bnd/623/w3-article-134719.html>. Acesso em 6 jan. 2025.

70 Houari Boumédiène, presidente da Argélia de 1976 a 1978. (N.T.)

71 C. Broyelle, 1974. [Ed. Bras: *A metade do céu: O movimento de libertação das mulheres na China*, São Paulo: Edições Nova Cultura, 2020.]

72 Esse subtítulo parece pressupor uma espécie de "MLF chinês", a saber, um movimento reivindicativo e uma luta, ou ao menos uma reclamação, mesmo que seja de um tipo cortês como na Argélia de Boumédiène. O conteúdo do livro mostra que não se trata de nada mais que um *status* diferente das mulheres, desejado e organizado pelo poder masculino revolucionário (N.A.).

73 S. de Beauvoir apud A. Schwartzer, *Nouvel Observateur*, 14 fev. 1972.

74   Artista, ativista e teórica feminista radical, Shulamith Firestone (1945-2012) é autora, especialmente, de A dialética do sexo (The Dialectic of Sex: The Case for a Feminist Revolution), publicado em 1970. Nesse texto, ela defende a tese segundo a qual a diferenciação social biológica e, principalmente, a desigualdade dos dois sexos no papel reprodutor são consequência da dominação dos machos, da hierarquização das classes sociais, do racismo, do imperialismo, mas também da loucura antiecológica. (N.E.)

75   Notemos que a estrutura heterofiscal não está ausente de um discurso como este. Da mesma forma que no bloco americano-ocidental, a "liberação sexual" se resume com maior frequência a essas relações e ao direito ao prazer no casamento; para uma pequeníssima minoria burguesa, ao amor em grupo. Para além disso, para esses audazes pioneiros, começa a "perversão". Nas palavras de Han Suyin, a existência dos imensos territórios da sexualidade, incluindo os da bissexualidade, que já se tornaram clichê, nem sequer são considerados.

76   C. Broyelle, A metade do céu, 2020.

77   Sobre esse assunto, ler: Yolande Buyse e Suzanne Van Rokehem, "Les boutiques d'enfants", Les Cahiers du GRIF, nº 9-10, 1975, p. 69-70.

78   O manifesto do "partido de extrema esquerda alemão" mencionado há pouco é citado originalmente no livro de G. Greer, op. cit., embora d'Eaubonne não faça a referência a ele nesse trecho, mas somente alguns parágrafos depois. Entretanto, na versão original em inglês do livro dessa ensaísta australiana, assim como na tradução francesa, este trecho não fala de "partido de extrema esquerda alemão", mas sim de "the women's caucus of the National Convention of the SDS" [o comitê feminino da Convenção Nacional do SDS]. Ora, a sigla SDS, nos anos 1960, podia referir-se tanto a Students for a Democratic Society, uma organização ativista estudantil nacional dos Estados Unidos ligada à New Left, quanto a Sozialistische Deutsche Studentenbund, uma associação política de estudantes da Alemanha Ocidental e Berlim Ocidental, que existiu de 1946 a 1970. Como se confirma a seguir, a SDS em questão é a Sozialistische Deutsche Studentenbund. Por outro lado, a tradução em espanhol do livro de Greer, no mesmo trecho, interpreta SDS, ao parecer erroneamente, como Students for a Democratic Society. (N.T.)

79   A autora faz um trocadilho, fazendo referência à bengala branca citada anteriormente, com a expressão francesa "donner un bâton pour se faire battre" [entregar um bastão para que batam em você], que significa entregar a alguém, por suas palavras, a razão para ser punido ou culpado. (N.T.)

80   G. Greer (1970), op. cit. (N.A.)

81   Seu artigo de novembro-dezembro de 1966 em New Left Notes, "Women for the longest Revolution", que teve um grande impacto, "se esforça para integrar o feminismo à revolução proletária mesmo sabendo que nada, nos grupos políticos ou nos regimes socialistas existentes, indica que tal contrato seria respeitado" (Germaine Greer) (N.A.).

82   Também conhecida como Alemanha Ocidental. (N.T.)

83   Ulrike Meinhof (1934-1976), conhecida hoje em dia como membro fundador da Fração do Exército Vermelho (RAF)[por seu nome em alemão, Rote Armee Fraktion], antes de ter escolhido a luta armada, havia alcançado outra forma de notoriedade ligada à sua atividade de jornalista engajada. Além de artigos para os grandes meios de imprensa alemã, ela era editorialista da revista mensal de extrema esquerda Konkret. Cf. Ulrike Meinhof, Tout le monde parle de la pluie et du beau temps, pas nous, Montreal: Editions du Remue-ménage, 2019. Françoise d'Eaubonne se insurgirá no momento da morte de Ulrike, na prisão de Stammheim, em um artigo publicado na revista Sorcières, "Hurle Ulrike, hurle!", 1976/1977. (N.E.)

211

84 Emanações da SDS, as *Kommune* 1 e 2 designam duas experimentações comunitárias realizadas em Berlim ocidental entre 1967 e 1969. (N.E.)

85 P. Nahoun, *Allemagne antiautoritaire*, 1971. (N.E.)

86 Mãe e dona de casa, Betty Friedan (1921-2006) realizou, através de *A mística feminina* (1963), uma vasta enquete sobre o sofrimento das *housewives*, "esse problema que não tem nome". Na origem da NOW, ela preconizava um feminismo moderado, que visava à maior igualdade dos sexos e ao aumento dos direitos para as mulheres, sem, no entanto, jamais se posicionar em oposição aos homens. Seu livro foi traduzido em francês com o título *La femme mystifiée* por Yvette Roudy, ex-ministra dos Direitos da Mulher. (N.E.)

87 F. d'Eaubonne, *Le féminisme: histoire et actualité*, 1972. As três outras pedras angulares são: *Um quarto só seu*, de Virginia Woof, *O segundo sexo*, de Simone de Beauvoir e *Política sexual*, de Kate Millet. (N.A.)

88 *Les sufragettes américaines* (1970), dirigido por Jean-Louis Bertucelli. (N.T.)

89 N. Mailer, op. cit. A citação foi tirada do capítulo "Acolyte". (N.A.)

90 V. Solanas, op. cit. (N.E.)

91 Betty Friedan (1964), *Les femmes à la recherche d'une quatrième dimension*, Paris: Denoël-Gonthier, 1969. (N.A.)

92 Ensaísta e teórica feminista nascida em 1938, Ti-Grace Atkinson é uma das figuras mais emblemáticas do feminismo radical americano, que ela ajudou a teorizar, e do lesbianismo político. Em *Odysée d'une amazone* (1974), compilação de artigos, conferências e discursos, ela faz uma reflexão sobre as contradições das lutas das mulheres nos Estados Unidos. Criticando o reformismo da *National Organization for Women* (NOW), considerada liberal, ela reivindica um feminismo radical e denuncia a opressão das mulheres pela sociedade heteropatriarcal.

93 Beverly Jones, Edith Brown. *Toward a Female Liberation Movement*, Nashville, Southern Student Organizing Committee, 1968.

94 Cântico do MLF. *Cuspindo em Hegel*, sob a mesma ótica, fala da "face escondida" da terra: o sexo feminino. "A mulher é a outra face da terra." (N.A.)

95 Devemos lembrar que o verão, na França, é no meio do ano (de junho a setembro), o que dá mais sentido a essa ideia (N.T.).

96 N. Mailer, op. cit. (N.A.)

97 Esse cartaz foi afixado na escola de Belas Artes após um ataque feito por jovens fascistas com capacetes e barras de ferro, que circulavam pelas faculdades em novembro de 1971, junto com a frase na parede: "Fascistas, o FHAR espera por vocês." (N.A.)

98 V. Solanas, op. cit. (N.E.)

99 "*Profecia realizada:/ As mulheres são dissimuladas, ruins e perversas./ Merda./ Vocês realmente o buscaram.*" N. Mailer, op. cit. (N.A.)

100 W. Blake, *Provérbios do inferno*, 1988.

101 Apelido dado ao pintor francês Henri Rousseau, por ter trabalhado em um posto aduaneiro de controle de alimentos e álcool. (N.T.)

102 *Actuel*, nº 4, jan. 1971. (N.A.) Nesse número, *Actuel* publica os primeiros extratos de *Scum Manifesto*, acompanhados de ilustrações de Robert Crumb. A primeira edição francesa completa do texto será publicada nesse mesmo ano, em uma tradução de Emmanuelle de Lesseps.

103 V. Solanas, op. cit. (N.E.)

104   K. Horney (1945), *Nos conflits intérieurs*, 1992. [Ed. Bras.: *Nossos conflitos interiores*, Rio de Janeiro: Civilização Brasileira, 1976.]

105   V. Solanas, op. cit. (N.E.)

106   A autora se refere à saída de Ti-Grace Atkinson da National Organization for Women (NOW). (N.T.)

107   *Women's International Terrorist Conspiracy from Hell*. (N.T.)

108   Caroline Hennessey (1970), *Moi, la salope*, 1971 (N.A.)

109   Richard Neely (1970), *Le tourmenteur*, Paris: Gallimard, 1971 (N.A.)

110   F. d'Eaubonne, *Le complexe de Diane. Érotisme ou féminisme*, 1951. (N.E.)

111   Aqui, a autora se refere aos Estados Unidos, mas optamos por respeitar a escolha que ela fez por "América". (N.E.)

112   *La mariée était en noir* (1967), filme dirigido por François Truffaut e estrelado por Jeanne Moreau, é uma adaptação de *The Bride Wore Black* (1940) do autor americano William Irish/Cornell Woolrich. (N.T.)

113   Trata-se de um ensaio de Gershon Legman traduzido por *Les temps modernes* em 1950: *Avatars de la garce* [*Avatares da vagabunda*]. O autor, que estudava esse ódio dos sexos na literatura *noire* americana, notava o seguinte: "A ausência de qualidades literárias é o que menos importa nesse caso. Os livros que vendem dois milhões de exemplares seriam importantes ainda que estivessem escritos em petit-nègre e fossem impressos sem pontuação." E Legman, diante da importância excessiva da "Garce", considerava que o ressentimento da mulher contra o macho americano se aproximava da neurose. Ao estudar, depois dele, esse fenômeno do ódio entre os sexos através do romance popular nos Estados Unidos, nós havíamos concluído: "Os plumitivos com grande tiragem como Ben Ames Williams, Hening Dashiell Hammett, Matthew Head etc. descrevem um universo gotejando de sangue, alucinante e mortalmente ingênuo, onde o erotismo é obsessivo, não por sua presença, mas por subentendidos [...] A decência oficial o reprime à faixa luminosa do espectro sem nunca permitir que salte em plena claridade." (*Le complexe de Diane*, op. cit., p. 265) Nós buscamos em seguida as razões que as mulheres poderiam ter para estar descontentes nesse país apresentado como um "matriarcado" e encontramos o seguinte: em 1945, um congresso feminino que reuniu mulheres de todos os países em Paris ouviu a declaração das delegadas dos Estados Unidos; explicaram a impossibilidade do salário igual e descreveram a brecha, por vezes escandalosa, entre o salário do homem e o da mulher. "Quer dizer que quando se cita o slogan: América, país feminista, é a condição da classe superior que está presente no pensamento, não a da incontável classe trabalhadora." (Ibid.) (N.A.)

114   N. Mailer, op. cit. (N.E.)

115   Pavio de segurança para acender um equipamento explosivo à distância. (N.T.)

116   Capa da edição francesa de *Moi, la salope*, de Caroline Hennessey.

117   Figura importante da história do feminismo americano, Kate Millett (1934-2017) defende em 1970 uma tese na universidade de Columbia na qual ela analisa o poder patriarcal pelo prisma da literatura ocidental. Quando foi publicada, *Sexual Politics* rapidamente se tornou um sucesso mundial e, além de sua dimensão militante, contribuiu grandemente para o desenvolvimento das pesquisas feministas e dos estudos de gênero. (N.E.)

118   Ti-Grace Atkinson definiu em outro texto o amor das mulheres: "a reação da vítima a um estupro." (N.A.). Françoise d'Eaubonne talvez faça referência aqui a este texto

de Ti-Grace Atkinson, "Radical Feminism and Love", publicado em 1969 no periódico do Barnard College e retomado sob o título "Le feminisme radical et l'amour" em *Amazon Odyssey* (1974), traduzido para o francês: *Odyssée d'une Amazone*, Paris: Des femmes, 1975. (N.E.)

119 Olympe Audouard (1866), *Guerre aux hommes!*, Paris: Espaces et signes, 2020. [Ed. Port.: "Guerra aos homens, o homem e a mulher (Fragmento de um livro de Olympe Audouard)", tradução Pedro Cabral, IN *Almanach das senhoras para 1874*, Lisboa: Typografia de Souza, 1873.] (N.E.)

120 Francine Mallet, *La Victoire de la femme. Histoire universelle de la condition féminine*, Paris: Éditions Pont-Royal, 1964. A pobre Frederika Bremer talvez não merecesse essa comparação falsamente elogiosa. (N.A.)

121 Somente 30 mil vagas para 80 mil crianças. Ainda existe na Suécia uma discriminação sexual do salário e certo desemprego feminino. (N.A.)

122 B. Friedan, op. cit. (N.E.)

123 Ora, os últimos trabalhos publicados pela ONU acerca da preparação do tema "1975, ano das mulheres" consideram decisões tomadas em três países da Europa para estender as aulas de tarefas domésticas aos dois sexos: a Suécia, a Noruega e a Polônia. (N.A.)

124 Ver nota 110, p. 234.

125 Em janeiro de 1973, o ginecologista Willy Peers foi preso em Namur por ter realizado mais de trezentos abortos clandestinos. Sua prisão preventiva gerou uma grande mobilização da sociedade civil na Bélgica, que exigia sua liberação, bem como a despenalização do aborto. (N.T.)

126 Esses pequenos grupos funcionavam sem se conhecerem, na mesma perspectiva radical de contestação total. A fusão somente ocorreu bem mais tarde, entre abril e outubro de 1970. (N.A.)

127 Como as férias de verão na França são no meio do ano, a volta às aulas ocorre no início de setembro. Por isso a referência aos agitadores de maio de 1968, anteriores ao início das aulas. (N.T.)

128 De fato, foi a imprensa que batizou assim o Mouvement de Libération des Femmes [Movimento de Libertação das mulheres] por analogia com o Women's Lib americano, no dia seguinte à manifestação no Arco do Triunfo, em 26 de agosto de 1970. (N.E.)

129 Discurso de Santa Mônica, mãe de Santo Agostinho, às mulheres que se queixavam por apanhar.

130 No original, *sauvages* (selvagens), indicando algo espontâneo ou sem controle formal. (N.T.)

131 A palavra "selvagem" (*sauvage*), tão frequentemente utilizada desde essa época, renderia um bom objeto de estudo: greve selvagem, creche selvagem, psicanálise selvagem e o brusco ressurgimento do rousseauismo no pensamento universitário; o mesmo do qual o racionalismo francês tem rido há dois séculos, "o mito do bom selvagem", parece voltar a ganhar influência, graças à contestação do civilizado por ele mesmo. A palavra "selvagem" sucede pouco a pouco a fórmula dos anos 1960: "Em cólera" [...] (N.A.)

132 Serviço bancário. Tipo de cheque, na França, relacionado a um serviço de conta corrente na Banque Postale. (N.T.)

133 "*Seules dans notre malheur, les femmes, Parlons-nous, regardons-nous!*"

134 Ménie Grégoire: Jornalista francesa (1919-2014). Madame Soleil: astróloga francesa, nascida Germaine Lucie Soleil (1913-1996). (N.T.)

135 MLF, janeiro de 1971. Mesma catarse na área das canções: "Nós fazemos amor e depois a guerrilha,/ O amor entre nós é o amor com alegria/ Mas para fazer amor não há lugar/ Em todo lugar há homens e em todo lugar há batalhas/ Nós tomaremos as usinas, tomaremos os jardins/ Colheremos flores com nossas pequenas mãos,/ E sobre nossos peitos haverá jasmim/ E nós dançaremos comendo uvas/ Nós tomaremos os zoológicos, abriremos as jaulas/ Viva os pássaros e viva o casal/ Nós balançaremos no pescoço das girafas/ O amor entre nós, para os homens a guerrilha/ Nós colocaremos capacetes de mecânico. Nós iremos à China pela Transsiberiana. Nós tomaremos o sol, nós o enfiaremos no trem. E depois, que se dane, tudo o que fazemos está bem." *La guérilla*, 1971. (N.A.)

136 Em 5 de março de 1971, essa operação conjunta do MLF e do FHAR visava a fazer anular uma reunião hostil ao aborto. Françoise d'Eaubonne incitou a que se armassem com salsichões secos para enfrentar as forças da ordem. Esse ato notável permaneceu na memória sob a denominação de "Commando Saucisson" (Comando Salsichão). Ler a narração que Marie-Jo Bonnet faz desse fato em seu livro *Mon MLF*. Paris: Albin Michel, 2018, p. 40-42. (N.E.)

137 A sigla indica, possivelmente, Assembleia Geral (N.T.)

138 Onde, em 1953, o padre Xavier Tillette pronunciou estas palavras proféticas: "Homossexuais e mulheres emancipadas se dão as mãos." (N.A.)

139 Referência às autoras Maria Isabel Barreno, Maria Teresa Horta e Maria Velho da Costa, que em 1972 publicaram conjuntamente o livro *Novas Cartas Portuguesas* (conhecido pela sigla NCP), o qual revelou ao mundo situações discriminatórias contra a mulher em Portugal. (N.T.)

140 R. Crevel, *Mon corps et moi*, 1926.

141 Processo judicial ocorrido em 1972 contra cinco mulheres, sendo uma menor de idade que praticou o aborto com a ajuda da mãe e de três amigas desta, após ter sido estuprada por um colega de escola. (N.T.)

142 Trata-se do russo emigrado na França Paul Gorguloff, ou Pavel Timofeïevitch Gorgoulov, que em 1932 assassinou o presidente francês Paul Doumer. (N.T.)

143 Tipo de aposta em corridas hípicas. (N.T.)

144 R. Crevel, op. cit.

145 Assim como, antes do nazismo (e frequentemente ainda depois dele), os psicanalistas só falavam de *desobediência neurótica* e nunca de obediência neurótica, do mesmo modo os moralistas de domingo e esses conselheiros via correio sentimental, que possuíam uma posição social elevada até as últimas décadas, jamais consideraram essa *entrega à defesa* (ou à Moral) que a resistência autodestrutiva implica, a "todos os instintos" (claro: antes de tudo, o instinto sexual). (N.A.)

146 PSU: Parti Socialiste Unifié [Partido Socialista Unificado]; ML: Marxistas-Leninistas. (N.T.)

147 *Pour un groupe féministe révolutionnaire*, nov. 1971.

148 Elvira Banotti, *La sfida femminile. Maternità e aborto*. Bari: De Donato, 1971. A tradução francesa evocada por Françoise d'Eaubonne provavelmente não chegou a ser publicada. (N.E.)

149 O manifesto de Carla Lonzi, publicado em 1974 na Itália, foi posteriormente traduzido para o francês: *Crachons sur Hegel; Une revolte féministe*, Paris: Eterotopia, 2017. Nós nos referimos a essa tradução de "Derniers masques" [Últimas máscaras] para as passagens citadas aqui. (N.E.)

150 F. d'Eaubonne, *Le quadrille des matamores*, 1953.

151 Carta de Freud à sua noiva.

152 Évelyne Sullerot denunciou em *La femme dans le monde moderne* (op. cit.) a recusa obstinada dessa reforma pelo patronato internacional, mesmo após a assinatura dessa convenção; ela mostrou por qual mecanismo sutil de retribuição baseado em "pontos", que não passam de critérios arbitrários, o referido patronato se eximiu de seus compromissos. Em todo lugar, o salário feminino é considerado um salário suplementar; é na França que a diferença talvez seja mais escandalosa: o reajuste de salários de maio de 1968 descobriu, durante sua pesquisa, uma massa de assalariadas que recebiam muito abaixo do salário mínimo, pelo mesmo trabalho que os homens e em condições de trabalho muito mais duras. (N.A.)

153 Y. de Saint-Agnès, *Éros international. Scandinavie*, 1971. (N.A.)

154 Ibid. (N.A.)

155 Mouvement de Libération des Hommes [Movimento de Libertação dos Homens], grupo de apoio ao MLF. (N.A.)

156 Germaine Tillion (1966), *Le harem et les cousins*, Paris: Points, 2015.

157 Escritas a seis mãos e publicadas em 1972, essas "Cartas portuguesas" constituem um panfleto contra a ideologia em vigor em Portugal nessa época. As "três Marias" denunciam a guerra colonial, o sistema judicial, a emigração, a violência e a condição das mulheres, através dessa obra híbrida composta por 120 textos (cartas, poemas, mas também relatórios, citações...). (N.E.)

158 Maria Isabel Barreno, Maria Teresa Horta e Maria Velho da Costa (1972), *Nouvelles lettres portugaises*, Paris: Le Seuil, 1974. [Ed. Port.: *Novas cartas portuguesas*, Alfragide: Dom Quixote, 2012.]

159 "Mar nosso", designação latina para o Mar Mediterrâneo (N.T.).

160 Sobre a história do *Front Homosexuel D'Action Révolutionnaire* [Frente Homossexual de Ação Revolucionária], cofundado pela autora, cf.: Frédéric Martel, *Le rose et le noir. Les homosexuels en France depuis 1968*, Paris: Le Seuil, 1996; Jean Le Bitoux, Hervé Chevaux e Bruno Proth, *Citoyen de seconde zone. Trente ans de lutte pour la reconnaissance de l'homosexualité en France*, Paris: Hachette, 2003 e o verbete "FHAR" em Didier Éribon, *Dictionnaire des cultures gays et lesbiennes*, Larousse, 2003. (N.E.)

161 Entrevista de Pussy-Cats, *Elle*, novembro de 1971.

162 "Libération des femmes, année zéro", 1970. Apesar de Maspero, o editor, só ter publicado poucas obras qualificáveis como "feministas", ele abriu, contudo, as colunas de sua revista às militantes, permitindo a elas estabelecer o "ano zero" do movimento. Sob sua capa branca ornada com um símbolo representando um punho erguido no centro de um óvulo, "estava contido o novo feminismo inteiro", como aponta Fraçoise Picq na publicação citada.

163 "L'ennemi principal", *Partisans*, nº 54-55, jul.-out. 1970, p. 157-172. Christine Dupont é o pseudônimo utilizado pela socióloga e militante feminista materialista Christine Delphy, que coordenou esse número da revista *Partisans*. Este artigo pode ser encontrado no primeiro tomo da obra de mesmo nome: *Économie politique du patriarcat*, Paris: Syllepse, 1998. (N.E.)

164 G. Greer, *La femme eunuque*, 1970.

165 Margaret Benston, "Pour une économie politique de la libération des femmes", *Partisans*, nº 54-55, jul-out. 1970, p. 23-31.

166 Isabel Larguia, "Contre le travail invisible", *Partisans*, nº 54-55, op.cit.

167 Mouvement de Défense des Exploitants Familiaux [Movimento de Defesa dos Agricultores Familiares], sindicato agrícola francês criado em 1959. (N.T.)

168 F. d'Eaubonne, Le féminisme: histoire et actualité, 1972. (N.A.)
169 V. Woolf, op. cit. (N.A.)
170 S. de Beauvoir, Entrevista, Nouvel Observateur, 14 fev. 1972.
171 Suzanne Lilar (com a colaboração do Prof. Gilbert-Dreyfus), Le malentendu du Deuxième sexe, Paris: Presses universitaires de France, 1969 (N.A.).
172 N. Mailer, op. cit. (N.A.)
173 Com algumas nuanças, evidentemente, devidas sobretudo ao nível de cultura e ao nível econômico. (N.A.)
174 FHAR [Front Homosexuel d'Action Révolutionnaire]; IHR [Internationale Homosexuelle Révolutionnaire]. (N.T.)
175 Prefácio de Vivian Gornick à edição do Scum Manifesto publicada pela Olympia Press, 1971. (N.A.)
176 X. Gauthier, Surréalisme et sexualité, 1971. (N.A.)
177 J.-L. Gordard, Duas ou três coisas que eu sei dela, 1967.
178 Simone de Beauvoir relembra, na entrevista já mencionada, essa mulher soviética que aparece em Pavilhão de cancerosos; grande figura médica, mas obrigada a realizar trabalhos domésticos que a esgotam; aspecto particular e paradoxal da mulher no regime socialista. (N.A.)
179 Podemos, nessa perspectiva, reconsiderar a diferença marcante entre os tratamentos recebidos, em todas as épocas, pela homossexualidade masculina e o lesbianismo. A razão provém dessa secular improdutividade econômica das mulheres (a mesma pela qual Hesíodo as censurava); é essa inércia no circuito diretamente produtivo que a salvava da perseguição aberta que sempre atingiu o Eros minoritário do homem. Da mesma forma que, desde sempre, foi permitido a ela fazer de seu corpo um instrumento de relação, um objeto a ser vendido, ao passo que o homem, o macho, só tem o direito de vender seus braços ou seu cérebro. Se ele vende seu corpo, é execrado por não importa qual moral, qualquer que seja o sexo de seu "cliente"; os Estados gregos mais favoráveis à homossexualidade puniam de morte, na Antiguidade, o homem que se prostitui. É que em todas as civilizações baseadas sobre o rendimento o homem deve produzir para justificar sua vida; aquele que trabalha vende uma atividade, aquele que se prostitui, uma função. A mulher, reduzida a ser um animal de função e não de atividade, só é responsável perante a sociedade por uma produtividade, a de seu ventre; é por isso que o poder é sempre infinitamente mais severo com relação ao aborto que ao satismo ou à prostituição feminina. Vemos aí o "totalitarismo" de uma reivindicação como a da livre disposição do corpo. (N.A.)
180 H. Marcuse, op. cit. (N.E.)
181 É evidente que nós utilizamos as palavras "Masculino" e "Feminino" fora de qualquer metafísica. Trata-se somente de dois polos culturais, arbitrariamente escolhidos, do universalismo até aqui encarnado somente pelo homem; mesmo admitindo, como nós o fazemos, que em cada mulher exista de partida, por sua feminilidade (e não sua feminitude), predisposição ao Feminino, predominância possível deste, ao lado de sua parte de masculinidade; da mesma maneira, no homem, predisposição ao Masculino e predominância possível deste, ao lado de sua parte de feminilidade. (N.A.)
182 A expressão "au pair" se refere a alguém que recebe alojamento e refeições em troca de seu trabalho, sem um salário. É comum o sistema de "filles au pair", moças que vão para outro país aprender a língua, hospedando-se em casas de família em troca do cuidado das crianças dessa família. (N.T.)

183 No original, "*prison sur parole*". A autora faz um jogo de palavras com "*liberté sur parole*", ou liberdade condicional, quando um preso obtém sua liberdade com base na sua palavra de que cumprirá certas regras de comportamento, sob a pena de retorno à prisão caso não o faça. (N.T.)

O TEMPO DO ECOFEMINISMO

1 S. Firestone (1970), *La dialectique du sexe*, 1970. [Ed. Bras.: *A dialética do sexo*, Editorial Labor do Brasil, 1976.]

2 Françoise d'Eaubonne faz referência aqui ao pequeno grupo de militantes com as quais ela funda o grupo Écologie-feminisme [Ecologia-feminismo]. As atividades deste grupo – Écologie-feminisme; Écologie-feminisme Centre; Éco-feminisme: os nomes variam – continuam até hoje pouco documentadas. Uma nota da direção da polícia de Paris de 7 de janeiro de 1975, entretanto, atesta o papel central da autora na criação dessa organização: "A formação Écologie-feminisme Centre, fundada em fevereiro de 1974 pela senhorita Françoise d'Eaubonne, se inscreve em uma linha de ação especificamente maoísta que visa a criar, sobre todos os temas da vida e da sociedade, estruturas contestatárias, com o propósito de questionar nossas instituições" (arquivos da direção de polícia de Paris: dossiê 816960). Esse grupo "busca[va] unir os temas ecológicos e feministas; ele declara[va] que lutava contra o poder masculino destruidor, contra o desperdício dos recursos naturais, para uma sociedade no feminino, livre de relações de poder" (Naty Garcia Guadilla, *Libération des Femmes. Le MLF*, Paris: PUF, 1981). (N.E.)

3 *Le grand soir*, jornal pró-situacionista, reproduzido por *Le Fléau social*, maio de 1973. (N.A.)

4 O movimento antipsiquiátrico gerou uma "Internacional dos Loucos Furiosos" que contesta a "normalidade" ainda mais radicalmente que os movimentos de liberação dos homossexuais. (N.A.)

5 A autora possivelmente retirou essa citação do biólogo austríaco de um artigo assinado por ele e publicado em 1973 em *Le Sauvage*, revista mensal de ecologia política: "Cada vez que a história relata o declínio de uma civilização humana, descobre-se outra civilização em ascenso, pronta a assumir o lugar da precedente. Ora, pela primeira vez em nossa história, não há possibilidade de substituição. Ao continuar a fazer concorrência com ela mesma, é a humanidade inteira que regride." (N.E.)

6 Ver Janine Delaunay, Donella H. Meadows, Dennis L. Meadows, Jørgen Randers, *Halte à la croissance?* Paris: Fayard, 1972. (N.A.) Essa frase com a sintaxe aproximativa aparecia assim na primeira edição deste texto. (N.T.)

7 O título exato da obra é: *Écologie: détente ou cycle infernal*, 1973.

8 Militar, jornalista ferozmente anticomunista, Jean Lartéguy (1920-2011) escreveu diversos romances exaltando valores como a honra, a pátria, o sacrifício, fortemente marcados pelo colonialismo. (N.E.)

9 De fato, essas cifras acusadas de exagero foram grandemente ultrapassadas desde então. (N.A.)

10 O primeiro Earth Day [Dia da Terra] reuniu 20 milhões de participantes no dia 22 de abril de 1970 nos Estados Unidos. Participaram estudantes de universidades e de ensino médio, professores e professoras, ativistas, sindicalistas, pacifistas, líderes religiosos e políticos (o evento havia sido iniciado por Gaylor Nelson, senador democrata de Wisconsin), mas também grandes empresários! Se, por um lado, esse "ardor verde" foi rapidamente canalizado por um poder que também estava enredado

no Vietnã, por outro lado essa jornada é considerada o ato fundador do movimento ambientalista nos Estados Unidos.

11   Cellestine Ware, *Women Power: the Movement for Women's Liberation*, Nova York: Tower Publications, 1970.

12   Irène Chédeaux, *Anti-clichés sur l'Amérique*, Paris: Robert Laffont, 1971. A proporção geral dessas cifras aumentou de 2% a 6% no que diz respeito às contaminações. (N.A.)

13   Jean-François Revel, *Ni Marx ni Jésus. De la seconde révolution américaine à la seconde révolution mondiale*, 1970 (N.A.). [Ed. Bras.: *Nem Marx nem Jesus*, Rio de Janeiro: Artenova, 1972.]

14   Cyril M. Kornbluth, Frederik Pohl (1953), *Planète à gogos*, 1971. [Ed. bras.: *Os mercadores do espaço*, São Paulo: Edart, 1963.] Bem anterior à questão da poluição e da destruição do meio ambiente, esse romance prediz um futuro aterrador em que a madeira de carvalho se tornou uma matéria tão preciosa, que se fazem anéis com ela, e a camada privilegiada da sociedade é composta de técnicos publicitários, já a massa imensa e miserável, de "consumidores", e a luta para proteger a natureza é feita por clandestinos: os "conservadores", que são tratados... como comunistas. (N.A.)

15   Parque natural regional que engloba a parte sul da cadeia de montanhas dos Vosges, na França, nos limites das regiões da Alsácia e Franche-Comté. (N.T.)

16   *Actuel*, out. 1971. As cifras citadas aumentaram subitamente desde então. (N.A.)

17   Édouard Bonnefous, *L'homme ou la nature*, 1970. [Ed. bras.: *O homem ou a natureza*, Curitiba: Amp. s/d.]

18   Françoise d'Eaubonne faz referência aqui, provavelmente, a *La sortie est au fond de l'espace* [A saída está no fundo do espaço], romance publicado em 1956. (N.E.)

19   Optou-se pelo uso do hífen para manter o jogo de palavras do original. (N.T.)

20   No presente momento, a agricultura entrou alegremente para a escola dos poluidores industriais. Uma amiga minha, no verão de 1973, contraiu uma micose e uma intoxicação nos brônquios por ter trabalhado em uma plantação de macieiras perto de Montpellier; o fazendeiro aspergia as árvores com uma mistura de três produtos violentamente tóxicos, destinados... a evitar as manchas da fruta. Além disso, na véspera de ir ao mercado, ele pintava as maçãs com a ajuda de uma camada de cera. Este exemplo está longe de ser isolado. (N.A.)

21   Devemos o personagem de Pravda ("verdade" em russo) ao artista belga Guy Peellaert. Suas aventuras foram publicadas em doze episódios de janeiro a dezembro de 1967 nas páginas de *Hara Kiri* e posteriormente editadas por Éric Losfeld em forma de livros ilustrados. Alegoria da busca de liberdade e de emancipação características da juventude ocidental dos anos 1960, a heroína transita de moto em uma cidade-mundo onírica contaminada pelos sinais de uma sociedade consumista e fadada à destruição. (N.E.)

22   "*Sous les scellés, qui donc tient la Nature?*" Na realidade, esse verso não pertence ao hino da Internacional Socialista, conhecido como *A Internacional*, mas sim ao hino "Juin 1848", igualmente escrito por Eugène Pottier. (N.T.)

23   E. Draper, op. cit. Ela previa 6 bilhões de habitantes para o ano 2000. Hoje em dia, as previsões são da ordem de 7 bilhões e podem ainda ser ultrapassadas, assim como recordamos anteriormente. (N.A.)

24   Resposta ao argumento típico da direita: superpopulação, problema do Terceiro Mundo. (N.A.)

25   Campo de concentração nazista perto de Weimar, na Alemanha. (N.T.)

26 Agrônomo, microbiólogo e ecologista, René Dubos (1901-1982) preparou especialmente em 1972, com Barbara Ward, o relatório da primeira conferência das Nações Unidas sobre o meio ambiente de Estocolmo – *Nós só temos uma terra*.

27 Donatien Alphonse François de Sade (1799), *Justine ou Les malheurs de la vertu*, Paris: Le livre de poche, 2008. [Ed. Bras: *Justine ou Os tormentos da Virtude*, São Paulo: Iluminuras, 2000.]

28 Comunas da França. (N.T.)

29 Simone de Beauvoir (1949), *O segundo sexo*, 1949 (N.A.) A passagem evocada por Françoise d'Eaubonne é a seguinte: "Há quem sustente, por exemplo, que as dores do parto são necessárias ao desabrochar do instinto materno: corças que pariram sob o efeito de um anestésico teriam se desinteressado dos filhotes. Os fatos alegados permanecem muito vagos; e a mulher não é, em todo caso, uma corça. A verdade é que certos homens se escandalizam com que os encargos da maternidade sejam aliviados." (vol. 2, p. 198).

30 F. d'Eaubonne, op. cit. (N.A.) Esse livro de Lionel Tiger se destinava a refutar *A política sexual* de Kate Millett. (N.E.)

31 Ver o filme com esse título (N.A.). *Petits meurtres sans importance (Pequenos assassinatos)* é um filme de Alan Arkin lançado nos Estados Unidos em 1971.

32 *Tout!*, nº 12, 23 de abr. 1971, p. 4. Proibido por ofensa aos bons costumes (N.A.). Esse número especial, que tinha como título na primeira página "Estamos de saco cheio. Livre disposição de nossos corpos", teve sua venda proibida aos menores pela comissão de censura por conteúdo pornográfico. Elaborado com a ajuda de Guy Hocquenghem e do FHAR, ele reivindicava especialmente o "direito à homossexualidade e a todas as sexualidades" assim como o "direito dos menores à liberdade do desejo e à sua realização". Oficialmente diretor da publicação, Jean-Paul Sartre foi acusado de "ultraje aos bons costumes" por "pornografia".

33 *Actuel*, nº 4, jan. 1971. (N.A.)

34 Wolfgang Lederer (1968), *Gynophobia ou la peur des femmes*, Paris: Payot, 1970. (N.A.)

35 P. Samuel, op. cit. (N.E.)

36 Cf. *Partisans*, "Libération des femmes, année zéro", op. cit. (N.E.)

37 "Deixem que eles vivam." (N.T.)

38 Slogan criado em 5 de março de 1971 no congresso "Deixem que eles vivam" em Maubert-Mutualité.

39 Cf. Pierre Gordon, *L'initiation sexuelle et l'évolution réligieuse*, Paris: Presses Universitaires de France, 1946 e Françoise d'Eubonne, Le féminisme: histoire et actualité, op. cit.

40 A Frente Feminista, incitada por uma ecofeminista, escreveu a todos os deputados de Paris para exigir uma pesquisa sobre o financiamento dessa operação manipuladora que muitos afirmam provir dessa publicidade de leite. (N.A.) Guigoz é um laboratório francês cujo criador, Maurice Guigoz, inventou o leite em pó infantil para bebês em 1908. A empresa pertence atualmente ao grupo Nestlé. (N.T.)

41 Os católicos combatentes do período da Terceira República francesa criaram várias sociedades de promoção dos bons livros, entre elas a Maison d'éditions de la Bonne Presse. Na mesma época, o polêmico padre Louis Bethléem se empenhou arduamente na censura literária, destruindo revistas em bancas de jornais e publicando em 1904 seu livro mais famoso, *Romans à lire, romans à proscrire* [Romances para ler, romances para proibir], espécie de *index* que vendeu centenas de milhares de exemplares. (N.T.)

42 Afirmação que indignará meus amigos marxistas. Mas, se as mulheres dos proletários têm alguma coisa a ganhar com a "vitória do proletariado", são somente as migalhas do suposto poder conquistado pelos proletários. Entretanto, as burguesas perderiam essas mesmas migalhas (ou mesmo os seus grandes pedaços) com os quais seus homens as haviam beneficiado. O poder como tal nunca será dado às mulheres. Não é desejável, além disso, já que a única revolução significativa será aquela que abolirá a própria noção de poder e o estado de proletário, ao mesmo tempo que o sexismo. (N.A.)

43 Lacedemônia ou Lacônia, cuja capital era Esparta. (N.T.)

44 Charles Nuetzel (org.), Après... la guerre atomique, Bruxelas, Marabout: 1970. (N.E.)

45 É bastante significativo que, hoje, o inconsciente coletivo aceite cada vez mais a ideia de um Apocalipse necessário e se console com os "depois" dele, em lugar de pensar em evitá-lo. Como diz Victor Hugo "as catástrofes têm uma maneira sombria de consertar as coisas". (N.A.)

46 Trata-se sem dúvida alguma de La vague montante – The Climbing Wave –, longa novela publicada em fevereiro de 1955 e reeditada em uma tradução de Élisabeth Vonarburg em 2019, na coleção "Dyschroniques" nas edições Le Passager Clandestin. (N.E.)

47 Filme emblemático da contestação libertária dos anos 1970, foi dirigido por Jacques Doillon em 1973, sendo uma adaptação da história em quadrinhos homônima assinada por Gébé. (N.E.)

48 Devin du village. Intermezzo de Jean-Jacques Rousseau apresentado em outubro de 1752 no castelo de Fontainebleau perante Luís XV e sua corte. (N.T.)

49 Cf. Gilles Deleuze e Félix Guattari, O anti-Édipo e, sobretudo, Sociedade contra natureza, de Moscovici. Os dois se cruzam, em diferentes níveis, com Cuspindo em Hegel, que citamos longamente. (N.A.)

50 Uma comunidade estabelecida nas Cevenas há dois anos realizou este mesmo milagre; as trutas voltaram ao rio, as borboletas aos prados; o que há quinze anos não se via nesse lugar. "A natureza organizou seus germes e só foi preciso que o homem se envolvesse", me disse o fundador dessa comunidade. Se envolvesse para amá-la e não para explorá-la. (N.A.)

51 Lênin descreveu outrora a incapacidade do proletário em ultrapassar o nível "trade-unionista". Isso aconteceu em sua época, mas ele cometeu o erro de não perceber que se tratava de uma etapa histórica do capitalismo que não criava condições favoráveis à "espontaneidade" revolucionária, considerando a economia de penúria, e sobretudo de haver querido "dar a essa realidade contingente um valor a-histórico e eterno." Cf. Émile Marenssin, La bande à Baader ou la violence révolutionnaire, Paris: Champ libre, 1972. A autora destas linhas confia na "incompreensão de Lênin a respeito da dialética entre relações de produção e relações de distribuição". Talvez não seja supérfluo estabelecer um paralelo entre essa limitação de Lênin e aquela que ele demonstra ante o lugar da questão sexual na análise revolucionária. Aí também faz falta uma dialética correta que diferencie a "produção" (a procriação) da "distribuição" (o Eros). (N.A.)

52 Françoise d'Eaubonne está na origem do termo "sexocídio", hoje em dia substituído preferentemente por feminicídio. Ela dedicou um ensaio aos massacres de mulheres sob a Inquisição: Le sexocide des sorcières, Paris: L'Esprit frappeur, 1999. (N.E.)

53 R. Reiche, op. cit. (N.E.)

Isabelle de Courtivron, *New French Feminisms: an Anthology*, Nova York: Schoken Books, 1980. Em 1994, a tradução do último capítulo de *Feminismo ou morte* foi publicada no livro de Carolyn Merchant, *Ecology*, Nova York: Humanity Books, 2008.

30   Movimentos ligados a diferentes vertentes do ecofeminismo e da justiça ambiental. (N.E.)

31   S. Federici, *Calibã e a bruxa*, 2003.

32   Ver a bibliografia seletiva na presente obra, p. 199.

33   Dorceta E. Taylor, "Women of Color, Environmental Justice, and Ecofeminism", *NWSA Journal*, vol. 9, nº 3, 1997, p. 1-17.

34   Falar de "Suis" [plural de Sul] só tem sentido em função de "Nortes". Essas entidades são construções sociais que constituem ferramentas de análise; mas, no seio de um mesmo país, como de uma mesma cidade, sempre há um Norte e um Sul, o segundo constituindo uma reserva de trabalhadores e trabalhadoras e de recursos para o primeiro.

35   Samir Amin (1970), *L'accumulation à l'échelle mondiale*, Paris: Anthropos, 1988.

36   Questões que serão abordadas nas análises ecofeministas de M. Mies e V. Shiva, *Écofeminisme*, op. cit.

37   "Observando desta forma os países que realizaram uma revolução popular, bem como aqueles da América Latina que ainda estão estagnados em seu retardo econômico e cultural, mas sem deixar de ter um vigoroso fermento revolucionário, constatamos que as variações do *status* feminino se devem tanto a modificações econômicas quanto à implantação da moral religiosa [...]", p. 109.

38   "Abya Yala" é a denominação escolhida pelas populações autóctones, mais especificamente os Kunas, a fim de nomear a América Latina. Elas recusam, assim, referir-se ao nome imposto por Américo Vespúcio. A autodeterminação pela linguagem é um ato político potente, sobretudo quando as palavras são sempre impregnadas da marca colonial.

39   Sobre este tema, ver os trabalhos de María Lugones, "La colonialité du genre", *Les Cahiers du CEDREF*, nº 23, 2019, p. 46-89, que criticam o artigo fundador de Aníbal Quijano, "Race et colonialité du pouvoir", *Mouvements*, vol. 51, nº 3, 2007, p. 111-118.

40   "*Reclaim*" é um termo recorrente do movimento ecofeminista. Significa a ideia de se reapropriar, reencontrar, "retornar a" práticas e sensações esquecidas, a uma relação com o ser vivo enterrada sob séculos de capitalismo. O *reclaim* não é um convite a um retrocesso, mas sim uma maneira de reinventar imaginários e práticas a partir das feridas e da vulnerabilidade do mundo. Ele é potência criadora, regeneração e força vital que une todas as que vivem.

41   O termo Third World Women foi amplamente usado nos anos 1970 e 1980 por feministas do Sul Global e por acadêmicas feministas pós-coloniais para destacar as experiências específicas de mulheres em países do chamado "Terceiro Mundo". O conceito critica a visão homogênea do feminismo ocidental e enfatiza como gênero, raça, classe e colonialismo interagem nas lutas das mulheres em contextos não ocidentais. Ver a bibliografia no final da presente obra, p. 199. (N.E.)

42   "Cegueira" faz referência aqui a "*colorblindness*", conceito antirracista de referência nos Estados Unidos que ainda não foi bem analisado na França. Consiste em um universalismo cego que consideraria os seres humanos em sua unicidade, sem distinção de raça. Ao fazê-lo, nega as discriminações sistêmicas e não consegue elaborar estratégias para combatê-las. O que é ambivalente em d'Eaubonne é que ela não parece cair nunca na *colorblindness*, já que compreende bem o peso das relações sociais de raça entre os indivíduos e nas sociedades, mas, simultaneamente, ignora totalmente as produções políticas dos Suis sobre este tema.

43 Myriam Bahaffou, "Écofeminisme decolonial: une utopie?", *AssiégéEs*, nº 4, set. 2020.

44 Jeanne Bililliat, *Femmes du Sud, chefs de famille*, 1996.

45 Sobre este aspecto, ler: Rodney William, *L'appropriation culturelle*, Anacaona, 2020. [Ed. bras.: *Apropriação cultural*, São Paulo: Pólen, 2019.]

46 Dessa forma, pessoas afrodescendentes, as chicanas, as latinas ou as descendentes dos autóctones lutaram pelo direito agrário, defenderam seus solos, opuseram-se à construção de oleodutos ou de minas ou preservaram a transmissão de uma alimentação não industrial. Eles já identificaram há muito tempo a conivência entre o poder patriarcal e o ecocídio global.

47 Ngugi Wa Thiong'o, *Décoloniser l'esprit*, Paris: La Fabrique, 2011.

48 Tal desvalorização fez nascer, igualmente, potencialidades subversivas da parentalidade e um poder político da maternidade, explorado especialmente por Fatima Ouassak em *La puissance des mères. Pour un nouveau sujet révolutionnaire*, Paris: La Découverte, 2020.

49 Chandra Talpade Mohanty, "Sous le Regard de l'Occident: recherche feministe e discours decolonial", in Elsa Dorlin (coord.), *Sexe, race, classe. Pour une épistémologie de la domination*, 2009.

50 Cf. p. 109 desta edição.

51 Lemos, por exemplo, na p. 101: "A situação da muçulmana é particularmente trágica nesse aspecto. A luta militante e o desvelamento haviam lançado na Argélia as bases de uma certa emancipação; entretanto, a atitude interior das heroínas que, desde a infância, foram *pervertidas* (no sentido próprio do termo) pela submissão ao macho permanecia muito ambígua." Para superar o estereótipo islã = opressão das mulheres, ainda muito presente na França, cf.: Zahra Ali (coord.), *Féminismes islamiques*, Paris: La Fabrique, 2020.

52 Edward Saïd (1978), *L'orientalisme. L'Orient crée par l'Occident*, Paris: Points, 2015. [Ed. bras.: *Orientalismo: O Oriente como invenção do Ocidente*, São Paulo: Companhia de Bolso, 2007.]

53 Cf. p. 103-108 desta edição.

54 G. C. Spivak, *Les subalternes peuvent-elles parler?*, 2009. [Ed. bras.: *Pode o subalterno falar?*, Belo Horizonte: Editora UFMG, 2010.]

55 A expressão *"Zone à Défendre"* (zona a defender), ou ZAD, designa, na França, na Bélgica e na Suíça, espaços ocupados por ativistas para impedir a construção de projetos com grande impacto ambiental. O nome vem da denominação dada pelo governo francês de *"Zone d'Aménagement Différé"* (Zona de Desenvolvimento Diferido). (N.T.)

56 F. d'Eaubonne, op. cit., p. 165-183.

57 Trata-se de um *slogan* utilizado pelas militantes do movimento transnacional de mulheres e feministas pela justiça climática e por certas ONGs de mulheres e do clima.

58 A Via Campesina, fundada em 1993, é um movimento internacional que reúne milhões de camponeses(as), trabalhadores(as) sem-terra, indígenas, pastores(as), pescadores(as), trabalhadores(as) agrícolas migrantes, pequenos(as) e médios(as) agricultores(as), mulheres rurais e jovens camponeses(as) de todo o mundo. (N.T.)

POSFÁCIO

Nós escolhemos o feminismo

MYRIAM BAHAFFOU E JULIE GORECKI

POR QUE ESCREVEMOS ESTE PREFÁCIO JUNTAS[1]

Estas linhas foram redigidas a quatro mãos em um contexto muito particular: o de uma escrita a distância entre Bure e Berkeley em um mundo em grande parte confinado. Enquanto teletrabalho, tele-educação, teleleitura e simplesmente tele[2] ritmavam o cotidiano de milhões de pessoas tanto na França quanto nos Estados Unidos, do lado de fora eram homens e sobretudo mulheres, majoritariamente racializadas e precárias, que se levantavam todas as manhãs para limpar o depósito de lixo gerado pela desastrosa gestão do vírus. A crise sanitária revelou e reforçou as desigualdades de gênero, de raça e de classe, mostrando quanto as atividades do cuidado são, ao mesmo tempo, as mais vitais e as mais invisíveis. Mas na hora em que a empatia, a solidariedade e a benevolência deveriam ter ressurgido, o presidente francês anunciava na televisão que nós estávamos... em guerra. Somente um poder de natureza patriarcal poderia ter escolhido utilizar um vocabulário militarista para definir uma situação que, no entanto, era tão propícia à entreajuda e à humildade. Nós devíamos então batalhar contra uma espécie em vias de desaparecimento, contra um vírus que é, no entanto, um "produto de nossa sociedade".[3] Em uma perspectiva ecofeminista, o imaginário belicoso convocado por Emmanuel Macron não é fruto de uma coincidência; muito pelo contrário, trata-se da forma mais evidente de uma atitude virilista[4] frente ao ser vivo, que erige a guerra, o ódio, o combate e a agressividade como paradigmáticos.

É por isso que escrevemos este prefácio. Em primeiro lugar, porque pensamos que o vírus é um catalizador. Ele nos permite distinguir claramente os(as) oprimidos(as) e opressores(as), compreender os fundamentos sistêmicos desta crise ecológica e social, seus ângulos mortos e suas vítimas. Juntamente com Françoise d'Eaubonne, nós avaliamos o valor do título da presente obra e reafirmamos: de agora em diante, é *feminismo ou morte*! Com isso, ela expressava a necessidade urgente de perceber o caráter patriarcal do assassinato generalizado dos seres vivos. Sem essa tomada de consciência, e sem operar uma reviravolta ecofeminista radical,[5] é a morte que nos aguarda. Então, *feminismo ou morte*? Nós escolhemos o feminismo, e o escolhemos já há muito tempo, porque sabemos que as relações sociais de gênero, de raça e de classe são indissociáveis de nossa atitude frente às naturezas que nos cercam. Em nossa opinião, existe um *continuum* entre o tratamento dos corpos das mulheres, mas também das pessoas escravizadas, com deficiência, racializadas, e o dos solos, dos animais, dos vegetais: todos são naturalizados, terrenos de experimentação ou de conquista.[6] Nós escrevemos este prefácio como um grito, uma resistência e uma resposta à urgência global intensificada pela recente pandemia. Escrevemos, enfim, porque precisamos de uma reinvenção completa dos discursos e dos imaginários e porque estamos cansadas da guerra, em toda parte e o tempo todo.

Em muitos aspectos, esta primeira reedição de *Feminismo ou morte* na França[7] é uma ilustração da chegada tardia do ecofeminismo no país. A redescoberta de Françoise d'Eaubonne coincide, de fato, com a ressurgência de movimentos ecofeministas ao redor do mundo, como resposta à urgência climática. Nós não entendemos como "clima" o simples dado científico segundo o qual assistimos a um aquecimento global; trata-se, na verdade, de um ponto crítico histórico no qual, pela primeira vez, "os exploradores no topo preferiram [o lucro] à sua própria vida".[8] Em lugar do conceito de "antropoceno", que permitiria pensar em uma responsabilidade coletiva pela deterioração da Terra, preferimos "androceno" (*andro* para homem): se os ecossistemas estão destruídos, se os(as) refugiados(as) climáticos abundam, se a sexta extinção em massa está comprovada, não é culpa de uma humanidade indeterminada, mas de um pequeno grupo de governantes e das sociedades patriarcais-capitalistas deles provenientes.

Como ecofeministas, consideramos que os modelos de cooperação estão na base de práticas que visam a construir sociedades libertas da subordinação de gênero, de raça e de classe. Nossa colaboração é uma resposta aos apelos de Françoise d'Eaubonne para fazer uma ponte entre a teoria e a ação e, com Vandana Shiva, afirmamos que "o ecofeminismo as uniu".[9]

Em um mundo deteriorado, sentimos de modo imperioso que a reinvenção só pode ocorrer por meio da criação dessas microssinergias, de alianças locais, de cumplicidades fragmentadas. Convencidas da necessidade de desestabilizar o eurocentrismo epistemológico que ainda prevalece amplamente em nossas universidades, nossa escrita a quatro mãos busca não apenas fragmentar as dicotomias que têm servido a separar a humanidade dela mesma e da natureza, mas também a interrogar outros dualismos – heterossexual/queer, pessoas brancas/racializadas, Norte/Sul globais – que consideramos particularmente importantes hoje.

Nessa configuração, *Feminismo ou morte* é ambíguo. Revolucionário e visionário de muitas maneiras, ele é, contudo, problemático em certos aspectos, e prefaciá-lo não foi fácil. Entretanto, estamos convencidas de que este texto devia se tornar novamente acessível, na medida em que ele é significativo de uma época e de certa corrente francesa do feminismo materialista dos anos 1970. Assim, ocultar suas zonas de sombra somente contribuiria a perpetuar os discursos que ainda hoje continuam a ignorar a transnacionalidade do ecofeminismo e sua necessária crítica decolonial. Se seguimos os passos de Françoise d'Eaubonne, nos distanciamos, contudo, de algumas de suas análises; mas, assim como ela, nos recusamos a operar uma separação entre nossa escrita, nossas pesquisas, nossa ação, nossas emoções e nossas existências. O ecofeminismo está na junção de tudo isso e, para permitir que ele tenha um futuro, devemos rememorar seu passado. *Feminismo ou morte* faz parte de um e de outro.

Este texto não é nem uma biografia da autora nem uma enésima tentativa de definir um movimento intangível em essência.[10] Fazemos a escolha de apresentar aqui o que em *Feminismo ou morte* nos parece pertinente hoje, mas também o que estimulou nossas próprias trajetórias no seio do ecofeminismo.

QUANDO O FEMINISMO ENCONTRA A ECOLOGIA

Nos anos 1970-1980, Françoise d'Eaubonne foi conhecida pelo grande público francês sobretudo como uma autora prolixa (poemas, biografias, romances de ficção científica, mas também ensaios filosóficos). Entretanto, no âmbito internacional, seu *status* não é o de uma simples escritora: no mundo anglo-saxão, ela se torna, nessa mesma época, uma referência por ter cunhado o termo "ecofeminismo",[11] que ela utiliza pela primeira vez nas últimas páginas de seu ensaio *Feminismo ou morte*.[12]

A obra colossal dessa "irredutível rebelde"[13] só é igualada por seu ativismo revolucionário obstinado. Muito jovem, ela se une à resistência ao nazismo e depois adere ao Partido Comunista. Como as implicações deste último não conseguem abranger todas as opressões sistêmicas que ela pressente como fundamentais, ela se envolve especialmente com o Movimento de Libertação das Mulheres (MLF) e, em seguida, com a Frente Homossexual de Ação Revolucionária (FHAR). Seu engajamento constante nutrirá tanto seus escritos como o ativismo ecofeminista que ela tentará desenvolver. Ligada às preocupações ambientais suscitadas pelo perigo nuclear durante os anos 1970, sua tomada de consciência ecologista a leva a se concentrar naquilo que, a partir de então, ela considera duas variáveis inseparáveis: a ecologia e o feminismo. A ligação inextricável entre os dois está, de fato, cruelmente ausente da análise da esquerda francesa dessa época, que posiciona a luta de classes como a matriz de todas as outras opressões. Além disso, contrariamente à maioria das teóricas ecofeministas titulares de cátedras em universidades prestigiosas, Françoise d'Eaubonne não era nem professora, nem pesquisadora juramentada.[14] Foi no interior dos movimentos militantes que ela deu suas aulas. Ao ler *Feminismo ou morte*, sentimos até que ponto sua educação feminista é independente e institucionalmente autônoma. Este livro é também uma viagem pelo pensamento de uma insaciável dissidente, que viveu a luta e a traduziu em teoria sem jamais a desencarnar.

Com a camaradas feministas, d'Eaubonne será a ponta de lança da Frente Feminista, do Movimento Ecologia-Feminismo e do Centro Ecologia-Feminismo – lugares de militância ecofeminista amplamente citados na literatura internacional, mas cujas atividades ainda permanecem muito pouco documentadas.¹⁵ Se a existência desses grupos quase não foi notada, a denúncia que fizeram do patriarcado era completamente assumida, como comprova um dos objetivos anotados em 1974 em uma brochura da associação Ecologia-Feminismo: "acabar com a sociedade masculina e sua quantidade notável de autodestruição".¹⁶ Em agosto do mesmo ano, o Movimento Ecologia-Feminismo Revolucionário apresenta um "chamado à greve da procriação" na conferência mundial sobre a população organizada pela Organização das Nação Unidas (ONU) em Bucareste. As reivindicações, no mínimo audaciosas, convocam a nada menos que "a abolição total e irreversível do sexismo e do patriarcado" – os argumentos principais de *Feminismo ou morte*.

UM MANIFESTO PARA UMA SOCIEDADE ECOFEMINISTA

Quando cada uma de nós teve *Feminismo ou morte* nas mãos, não podemos negar que algo intenso se produziu. Como na leitura de *Écologie et féminisme. Révolution ou mutation?*,¹⁷ tivemos esta sensação excitante e maravilhosa: finalmente havia um plano! Alguém tinha escolhido seriamente analisar a catástrofe ecológica global em termos de gênero. Não apenas o aspecto teórico havia sido explorado, mas o livro oferecia sobretudo pistas práticas, perspectivas reais de mudança, um programa de desconstrução completa do poder, um convite às mulheres e a todas as minorias de gênero para que se apropriassem de uma potência até então inexplorada na cena política francesa. Lá estava a revolução. E nós tínhamos nosso lugar nela, nós que havíamos pressentido há tanto tempo as ligações entre ecologia e feminismo, nós que detestávamos a apropriação branca, intelectual e burguesa dos discursos ecológicos, nós que estávamos convencidas de que o feminismo não podia se limitar à "igualdade homens-mulheres".

D'Eaubonne preconiza, de fato, a transferência de poder às mulheres, materializada pelo que ela chama de "o não poder" ou a destruição de todo poder.¹⁸ Para concretizar esse projeto de sociedade igualitária – sedutor especialmente por suas perspectivas decididamente antiautoritárias –, ela insiste na necessidade de disponibilização coletiva das fontes de produção, o que se diferencia do socialismo de sua época, que ela critica por completo, mas ecoa, amplamente, o anarquismo verde e a ecologia social libertária.

Ela promove igualmente a "descentralização da energia" em favor de uma "polienergia" leve, que contrapõe à utilização massiva da técnica da "monoenergia", pesada, masculina e capitalista. Sua utilização dos termos "mono" e "poli" relembra inevitavelmente os escritos – ulteriores – de Vandana Shiva sobre o pensamento único e a monocultura, que segundo ela devem ser urgentemente substituídos por abordagens ecofeministas fundadas sobre a diversidade dos métodos e das práticas agrícolas que respeitam a biodiversidade.[19] Finalmente, só podemos saudar seu chamado a desmantelar tanto a família quanto a indústria nucleares –[20] objetos de "um mesmo combate" –,[21] que vemos como um convite franco a destruir o modelo familiar patriarcal e heterossexual.

A teoria ecofeminista de Françoise d'Eaubonne não é, portanto, uma justaposição do feminismo e da ecologia, mas sim uma análise do "sistema--mundo"[22] a partir de um ângulo que coloca as minorias e os(as) explorados(as) em seu centro. Em *Feminismo ou morte*, ela explica que a ameaça ecológica que pesa sobre todas as formas de vida não apenas é uma prioridade, mas, sobretudo, indissociável das outras lutas. Contrariamente ao movimento ecologista emergente naquela época, afirma que a destruição do meio ambiente é consequência de um sistema falocrático,[23] que encontra sua origem nas técnicas agrícolas masculinas e pré-capitalistas. Segundo ela, essas técnicas ocasionaram a apropriação dos sistemas e dos órgãos reprodutores das mulheres, provocando a superpopulação e a destruição dos recursos naturais.[24]

A RECEPÇÃO FRANCESA E AS PERSPECTIVAS INTERNACIONAIS

Desde os anos 1970, o feminismo escruta as origens do patriarcado a fim de compreender melhor as raízes dessa estrutura societal. Na França, os debates se cristalizaram ao redor da "questão das mulheres" ou "condição feminina", cujo objetivo era analisar, em escala mundial, os mecanismos que estavam na origem da subordinação das mulheres sob o prisma das ligações entre o capitalismo e o patriarcado. Entre as diversas tendências que se desenham, a posição de d'Eaubonne desentoa. Ao postular que o patriarcado levou à dominação dos homens sobre as mulheres e ao saqueio da natureza, ela denuncia não apenas a organização sexista da sociedade, mas imputa a ela, igualmente, a responsabilidade pela destruição do meio ambiente. Quase uma década mais tarde, a socióloga Maria Mies,[25] por sua vez, considerará o capitalismo e o patriarcado dois sistemas que se fusionaram para dar origem ao "patriarcado capitalista", conceito-chave das teorias (eco)feministas.

Entretanto, apesar de suas contribuições vanguardistas fundamentais, o ecofeminismo de d'Eaubonne encontrou uma relativa indiferença na França. Se *Feminismo ou morte* parece ter suscitado, em seu lançamento, certa atenção no meio feminista, especialmente parisiense,[26] o termo "ecofeminismo" não foi retomado pelos atores e atrizes dos movimentos sociais nem realmente estudado por pesquisadores(as).[27] De maneira geral, a aproximação entre mulheres e ecologia estava sujeita a controvérsias em um meio feminista francês predominantemente materialista que se opunha com virulência ao essencialismo,[28] principal reprovação dirigida ainda hoje ao ecofeminismo no Ocidente. Na França, o ecofeminismo continua a suscitar a desconfiança entre nossos pares, como se essa corrente sempre tivesse dificuldade para se inserir na variedade dos feminismos atuais. Ao prefaciar este livro, desejamos, em nossa escala, tomar parte no reconhecimento de uma autora injustamente esquecida, reafirmar que o ecofeminismo também tem uma história francesa, mas também legitimar nosso lugar. Já é tempo de que esse mal-estar desapareça, em nome de todas as pessoas a quem o ecofeminismo diz respeito.

Ao contrário, no meio universitário anglo-saxônico, e particularmente nos Estados Unidos – lugar privilegiado da teorização e da ação política que se assume como ecofeminista –, as ligações entre as mulheres, as minorias de gênero e de raça e a natureza têm sido o objeto de estudos e publicações desde os anos 1980. Nos numerosos escritos de e sobre o ecofeminismo estadunidense, é habitual lembrar que a invenção do neologismo "ecofeminismo" e sua articulação teórica são obras de uma militante e escritora francesa. A exportação do termo para o outro lado do Atlântico continua sendo, entretanto, misteriosa. Mary Daly, uma teóloga e feminista radical estadunidense, parece ser a primeira a empregar a palavra em seu ensaio *Gyn/Ecology*[29] publicado em 1978. Mas depois dessas primícias, haverá poucos intercâmbios (d'Eaubonne será convidada a ministrar algumas conferências na Austrália e no Canadá nos anos 1990, mas nenhum de seus escritos será traduzido integralmente), e o ecofeminismo como corrente de pensamento, movimento e instrumento de reivindicação social se desenvolverá bem longe do Hexágono.

OS CONTORNOS TÊNUES DO ECOFEMINISMO

Rastrear a gênese do ecofeminismo revela-se uma tarefa muito difícil, senão impossível. E isso talvez seja bom! Se podemos situar claramente o momento em que emerge um movimento que coloca a necessidade de articular ecologia e feminismo no fim dos anos 1970, é igualmente necessário mencionar aqui um obstáculo maior, que torna complexa qualquer tentativa de historicização do ecofeminismo: de fato, desde o início dos anos 1980, a palavra foi utilizada por universitárias – majoritariamente brancas – desejosas de teorizar uma tendência mundial da mobilização das mulheres pelo planeta, para qualificar experiências ou movimentos muito variados – Love Canal, Green Belt Movement, Women's Pentagon Action, Chipko Movement...[30] Da mesma maneira, certos escritos canônicos do gênero foram "etiquetados" como tais, sendo que suas autoras nunca haviam se reivindicado como ecofeministas, ao exemplo de Silvia Federici e de sua obra *Calibã e a bruxa*.[31] O critério de inclusão na "família ecofeminista" parece bastante simples: a integração da natureza, do meio ambiente ou da terra no interior do ativismo e/ou da análise feminista. É surpreendente, então, constatar que muitos outros textos que respondem a esse critério não constam no *corpus* literário ecofeminista. Gloria Anzaldúa, Cherríe Moraga, Winona LaDuke, Alice Walker, bell hooks e Toni Morrison – cujos escritos influenciaram nossa politização ecofeminista –[32] são apenas algumas autoras que escreveram sobre as mulheres, as minorias de gênero, as terras e as opressões que seviciam tanto umas quanto as outras. Podemos nos perguntar, com razão: por que o cânon ecofeminista continua sendo majoritariamente branco, enquanto a literatura nos mostra que as mulheres racializadas são afetadas de maneira desproporcional pela destruição do meio ambiente e as mudanças climáticas em todo o mundo? Segundo a socióloga Dorceta E. Taylor, essa discrepância seria uma das consequências de um ecofeminismo fundado em grande parte a partir da experiência e do patrimônio das mulheres brancas.[33] Hoje, no momento em que o ecofeminismo renasce de suas cinzas, nós nos esforçamos para não repetir esses erros do passado e respondemos ao convite de Taylor: precisamos redefinir o ecofeminismo interrogando a branquitude em sua história.

DESCOLONIZAR O ECOFEMINISMO

As próximas linhas não têm o propósito de lançar críticas a uma autora – que já morreu, aliás –, mas sim de tentar mostrar, sem maquiagem, uma faceta de sua realidade. Nós gostaríamos de revelar os paradoxos e mesmo as contradições de um pensamento que dá início a uma crítica radical ao crescimento instituído pelos países do hemisfério Norte e, ao mesmo tempo, exerce uma dominação sobre as mulheres que ela tenta precisamente levar em conta em suas análises. De fato, consideramos este prefácio a ocasião de advertir os leitores e leitoras ecofeministas a respeito de esquemas de pensamento que têm origem em um feminismo hegemônico. No fim das contas, apagar essa filiação significaria nos expormos perigosamente a reforçá-la.

Digamos de uma vez, *Feminismo ou morte* é problemático na medida em que ignora um dado fundamental: a colonização. O livro passa à margem das múltiplas resistências dos países do Sul[34] que constituem, contudo, seus principais objetos de análise. *Objeto* é precisamente a categoria única a partir da qual são pensados os países não ocidentais, asfixiados em uma alteridade radical que se endurece ao longo dos capítulos. É ao menos estranho que Françoise d'Eaubonne não tenha jamais colocado no centro de suas análises a colonização como matriz do "poder masculino", o qual ela se empenha, contudo, em criticar de um lado a outro em várias de suas obras. Ao adotar uma crítica decolonial (mesmo que ela não existisse como tal e com esse nome naquela época), Françoise d'Eaubonne teria compreendido que o que ela chama de "retardo" não tinha nada a ver com uma regressão econômica ou cultural, mas antes com o que o economista Samir Amin[35] conceitualizou sob a teoria da dependência: são "subdesenvolvidos" os países cuja economia foi subordinada aos Estados colonizadores, que protegeram dessa forma seus mercados internos e hoje em dia controlam as estruturas de decisão, como a Organização Mundial do Comércio (OMC), o Fundo Monetário Internacioal (FMI) ou o Banco Mundial.[36] Trata-se, como propôs o economista Immanuel Wallerstein, de um sistema-mundo, o que significa que todos os países existem unicamente por relações imbricadas. Se alguns, assim, parecem "estagnar-se",[37] como escreve d'Eaubonne, tal situação não é nem a-histórica nem desconectada. Consequentemente, refletir sobre os países de maneira isolada é absolutamente estéril; a ambiciosa tentativa de d'Eaubonne de elaborar uma crítica transnacional da opressão das mulheres fracassa, pois esta não vem acompanhada de uma sólida teoria sistêmica mundial. Portanto, em lugar de pensar a partir de um estado fixo de "retardo econômico e cultural" surgido do nada, seria necessário concentrar-se em compreender o que as relações coloniais revelam e como séculos de tráfico de seres humanos, de escravagismo, de invasões, de destruição da economia ou de acumulação de riquezas puderam desenhar novos mundos imbricados, entrelaçados, dependentes e desigualitários. Nós insistimos: a colonização é mais que um episódio da História, é um processo longo e complexo que determina os diferentes estratos de identificação e desidentificação de um povo, sejam estes de gênero, de classe, de raça. Além disso, ela continua sendo hoje uma relação de dominação determinante e onipresente em nossos imaginários, nossas histórias e nossas práticas cotidianas – quer se trate de comprar açúcar ou café no supermercado ou de aprender yoga como uma simples ginástica exótica desencarnada. Aquilo que Françoise d'Eaubonne deixa escapar é, portanto, colossal.

 Entretanto, as críticas *queer* e feministas decoloniais já têm enfatizado há muito tempo a imbricação das relações entre gênero, raça e classe. É necessário reafirmar a existência dessas análises no momento em que d'Eaubonne escreve. De fato, as raízes do giro epistemológico do ano de 1990, o qual em teoria "celebrava" os quinhentos anos da colonização de

Abya Yala,[38] encontram-se longe na História, no continente latino-americano. A história decolonial não é, portanto, nova: ela critica, por um lado, a modernidade que se assenta sobre a construção discursiva de um sujeito universal branco e se apoia, e por outro lado, sobre cosmovisões indígenas e novas relações com os seres vivos. Ela propõe, finalmente, estimular a pesquisa sob um ângulo radicalmente diferente, colocando no centro a colonialidade, seja ela de poder ou de gênero.[39] Autoras como Lélia Gonzalez, revistas como *Regeneración* – que recorda o *Reclaim*[40] das feministas estadunidenses –, *La mujer: En pie de lucha* ou monumentos literários como *This Bridge Called my Back* mostram que, desde os anos 1970 e muito antes, uma produção teórica intensa tem colocado as Third World Women no centro da enunciação.[41] Além de uma denúncia da colonização do território, o movimento decolonial quer mostrar o que a branquitude produz como incursões nas narrativas, no gênero, nas ciências sociais, tendo por corolário o mito do progresso e do desenvolvimento. A cegueira[42] de Françoise d'Eaubonne não é, portanto, nem uma exceção, nem um lamentável "acidente": trata-se de uma ignorância sistêmica característica de sua época, que se recusa a situar as mulheres e minorias de gênero não brancas como sujeitos. Essa reticência às teorias decoloniais permanece até hoje.

Um ecofeminismo decolonial[43] permitiria, assim, unir a colonização da natureza, dos povos, das mulheres e de todos os corpos marginalizados. Muito anterior à teorização branca dos anos 1980, ele constitui as raízes do movimento, já que as catástrofes ecológicas atingem antes de tudo os Suis e que a colonização dessas terras, mesmo se esta destruiu de modo durável a vida e as sociedades que ali se desenvolviam, também reforçou os laços estreitos entre os povos e seu meio ambiente. Como as mulheres tem um papel central nas localidades rurais,[44] elas são pilares em suas famílias, trabalham a terra e são designadas a uma divisão sexual do trabalho que as liga à alimentação, aos solos, aos cuidados, à espiritualidade e à manutenção da vida doméstica e agrícola. Hoje em dia, a apropriação cultural[45] de práticas como a yoga ou a fantasia ecológica que imagina voltar a modos de via mais "simples" ou "puros" – subentendidos como não ocidentais – revelam a incapacidade dos países europeus de inventar práticas e narrativas que estejam em simbiose com os seres vivos. Portanto, ecologicamente temos muito a aprender com os países do sul, sem, contudo, mistificá-los ou romantizá-los. Trata-se antes de compreender como sua opressão ecológica e social é imensa, assim como seus instrumentos de resistência e de criações. Porque são essas minorias que tiveram a experiência mais dolorosa e mais durável da destruição global pela qual somos responsáveis. São também os povos autóctones que dirigem o movimento pela justiça climática e são as pontas de lança das soluções em escala mundial.[46] Apesar disso, devemos ressaltar que não buscamos de nenhum modo tornar países como a Argélia ou a Argentina puros de qualquer relação de dominação; nossa solidariedade com os países colonizados não chega até o ponto de ignorar as atrocidades que estes perpetram, desde seus regimes autoritários até seus crimes sexistas. O que desejamos fazer aqui enfatiza, antes, a complexificação das relações, a tomada de consciência da interdependência dos países e, portanto, a impossibilidade de aplicar um aparelho analítico ocidental "pronto para o uso". A própria denominação de "países dos Suis", aliás, deve ser questionada, porque a Tailândia não é o Congo, que não é o Brasil. Assim, ao contrário de d'Eaubonne, devemos sempre nos esforçar para "descolonizar nosso espírito", como nos ensina Ngugi Wa Thiong'o,[47] mas também nossa linguagem e nossos imaginários, a fim de tentar levar em conta a especificidade e as nuances que compõem cada povo, cada país, cada grupo social. Nesse aspecto, é justamente a França que "apodrece" mais.

ÚTERO E UNIVERSALISMO

Apesar desse quadro, *Feminismo ou morte* está longe de ser um texto conservador. Um dos argumentos mais revolucionários que ele contém é a crítica franca à maternidade como destino para as mulheres. A autora não hesita em imaginar e advogar uma "greve dos ventres". Ela considera uma solução radical para erradicar o poder patriarcal inscrito na carne e nos úteros: a recusa coletiva de procriar. Por meio dessa preconização, mostra até que ponto seu ecofeminismo é o oposto de uma visão "maternal" da vida e quanto sua teoria é, antes de tudo, uma prática. Defender uma "greve dos ventres" em 1974 é um ato político assombroso, e por meio dele Françoise d'Eaubonne denuncia a imposição à maternidade feita a todas as mulheres no interior do regime político heterossexual. Além disso, ela entrega uma visão horizontal, coletiva e feminista da educação, chegando até a citar como exemplo os *Kinderläden*, jardins de infância antiautoritários fundados na Alemanha no final dos anos 1960.

Mesmo que o programa seja entusiasmante, o argumento pelo qual d'Eaubonne justifica seu apelo é delicado, ou mesmo perigoso. Se existem ligações relevantes entre a demografia e a história do patriarcado (em especial no que diz respeito aos direitos reprodutivos das mulheres), fazer da superpopulação a razão principal da catástrofe ecológica é uma maneira insidiosa de colocar um peso considerável sobre as mulheres, e mais especificamente aquelas dos Suis. Aqui também, somente um feminismo ocidental poderia pensar na recusa da maternidade como uma liberação para todas. A convocação à greve dos ventres coloca a recusa em ter filhos como indicador feminista de liberação, o que é muito problemático quando conhecemos a história colonial da pílula, as políticas de esterilização massiva e a desvalorização das maternidades não brancas.[48] Além disso, quando d'Eaubonne defende suas posições na ONU, os representantes dos países dos Suis acusam o Ocidente de dissimular, atrás de suas preocupações demográficas, um racismo habitual e práticas coloniais. O argumento da superpopulação, que instalou duravelmente uma imagem das mulheres africanas, argentinas ou asiáticas como "poedeiras" incontroláveis, além disso, ainda é utilizado em certos círculos que reatualizam uma análise neomalthusiana da ecologia.

Por mais visionária que ela tenha sido, Françoise d'Eaubonne continua, afinal, formada pelo feminismo ocidental no sentido de Chandra Talpade Mohanty;[49] encontramos essa concepção eurocêntrica do mundo que separa os países "desenvolvidos" dos "subdesenvolvidos" em dois "campos"[50] irreconciliáveis, com valores diametralmente diferentes e sem nenhuma relação, a não ser uma possibilidade de "salvar" estes últimos ao lhes mostrar o caminho da liberdade. Assim a autora é tributária de uma perspectiva universalista que constrói um sujeito único de uma contra-história (a mulhere branca) e encarna uma relação de poder no próprio interior da definição de seu feminismo. Ao escrever "a árabe", "a africana" ou "a muçulmana", d'Eaubonne imobiliza essas mulheres em características que fariam delas seres absolutamente diferentes, por *natureza*. As raras ocorrências do Islam, ainda por cima, corroboram uma visão opressiva deste último, na qual as crentes são, de todo modo, alienadas.[51] Dois processos estão, portanto, em andamento: generalização e homogeneização do Outro, como bem decifrou Edward Saïd em *Orientalismo*,[52] publicado em 1978, ou seja, apenas três anos após *Feminismo ou morte*. Dessa forma, a construção discursiva da "mulher oriental" que precisa ser salva cria um mito racista que nos impregna muito fortemente ainda hoje, sobretudo na França. Isso constrói uma imagem monolítica das "mulheres do terceiro mundo" como grupo oprimido caracterizado por sua fixidez. As mulheres são, assim, duplamente submissas, os homens duplamente "machos"[53] nos países dos Suis, e todas são inarticuladas, já que d'Eaubonne faz referência exclusivamente (com raras exceções) a autores e autoras ocidentais para falar sobre isso. A branquitude do discurso permanece então em sua estratégia discursiva, que consiste em se apropriar do poder exclusivo de nomear. Gayatri Chakravorty Spivak[54] foi uma das primeiras a identificar a impossibilidade dos subalternos de falar. Assim, cada vez que se faz menção à África, à América Latina ou à Ásia, é para expressar uma falta, um atraso ou uma derrota; mais uma vez, esses países raramente são vistos como berços do feminismo, mas sim como os lugares célebres de um trágico sexismo.

Cabe a nós, a partir de agora, inventar novas linguagens que permitiriam remover todos os "centrismos" – eurocentrismo, antropocentrismo, logocentrismo... –, a fim de nos emanciparmos de uma visão binária que deveria escolher entre o progresso ou a regressão. Antes, abramos espaço para os ecofeminismos cujos sujeitos são não hegemônicos, limítrofes, mestiços e ancestrais.

PARA UM ECOFEMINISMO RADICAL E ANTICAPITALISTA

A recente mediatização da liberação das palavras das mulheres, a visibilidade crescente do transfeminismo, a consideração da colonização como matriz de poder sobre as terras e os povos, a deterioração do dualismo natureza/ cultura, a vulgarização do conceito de antropoceno, a reapropriação dos princípios da ecologia libertária, a denúncia cada vez mais barulhenta da heterossexualidade como sistema político talvez tenham a ver com essa situação inédita em que gênero, raça e ecologia se tornaram aspectos incontornáveis de nosso cotidiano. Ter um corpo e poder nutri-lo decentemente, fazê-lo habitar, recusar lhe dar categorias binárias de sexo se tornam agora desafios políticos e públicos, que em nossa opinião têm tudo a ver com o viver-ecofeminismo, se é que existe algo dessa ordem. As teorias e as ideias se tornam carne, elas tomam corpo nas construções de ecovilas feministas, em terras lésbicas, em ateliês ecossexuais, em ZAD[55] cuja composição é escolhida, em mobilizações subversivas. Na conclusão de seu ensaio *Écologie et féminisme. Révolution ou mutation?*,[56] Françoise d'Eaubonne nos apresenta, aliás, um verdadeiro projeto de sociedade ecofeminista, onde todas as facetas de nossas existências são transformadas. O patriarcado capitalista é sucedido por comunidades baseadas em uma "cogestão igualitária dos sexos" e uma abolição total da noção de poder. Nas projeções da autora, essas sociedades são construídas em uma ponte entre o anarquismo, a utopia, o feminismo e a ecologia política.

Entretanto, constatamos uma perigosa ausência dessas perspectivas radicais em uma parte importante das produções ecofeministas francesas atuais. "Produções" é a palavra adequada, já que agora estão nos vendendo festivais patrocinados por grandes grupos no mínimo duvidosos, eventos etiquetados como "ecológicos" continuam a oferecer carne com a preocupação de "satisfazer o consumidor", e estamos constantemente a um clique de algum retiro para nos reconectarmos com nosso "feminino sagrado" no coração da natureza, em troca de algumas centenas de euros. Toda essa indústria se autoproclama ecofeminista e, contudo, tudo o que faz é validar a visão burguesa, branca e essencialista pela qual o movimento é criticado. Algumas vezes, e até mesmo com frequência, trata-se de reforçar ingenuamente uma forma de poder para as mulheres privilegiadas, reconectando-as a seus corpos de maneira individual, completamente despolitizada, e produzindo o que tem mais aparência de desenvolvimento pessoal que de qualquer tipo de luta contra as dominações sistêmicas. *Feminismo ou morte* ultrapassa, assim, o simples âmbito da leitura subjetiva e desafia todos os supostos ecofeminismos que não mudam o *status quo*, ou que até mesmo fortificam uma estrutura capitalista advogando por um "*leadership* no feminino" ou uma sensibilização ao "desenvolvimento sustentável e ao gênero" nas empresas. Com a intensificação das finanças mundiais, do capitalismo e do neoliberalismo desde a primeira publicação deste livro, o feminismo liberal, de fato, conheceu um verdadeiro crescimento. O ecofeminismo infelizmente não escapou a esse fenômeno, e uma mercantilização das práticas ecofeministas se encontra bem no centro do movimento que observamos hoje em dia na França. O *boom* da ecologia doméstica (coletores menstruais, sabonetes, fraldas ecológicas) e a mercantilização de práticas espirituais ou esotéricas, frequentemente resumidas à compra de cristais e de pedras semipreciosas extraídas em condições assustadoras, provam que a apropriação está realmente em ação.

Esse não é, e nunca foi, o objetivo do ecofeminismo.

Com d'Eaubonne, é preciso, então, reafirmar a necessidade da radicalidade e recolocá-la no centro da práxis ecofeminista. Se esse é um movimento difícil de ser capturado, que sempre se desfaz na definição dentro da qual se tenta congelá-lo, o ecofeminismo ainda assim permanece profunda, absoluta e definitivamente anticapitalista. Recusamos esse ecofeminismo liberal, novo nome do ecologismo reformista que teria como único objetivo impor novas regulamentações e leis ecologicamente duráveis ou baseadas no gênero. Sempre recusamos a igualdade se ela consiste em ter os mesmos direitos que os homens de assassinar impunemente os seres vivos. Nós nos recusamos a relaxar fazendo artesanato enquanto aquelas que produzem as matérias-primas morrem do outro lado do mundo. Nós nos recusamos a participar de retiros ecofeministas cujo objetivo é criar novas férias *green* entre mulheres, enquanto as empregadas racializadas e mal remuneradas fazem a limpeza em casa. Nós nos recusamos a fazer capas de revistas femininas que surfam na tendência da "*girl power*" e do orgânico, e que por esse meio apenas reforçam estereótipos de gênero em nome de um pseudoecofeminismo que agora se tornou marketing, e para o qual a radicalidade seria uma palavra feia. Recusamos os gestos ecorresponsáveis na empresa ou a coleta seletiva como nova definição de ecologia. E recusamos, por fim, um ecofeminismo apolítico, a-histórico, que só recria uma bolha branca de mulheres cisgênero integradas na economia heterossexual, que se persuadem do contrário através de exercícios de meditação transcendental aprendida em um documentário da Netflix. Continuaremos a recusar isso e faremos de tudo para propor uma alternativa à igualdade ecocida.

Quer elas se digam ecofeministas ou não, no mundo inteiro, as mulheres e as minorias de gênero se levantam e exigem "uma mudança para um sistema feminista, e não uma mudança climática".[57] Esta mudança implica um desmantelamento radical do sistema patriarcal capitalista. São as camponesas da Vía Campesina.[58] São as mulheres autóctones e dos Suis que protegem suas terras natais da construção de oleodutos. São os(as) manifestantes dos blocos ecolo-queer que perturbam a estrutura opressora cis-hétero da sociedade. São os membros do African Ecofeminist Collective [Coletivo Ecofeminista Africano] que reabilitam as tradições feministas africanas para lutar contra o capitalismo das multinacionais. São militantes hondurenhas, como Laura Cáceres (filha da líder indígena assassinada Berta Cáceres), que denunciam o capitalismo verde e o extrativismo. São as feiticeiras que reavivam a potência do ser vivo por meio de seus rituais, sem ter um Instagram com milhares de seguidores. São as *radical fairies* que disseminam mundos *ecoqueer* através do planeta. Nós nos inscrevemos nessa constelação e, com d'Eaubonne, afirmamos que o movimento revolucionário transnacional é mais necessário que nunca para responder à extrema urgência da crise climática, às suas ligações com o gênero, e para fazer frente à ascensão dos feminismos liberais, que exigem cada vez mais poder institucional. Desse modo, eles endurecem as políticas binárias que excluem todas as dissidentes da Ordem da República Francesa Una e Indivisível, das pessoas neuroatípicas às comunidades *queer*, passando pelos(as) trabalhadores(as) do sexo e as pessoas trans.

Nós tentamos, aqui, explorar as pistas que a autora de *Feminismo ou morte* nos sugeria; ela teria provavelmente desaprovado várias dessas explorações, mas o desacordo está inscrito no DNA do ecofeminismo. É precisamente essa tensão que o torna tão vivo e que permitiu a existência de seus filhos ilegítimos, dos encontros mágicos nas terras lésbicas dos Pireneus aos monstros meio deusas, meio ciborgues que se introduzem nos nossos imaginários, os quais passaram a ser decididamente híbridos.

MYRIAM BAHAFFOU é doutoranda em filosofia feminista e militante ecofeminista. Fundou o coletivo ecofeminista Voix Déterres em 2019 e tenta, por esse meio, devolver a vida a uma visão mais interseccional do ecofeminismo na França.

JULIE GORECKI é militante e escritora ecofeminista. Doutoranda na Universidade de Berkeley, ela milita no seio do movimento transnacional feminista pela justiça climática.

NOTAS DO POSFÁCIO

1. Formulação e abordagem acenando para Maria Mies e Vandana Shiva (1993), *Écoféminisme*, 1999.
2. A palavra *"télé"*, em francês, também pode ser a versão curta para *"télévision"*, tal como TV em português. (N.T.)
3. Como observou Jade Lindgaard no *podcast*, "Que peut-on faire politiquement de ce désastre?" [O que se pode fazer politicamente deste desastre?], *Présages*, 26 mar. 2020.
4. Por meio da escolha deste adjetivo, fazemos referência a uma construção social dicotômica e hierárquica de valores falsamente masculinos e femininos.
5. O ecofeminismo radical para o qual apelamos visa operar uma mudança na raiz das opressões, sejam elas de gênero, idade, deficiência, classe, raça, entre outras. Nós nos associamos a esse movimento porque vemos nele uma dupla recusa do reformismo: primeiramente perante o feminismo, porque "as ferramentas do senhor nunca derrubarão a casa-grande" (Audre Lorde), e em seguida a ecologia, porque o "desenvolvimento sustentável" em um sistema ecocida não nos parece viável. Além disso, o ecofeminismo radical que nós reivindicamos não toma como sujeito principal "as mulheres", mas sim todos os indivíduos que morrem pelo patriarcado, das pessoas trans assassinadas aos animais mortos aos milhares nos abatedouros.
6. Carolyn Merchant, *La mort de la nature*, 2020.
7. Publicada em Paris pela Passenger Clandestin.
8. Françoise d'Eaubonne (1978), *Écologie et féminisme, Révolution ou mutation?*, 2018, p. 93.
9. Troca informal com Vandana Shiva no podcast *Ecofeminismos: defender nossos territórios*, Arte Radio, 2019.
10. Para um panorama da vida da autora, cf. Caroline Goldblum, *Françoise d'Eaubonne et l'écoféminisme*, Paris: Le Passager Clandestin, 2019. Suas memórias foram igualmente publicadas em 5 tomos: Françoise d'Eaubonne, *Mémoires irréductibles, De l'entre-deux-guerres à l'an 2000*, Paris: Dagorno, 2001.
11. Diversas pesquisadoras, contudo, contestam esta versão e defendem que o termo teria aparecido simultaneamente em diversos continentes. É especialmente o caso de Ariel Salleh, como relembra Émilie Hache em seu brilhante prefácio a *Réclaim. Recueil de textes écoféministes*. Paris: Cambourakis, 2016, p. 28.
12. A primeira ocorrência da palavra, aparece na página 73 antes de ser retomada no título do capítulo "O tempo do eco feminismo", p. 167. (N.T.)
13. Expressão emprestada de Denise Brial, diretora do documentário *Une irréductible rebelle: Françoise d'Eaubonne*, Atalante, 2006.
14. No original, *"assermentée"*, que indica que pessoa prestou um juramento antes de exercer uma função pública, uma profissão, ou perante um tribunal. (N.T.)
15. Os arquivos (muito delgados) do movimento Ecologia-Feminismo estão conservados na biblioteca de Angers. Um exame minucioso deles talvez permita compreender melhor a organização e a história desse grupo.
16. Destinado à informação dos(as) militantes da associação (balanço das ações passadas e vindouras), esse "boletim nº 4" é datado do verão de 1974. Ele foi reproduzido integralmente na segunda parte do livro de C. Goldblum, op. cit., p. 72-74.
17. F. d'Eaubonne, op. cit. Publicado quatro anos depois de *Feminismo ou morte*, o referido ensaio pode ser considerado o resultado da reflexão ecofeminista iniciada

aqui. Ela reitera e prolonga as advertências formuladas em 1974, mas esboça igualmente um projeto de sociedade fundada sobre a cooperação e a contestação das hierarquias que regem a sociedade patriarcal e capitalista.

18 "[...] trata-se de arrancar o planeta das mãos do macho de hoje para restituí-la à humanidade de amanhã. É a única alternativa; pois, se a sociedade masculina perdurar, não haverá mais humanidade amanhã." Idem, p. 317.

19 Vandana Shiva, *Monocultures of the Mind. Perspectives on Biodiversity and Biotechnology*, Londres: Zed Books, 1993. [Ed. bras.: *Monoculturas da mente: Perspectivas da biodiversidade e biotecnologia*, São Paulo: Gaia, 2018.]

20 A autora joga com os termos "família nuclear" e "energia nuclear" (N.T.)

21 "O poder para as mulheres é o não poder!" (folheto do grupo Ecologia-Feminismo, agosto de 1977) em F. d'Eaubonne, op. cit., p. 198.

22 De acordo com o conceito de "sistema-mundo", inspirado por Fernand Braudel e desenvolvido por Immanuel Wallerstein, Giovanni Arrighi e Samir Amin, a situação econômica dos países é indissociavelmente ligada à dos outros, devendo ser compreendida à luz de dinâmicas globais que chamaríamos hoje de globalização. Dessa maneira, o assim chamado "subdesenvolvimento" dos países dos "Suis" é induzido por uma estrutura desigual e injusta, que tem mantido e perpetuado uma hegemonia dos países dos "Nortes" há séculos, a começar por aquela do primeiro período colonial.

23 Dito isso, a focalização da autora sobre a "falocracia" pode desconcertar. Sua utilização muito recorrente do termo (ao qual preferimos amplamente o de "patriarcado") denota uma essencialização das categorias de gênero típicas do feminismo radical dos anos 1970. Mas d'Eaubonne evoca em múltiplas ocasiões uma visão não binária do gênero e mesmo do sexo, e chega a sugerir que o gênero é uma construção social da falocracia (F. d'Eaubonne, op. cit., p. 257).

24 F. d'Eaubonne, op. cit, p. 141.

25 Maria Mies (1986), *Patriarchy and Accumulation on a World Scale: Women in the International Division of Labour*, 2014. [Ed. bras.: *Patriarcado e acumulação em escala mundial: mulheres na divisão internacional do trabalho*, São Paulo: Ema Livros e Editora Timo, 2022].

26 Paola Bacchetta, professora de estudos feministas e de gênero na universidade de Berkeley e militante antirracista feminista, recorda que "nos anos 1980, *Feminismo ou morte* era um texto importante para o movimento feminista parisiense. As militantes conheciam o texto e d'Eaubonne era igualmente uma figura bem conhecida do movimento" (conversa com Paola Bacchetta).

27 Para aprofundar esta questão, ler o artigo de Isabelle Cambourakis, "Un écoféminisme à la française? Les liens entre mouvements féministe et écologiste dans les années 1970 en France", *Genre & Histoire*, nº 22, 2018.

28 Na tradição feminista materialista, o essencialismo é a armadilha na qual nenhuma feminista deveria cair. Dessa forma, postular uma ligação entre a natureza e as mulheres comportaria perigosas derivas: naturalização dos corpos, talvez glorificação da "Mulher" naturalmente mais conectada à Terra. Essa pusilanimidade retirou do movimento, durante muito tempo, toda a legitimidade política ou teórica. Nós reafirmamos aqui que a ligação que conecta os corpos machucados àqueles das terras feridas é, antes de tudo, social.

29 Mary Daly, *Gyn/Ecology. The Metaethics of Radical Feminism*, Boston: Beacon Press, 1978. Mary Daly teria tido acesso a extratos traduzidos dos escritos de d'Eaubonne. Foi necessário, contudo, esperar os anos 1980 para que fossem publicadas as primeiras e raras traduções em inglês de extratos de sua obra: Elaine Marks e

Bibliografia da edição original

Reproduzimos a seguir a bibliografia da primeira edição de *Feminismo ou morte*. As referências são apresentadas conforme a ordem dessa edição, mas foram submetidas a uma revisão com o propósito, entre outros, de indicar as edições mais recentes e facilitar, assim, o acesso a essas obras.

VERNIER, Jacques. *La bataille de l'environnement*. Paris: Robert Laffont, 1971. [Ed. bras.: *A batalha do meio ambiente*. Tradução Miracel de Lacerda. Futura, 1973.]

DORST, Jean. *La nature dénaturée. Pour une écologie politique*. Paris: Le Seuil, 1965.

BONNEFOUS, Édouard. *L'homme ou la nature*. Paris: Hachette, 1970. [Ed. bras.: *O homem ou a natureza*. Tradução Serafim Ferreira. Curitiba: Amp. s/d.]

HALL, Edward T. *La dimension cachée*. Le Seuil, 1971. [Ed. bras.: *A dimensão oculta*. Tradução Miguel Serras Pereira. São Paulo: Martins Fontes, 2019.]

BARDE, Jean-Philippe e GARNIER, Christian. Paris: *L'environnement sans frontières*. Paris: Seghers, 1971.

POHL, Frederik e KORNBLUTH, Cyril M. (1953). *Planète à gogos*. Paris: Gallimard, 2008. [Ed. bras.: *Os mercadores do espaço*. São Paulo: Edart, 1963]

SARTIN, Pierrette. *La femme libérée?* Paris: Stock, 1968.

MAILER, Norman (1971). *Prisonnier du sexe*. Paris: Robert Laffont, 2019. [Ed. bras.: *O prisioneiro do sexo*. Tradução Henda da Rocha Freire. Rio de Janeiro: Artenova, 1972.]

REICHE, Reimut (1968). *Sexualité et lutte de classes*. Paris: Maspero, 1971.

GREER, Germaine (1970). *La femme eunuque*. Paris: Robert Laffont, 1998. [Ed. bras.: *A mulher eunuco*. Tradução Eglê Malheiros. São Paulo: Círculo do Livro, 1970.]

HENNESSEY, Caroline (1970). *Moi, la salope*. Paris: Denoël-Gonthier, 1971.

FROMM, Erich. *La crise de la psychanalyse*. Paris: Anthropos, 1971. [Ed. bras.: *A crise da psicanálise*. Rio de Janeiro: Zahar, 1971.]

BROYELLE, Claudie. *La moitié du ciel*. Paris: Denoël-Gonthier, 1974. [Ed. bras.: *A metade do céu – O movimento de libertação das mulheres na China*. Tradução Prometeu. São Paulo: Edições Nova Cultura, 2020.]

WOOLF, Virginia (1929). *Une chambre à soi*. Paris: Le Livre de poche, 2020. [Ed. bras.: *Um quarto só seu*. Tradução Júlia Romeu. Rio de Janeiro: Bazar do Tempo, 2021.]

SOLANAS, Valérie (1967). *Scum Manifesto*. Paris: Mille et une nuits, 2005. [Ed. bras.: *Scum Manifesto*. Tradução Maria Cristina Guimarães. São Paulo: Conrad, 2020.]
FRIEDAN, Betty (1963). *La femme mystifiée*, Paris: Pocket, 2020. [Ed. bras.: *A mística feminina*. Tradução Carla Bitelli. Rio de Janeiro: Rosa dos Tempos, 2020.]
BEAUVOIR, Simone de (1949). *Le deuxième sexe*. Paris: Gallimard, vol. 1 e vol. 2, 1986. [Ed. bras.: *O segundo sexo*. Rio de Janeiro: Nova Fronteira, vol. 1 e vol. 2, 2019.]
MILLETT, Kate (1970). *Sexual Politics: la politique du mâle*. Paris: Des femmes, 2020.
KOLLONTAI, Alexandra (1918). *La femme nouvelle et la classe ouvrière*. Paris: L'Églantine, 1932. [Ed. bras.: *A nova mulher e a moral sexual*. São Paulo: Expressão Popular, 2020.]
REVEL, Jean-François. *Ni Marx ni Jésus*. Paris: Robert Laffont, 1970. [Ed. bras.: *Nem Marx nem Jesus*. Tradução Marçal Versiani. Rio de Janeiro: Artenova, 1972.]
LONZI, Carla (1974). *Crachons sur Hegel. Une révolte féministe*. Paris: Eterotopia, 2017. [Ed. Brasileira: *Cuspindo em Hegel – e outros escritos*. Tradução Adriana Baggio. Belo Horizonte: Âyiné, 2025.]
WARE, Cellestine. *Women Power*. Gainesville, Flórida: Tower Publications, 1970.
HORNEY, Karen (1945). *Nos conflits intérieurs*. Paris: L'Arche, 1992. [Ed. bras.: *Nossos conflitos interiores*. Tradutor Octavio Alves Velho. Rio de Janeiro: Civilização Brasileira, 1976.]
GUINCHARD, Marie-Thérèse. *Le macho et les sud-américaines*. Paris: Denoël--Gonthier, 1971.
SAINT-AGNÈS, Yves de. *Éros international. 2 – La Scandinavie*. Paris: Balland, 1971.
BALLORAIN, Rolande. *Le nouveau féminisme américain*. Paris: Denoël-Gonthier, 1972.
SAMUEL, Pierre. *Écologie: détente ou cycle infernal*. Paris: Lizes, 1973.
ROCHEBLAVE-SPENLÉ, Anne-Marie. *Les rôles masculins et féminins*. Paris: PUF, 1964.
TIGER, Lionel (1969). *Entre hommes*. Paris: Robert Laffont, 1970.
FANTI, Silvio. *Contre le mariage*. Paris: Flammarion, 1970.
NAHOUN, Philippe. *Allemagne antiautoritaire*. Paris: Éditions du Cercle/ Éditions de la Tête de feuilles, 1971.
MORGAN, Robin (org.). *Sisterhood is Powerful. An Anthology of Writings from the Women's Liberation Movement*. Nova York: Penguin Random House, 1970.
FHAR. *Rapport contre la normalité*. Paris: Éditions Champ Libre, 1971.
GAUTHIER, Xavière. *Surréalisme et sexualité*. Paris: Gallimard, 1971.
MARCUSE, Herbert (1955). *Éros et civilization*. Paris: Minuit, 1963. [Ed. bras.: *Eros e Civilização – Uma Interpretação Filosófica do Pensamento de Freud*. Rio de Janeiro: LTC, 1982.]

MARCUSE, Herbert (1969). *Vers la libération: au-delà de l'homme unidimensionnel*. Paris: Minuit, 1979.

FREUD, Sigmund (1929). *Malaise dans la civilization*. Paris: Payot, 2010. [Ed. bras.: *O mal-estar na civilização*. Tradução Paulo César de Souza. São Paulo: Penguin-Companhia, 2011.]

SULLEROT, Évelyne. *La femme dans le monde moderne*. Paris: Hachette, 1970.

FIRESTONE, Shulamith (1970). *La dialectique du sexe*. Lutter: Stock, 1972. [Ed. bras.: *A dialética do sexo*. Tradução Vera Regina Rebello Terra. Rio de Janeiro: Editorial Labor do Brasil, 1976.]

MEMMI, Albert (1962). *Portrait d'un Juif*. Paris: Gallimard, 2003.

PERIÓDICOS

"Libération des femmes: année zéro", *Partisans*, n°54-55, 1970.

Tout!, nº 12, 1971.

"Le livre blanc de l'avortement", *Le Nouvel Observateur*, 1971.

Actuel, nº 4, nº 12 e nº 13, jan.-set.-out. 1971.

Elle, dez. 1970 e nov. 1971.

Le torchon brûle, nº 1, nº 2, nº 3 e nº 4, 1971-1972.

L'Idiot Liberté, jun. 1971.

"Objecteurs de conscience", *Bulletin* X.Y.Z., 1970-1971.

New York Times, 31 ago. 1970.

Fuori!, nº 0, nº 1, nº 2, nº 3, 1972.

WITTMAN, Carl. *Gay Manifesto*, São Francisco: [s.n.], 1970.

CONTRIBUIÇÕES PESSOAIS

D'EAUBONNE, Françoise. *Le complexe de Diane. Érotisme ou féminisme*. Paris: Julliard, 1951.

_____. *Y a-t-il encore des hommes?*. Montigny-le-Roi: Flammarion, 1964.

_____. "De Marcuse, de Freud et du puritanisme révolutionnaire", *Arcadie*, 1969.

_____. *Éros minoritaire*. Paris: Balland, 1970.

_____. *Le féminisme: histoire et actualité*. Paris: Alain Moreau, 1972.

Bibliografia complementar

Esta bibliografia tem a vocação de permitir que leitoras e leitores da presente obra descubram outros escritos em ligação mais ou menos direta com os ecofeminismos, em alguns casos muito posteriores à publicação de *Feminismo ou morte*. Em lugar de apresentar um *corpus* exaustivo, decidimos aqui misturar textos acadêmicos sobre o ecofeminismo e escritos que, ainda que evitemos carimbá-los como "ecofeministas", participam da vivacidade e da história deste imaginário utopista e revolucionário.

LIVROS

ADAMS, Carol J. (1990). *La politique sexuelle de la viande. Une théorie critique féministe végétarienne*. Paris: L'Âge d'homme, 2016. [Ed. bras.: *A política sexual da carne: Uma teoria crítica feminista-vegetariana*. Tradução Cristina Cupertino. Rio de Janeiro: Alaúde, 2018.]

BARBE, Sylvie. *Vivre en yourte: un choix de liberté*. Paris: Yves Michel, 2013.

BISILLIAT, Jeanne (org.). *Femmes du Sud, chefs de famille*. Paris: Karthala, 1996.

BOUKARI-YABARA, Amzat (2014). *Africa Unite! Une histoire du panafricanisme*. Paris: La Découverte, 2017.

BURGART-GOUTAL, Jeanne. *Être écoféministe. Théories et pratiques*. Paris: L'Échappée, 2020.

BUTLER, Octavia (1998). *La parabole des talents*. Paris: Au Diable Vauvert, 2001. [Ed. bras.: *A parábola dos talentos*. Tradução Carolina Caires Coelho. São Paulo: Morro Branco, 2019.]

_____ (1993). *La parabole du semeur*. Paris: Au Diable Vauvert, 2020. [Ed. bras.: *A parábola do semeador*. Tradução Carolina Caires Coelho. São Paulo: Morro Branco, 2018.]

CARSON, Rachel. (1962). *Printemps silencieux*. Wildproject, 2020. [Ed. bras.: *Primavera silenciosa*. São Paulo: Gaia, 2010.]

COLLECTIF, *Faire partie du monde. Réflexions écoféministes*. Paris: Éditions du Remue-Ménage, 2017.

COOK, Alice e KIRK, Gwyn (1983). *Des femmes contre des missiles*. Paris: Cambourakis, 2016.

D'EAUBONNE, Françoise. *Le sexocide des sorcières*. Paris: L'Esprit frappeur, 1999.

_____ (1978). *Écologie et féminisme. Révolution ou mutation?* Paris: Libre et solidaire, 2018.

_____. *Les bergères de l'apocalypse*. Paris: Jean-Claude Simoën, 1978.

_____. *Les femmes avant le patriarcat*. Paris: Payot, 1976.

FALQUET, Jules, HIRATA, Helena e KERGOAT, Danièle (org.). *Le sexe de la mondialisation*. Paris: Presses de Sciences Po, 2010.

FEDERICI, Silvia (2004). *Caliban et la sorcière. Femmes, corps et accumulation primitive*. Paris: Entremonde, 2014. [Ed. bras.: *Calibã e a bruxa. Mulheres, corpos e acumulação primitiva*. Tradução Coletivo Saycorax. São Paulo: Elefante, 2023.]

FERDINAND, Malcom. *Une écologie décoloniale. Penser l'écologie depuis le monde caribéen*. Paris: Le Seuil, 2019. [Ed. bras.: *Uma ecologia colonial. Pensar a partir do mundo caribenho*. Tradução Letícia Mei. São Paulo: Ubu, 2022.]

FLAMANT, Françoise. *Women's Lands. Construction d'une utopie*. Oregon, USA, 1970-2010, iXe, 2016.

GOETTNER-ABENDROTH, Heide. *Les sociétés matriarcales. Recherches sur les cultures autochtones à travers le monde*. Paris: Des femmes, 2019.

HACHE, Émilie (org.). *Écologie politique. Cosmos, communautés, milieux*. Paris: Amsterdam, 2012.

HACHE, Émilie (org.). *Reclaim. Recueil de textes écoféministes*. Paris: Cambourakis, 2016.

HARAWAY, Donna (1991). *Des singes, des cyborgs et des femmes: la réinvention de la nature*. Paris: Actes Sud, 2009. [Ed. bras.: *A reinvenção da natureza: símios, ciborgues e mulheres*. Tradução Rodrigo Tadeu Gonçalves. São Paulo: WMF Martins Fontes, 2023.]

HARAWAY, Donna (2003). *Manifeste des espèces compagnes*. Paris: Climats, 2019. [Ed. bras: *O manifesto das espécies companheiras: cachorros, pessoas e alteridade significativa*. Tradução Pê Moreira. Rio de Janeiro: Bazar do Tempo, 2021.]

hooks, bell (2000). *Le féminisme pour toutes et tous*. Paris: Divergences, 2020. [Ed. bras: *O feminismo é para todo mundo: Políticas arrebatadoras*. Tradução Ana Luiza Libânio. Rio de Janeiro: Rosa dos Tempos, 2018.]

_____ (1981). *Ne suis-je pas une femme?*. Paris: Cambourakis, 2015. [Ed. bras: *E eu não sou uma mulher?: Mulheres negras e feminismo*. Tradução Libânio Bhuvi. Rio de Janeiro: Rosa dos Tempos, 2019.]

KANAPÉ FONTAINE, Natasha. *Bleuets et abricots*. Paris: Mémoire d'encrier, 2016.

KAPESH, An Antane (1976). *Je suis une maudite sauvagesse*. Paris: Des femmes, 1982.

KEUCHEYAN, Razmig (2014). *La nature est un champ de bataille. Essai d'écologie politique*. Paris: La Découverte, 2018.

MAATHAI, Wangari Muta (2007). *Celle qui plante les arbres*. Paris: J'ai Lu, 2011.

MERCHANT, Carolyn (1980). *La mort de la nature*. Paris: Wildproject, 2020.

MOHANTY, Chandra Talpade (1984). "Sous le regard de l'Occident: recherche féministe et discours colonial", in DORLIN, Elsa. *Sexe, race, classe. Pour une épistémologie de la domination*. PUF, 2009.

MIES, Maria e SHIVA, Vandana (1993). *Écoféminisme*. Paris: L'Harmattan, 1998. [Ed. bras.: *Ecofeminismo*. Belo Horizonte: Luas Editora, 2021.]

OUASSAK, Fatima. *La puissance des mères. Pour un nouveau sujet révolutionnaire*. Paris: La Fabrique, 2020.

PÉREZ-VITORIA, Silvia. *Manifeste pour un XXIe siècle paysan*. Paris: Actes Sud, 2015.

PLUMWOOD, Val (1993). *Réanimer la nature*. Paris: Wildproject, 2020.

ROY, Arundhati (1997). *Le dieu des petits riens*. Gallimard, 2009. [Ed. bras.: *O deus das pequenas coisas*. Tradução José Robens Siqueira. São Paulo: Companhia de Bolso, 2008.]

SEGATO, Rita Laura (2007). *L'Œdipe noir. Des nourrices et des mères*. Paris: Payot, 2014. [Ed. bras.: "O Édipo negro: colonialidade e forclusão de gênero e raça", in *Crítica da colonialidade em oito ensaios e uma antropologia por demanda*. Tradução Danú Gontijo e Danielli Jatobá. Rio de Janeiro: Bazar do Tempo, 2021.]

SHIVA, Vandana (2019). *1%. Reprendre le pouvoir face à la toute-puissance des riches*. Paris: Éditions Rue de l'Échiquier, 2020.

SHIVA, Vandana (2000). *Le terrorisme alimentaire. Comment les multinationales affament le tiers monde*. Paris: Fayard, 2001.

SPIVAK, Gayatri Chakravorty (1988). *Les subalternes peuvent-elles parler?* Paris: Amsterdam, 2009. [Ed. bras.: *Pode o subalterno falar?* Tradução Sandra Regina Goulart Almeida, Marcos Pereira Feitosa e André Pereira Feitosa. Belo Horizonte: Editora UFMG, 2018.]

_____ (2003). *Chroniques altermondialistes. Tisser la toile du soulèvement global*. Paris: Cambourakis, 2016.

STARHAWK (1997). *Rêver l'obscur. Femmes, magie et politique*. Paris: Cambourakis, 2015.

STENGERS, Isabelle (2009). *Au temps des catastrophes. Résister à la barbarie qui vient*. Paris: La Découverte, 2013. [Ed. bras.: *No tempo das catástrofes*. Tradução Eloisa Araújo. São Paulo: Cosac & Naify, 2015].

VERGÈS, Françoise. *Le ventre des femmes. Capitalisme, racialisation, féminisme*. Paris: Albin Michel, 2017.

ARTIGOS

BAHAFFOU, Myriam. "Les plaisirs de la chair : le véganisme éclairé comme renouveau radical du féminisme moderne", *Mémoire D'Études*, Paris VIII, 2018.

BAHAFFOU, Myriam. "Écoféminisme décolonial : une utopie?", *AssiégéEs*, n° 4, 2020.

BENQUET, Marlène e PRUVOST, Geneviève. "Pratiques écoféministes: corps, savoirs et mobilisations", *Travail, genre et sociétés*, vol. 42, n° 2, 2019.

CAMBOURAKIS, Isabelle. "Un écoféminisme à la française? Les liens entre mouvements féministe et écologiste dans les années 1970 en France", *Genre & histoire*, n° 22, 2018.

DRUELLE, Anick. "Féminisme, mondialisation et altermondialisation", *Recherches féministes*, vol. 17, n° 2, 2004.

FALQUET, Jules. "Corps-territoire et territoire-Terre: le féminisme communautaire au Guatemala. Entretien avec Lorena Cabnal", *Cahiers du genre*, vol. 2, n° 59, 2015.

GANDON, Anne-Line. "L'écoféminisme: une pensée féministe de la nature et de la société", *Recherches féministes*, vol. 22, 2009.

KELLEHER, Fatima. "Pourquoi le monde a besoin d'un avenir écoféministe africain", *Ritimo.org*, 2019.

KODJO-GRANDVAUX, Séverine. "Aux origines coloniales de la crise écologique", *Le Monde*, 24 jan. 2020.

LECERF MAULPOIX, Cy e LE DONNÉ, Margaux. "Sensibilités climatiques entre mouvances écoféministes et queer", *Multitudes*, n° 67, 2017.

LARRÈRE, Catherine. "L'écoféminisme ou comment faire de la politique autrement", *Multitudes*, n° 67, 2017.

LUGONES, María. "La colonialité du genre", *Les cahiers du CEDREF*, n° 23, 2019.

PALECHOR, Maria Ovidia. "Réaffirmer, dit-elle. Un entretien avec Maria Ovidia Palechor. Propos recueillis et traduits par Pascale Molinier", *Cahiers du genre*, vol. 2, n° 59, 2015.

PRUVOST, Geneviève. "Penser l'écoféminisme. Féminisme de la subsistance et écoféminisme vernaculaire", *Travail, genre et sociétés*, n° 42, 2019.

PULEO, Alicia. "Pour un écoféminisme de l'égalité", *Multitudes*, vol. 2, n° 67, 2017.

QUIJANO, Aníbal. "Race et colonialité du pouvoir", *Mouvements*, vol. 51, n° 3, 2007.

VALIANI, Salima. "La vision du régime minier de l'Afrique: une critique écoféministe longtemps attendee", *Womin.org*, 2016.

RIMLINGER, Constance. "Travailler la terre et déconstruire l'hétérosexisme: expérimentations écoféministes", *Travail, genre et sociétés*, vol. 42, n° 2, 2019.

WARREN, Karen (1990), "Le pouvoir et la promesse de l'écoféminisme", *Multitudes*, n° 36, 2009.

"Marthe attaque", *Panthère Première*, n° 5, primavera-verão 2020.

LIVROS E ARTIGOS NÃO TRADUZIDOS PARA O FRANCÊS

ADAMS, Carol e GRUEN, J. Lori (eds.). *Ecofeminism: Feminist Intersections with Other Animals and the Earth*. Londres: Bloomsbury, 2014.

AGARWAL, Bina. *A Field of One's Own. Gender and Land Rights in South Asia*. Cambridge: Cambridge University Press, 1995.

ANZALDÚA, Gloria (1987). *Borderlands/La Frontera: The New Mestiza*. São Francisco: Aunt Lute Books, 2012.

ANZALDÚA, Gloria e MORAGA, Cherrie (1981). *This Bridge Called My Back: Writings by Radical Women of Color*. Nova York: State University of New York Press, 2015.

DANKELMAN, Irene e DAVIDSON, Joan. *Women and Environment in the Third World*. Abingdon: Routledge, 1988.

DIAMOND, Irene e ORENSTEIN, Gloria Feman (eds.). *Reweaving the World. The Emergence of Ecofeminism*. São Francisco: Sierra Books Club, 1990.

EVANS, Arthur (1978). *Witchcraft and the Gay Counterculture*. Contagion Press, 2012.

GAARD, Greta. *Ecofeminism: Women, Animal, Nature & Difference*. Abingdon: Routledge, 1989.

GAARD, Greta. "Toward a Queer Ecofeminism", *Hypatia*, vol. 12, 1997.

GEBARA, Ivone. "Ecofeminism: a Latin American Perspective", *Cross Current*, vol.53, n° 1, 1999.

GUNN ALLEN, Paula. *The Sacred Hoop. Recovering the Feminine in American Indian Traditions*. Bonston: Beacon Press, 1986.

HARJO, Joy. *A Map to the Next World: Poetry and Tales*. Nova York: ww Norton & Co, 2000.

HARPER, A. Breeze. *Sistah Vegan: Black Female Vegans Speak on Food, Identity, Health, and Society*. Lantern Books, 2010.

hooks, bell. *Belonging: a Culture of Place*. Abingdon: Routledge, 2009. [Ed. Bras.: *Pertencimento: uma cultura do lugar*. São Paulo: Elefante, 2022].

_____ (1993). "Touching the Earth", in *Sisters of the Yam: Black Women and Self-Recovery*. Abingdon: Routledge, 2014. [Ed. Bras.: "Tocar a Terra" in *Irmãs do inhame: Mulheres negras e autorrecuperação*. Tradução Floresta. São Paulo: WMF Martins Fontes, 2023].

JETÑIL-KIJINER, Kathy. *Iep Jaltok: Poems from a Marshallese Daughter*. Arizona: The University of Arizona Press, 2017.

KINCAID, Jamaica. "In History", in Alison H. Deming, Lauret E. Savoy (eds.), *Colors of Nature: Culture, Identity, and the Natural World*. Mineápolis: Milkweed Editions, 2011.

KING, Ynestra "Feminism and the Revolt against Nature", *Heresies*, n°13, 1981.

LADUKE, Winona. *Last Standing Woman*. Beverly: Voyageur Press, 1997.

LADUKE, Winona. *Recovering the Sacred: The Power of Naming and Claiming*. Boston: South End Press, 2005.

MELLOR, Mary. *Feminism & Ecology*. Cambridge: Polity Press, 1997.

MERCHANT, Carolyn. *Earthcare: Women and the Environment*. Abingdon: Routledge, 1996.

MERCHANT, Carolyn. *Ecology*. Humanity Books, 1999.

MIES, Maria (1988). *Patriarchy and Accumulation on a World Scale: Women in the International Division of Labour*. Londres: Zed Books, 1999. [Ed. bras.: *Patriarcado e Acumulação em Escala Mundial: mulheres na divisão internacional do trabalho*. Tradução Coletivo Sycorax. São Paulo: Ema Livros e Editora Timo, 2022].

MAATHAI, Wangari Muta. *The Green Belt Movement: Sharing the Approach and the Experience*. Lantern Books, 2003.

MAATHAI, Wangari Muta. *Replenishing the Earth: Spiritual Values for Healing Ourselves and the World*. Nova York: Doubleday, 2010.

PULEO, Alicia. *Ecofeminismo para otro mundo posible*. Catedra, 2011.

RESS, Mary Judith. *Ecofeminism in Latin America*. Orbis Books, 2006.

SALLEH, Ariel. *Ecofeminism as Politics: Nature, Marx and the Post modern*. Londres: Zed books, 1997.

SANDILANDS, Catriona e ERICKSON, Bruce (eds.). *Queer Ecologies: Sex, Nature, Politics, Desire*. Indiana: Indiana University Press, 2010.

SPRETNAK, Charlene. *The Politics of Women's Spirituality: Essays by Founding Mothers of the Movement*. Nova York: Anchor/Doubleday, 1981.

STRÖBL, Ingrid (1991). "Fruto extraño. Sobre política demográfica y control de población", *Cotidiano Mujer*, 1994.

STURGEON, Noël. *Ecofeminist Natures: Race, Gender, Feminist Theory and Political Action*. Abingdon: Routledge, 1997.

TAYLOR, Dorceta E. "Women of Color, Environmental Justice, and Eco-feminism", *NWSA Journal*, vol. 9, n° 3, 1997.

WALKER, Alice. *In Search of Our Mothers' Gardens: Womanist Prose*. Boston: Haracourt, 1983. [Ed. Bras.: *Em busca dos jardins de nossas mães*. Tradução Stephanie Borges. Rio de Janeiro: Bazar do Tempo, 2021.]

WIERINGA, Saskia. *Subversive Women: Women's Movements in Africa, Asia, Latin America and the Caribbean*. Kali for Women, 1995.

Este livro foi editado pela Bazar do Tempo
na cidade de São Sebastião do Rio de Janeiro
em março de 2025 e impresso em papel Pólen Bold 70 g/m²
pela gráfica Margraf. Ele foi composto com as tipografias
Drummond Variable, Bayard e Fold Grotesque Pro.